昭和を動かした広告人

Tsuchiya Reiko
早稲田大学政治経済学術院教授
土屋礼子［編］

産学社

まえがき

昭和という時代が終わってからすでに四半世紀経つ。日本の歴史上、最も長い元号の昭和時代をどのように記憶し語り継いでいくのか。さまざまな方法があるだろうが、決して外せないのは昭和の後半期、戦後の高度経済成長とそれに伴い花開いた消費文化という一面であろう。心から平和を謳歌し、懸命に働いた日本の庶民が、明日はきっとよくなるとおおらかに信じ、新製品を買ったり、旅行を楽しんだりすることをささやかな夢や喜びとして、流行を楽しんだ「昭和元禄」とも呼ばれた時代。それは広告の黄金期でもあった。日本の企業が利益を上げ、新聞、雑誌、ラジオ、テレビの「マスコミ四媒体」が急成長するのに伴い、それを陰で支え演出したのが、広告人たちである。彼らの活躍により、かつてはまともな商売と認められていなかった広告業が一兆円産業になり、華やかな人気業界に一変した。

このような戦後の広告界の変動は、内川芳美編『日本広告発達史』や、『萬年社広告一〇〇年史』など広告代理店の社史や、広告主による記述、媒体別の記述、また個人の回想録に記述されてきている。一方、広告業に従事した人々に対する聞き取りとしては、渋谷重光『語りつぐ昭和広告証言史』（一九七八）が戦前・戦中から戦後まもなくまで活躍した人々の証言を記録し、また日経広告研究所編発行『証言で綴る広告史』（二〇〇一）が、占領期から一九六五年頃まで活躍した人々に対象を絞って、貴重な証言を集めている。しかし、もともと広告人は広告主の注文によって動く黒子であって、CMやポスターなどの制作物がメディアの表舞台に出ることはあっても、自ら語らないのを本分としているために、それ以降は広告人の証言やインタビューをまとめた類書は見あたらない。一九八〇年代に広告のコピーライターやデザイナーがクリエイターとして脚光を浴び、自ら語ることもあったが、それは多くの広告人から見れば例外的な存在であった。

本書は、そのような広告人・広告業界を代表する大手の広告代理店ＯＢの方々にインタビューを実施した成果である『ジャーナリスト・メディア関係者個人史聞き取り調査プロジェクト　第三回報告書』をもとにして生まれた。この聞き取り調査は、二〇一〇年度から早稲田大学政治経済学部の土屋ゼミ三年生と共に毎年行なっているもので、第三回の二〇一二年度は広告代理店の大手三社、萬年社・博報堂・電通のＯＢの方々、計三十名にお話を伺い、その内容を文字に起こした原稿を三八〇頁ほどの分厚い報告書にまとめた。すると、そのインタビューの協力者の一人であった升野龍男さんが、これを本にして出版しましょう、と教え子でもある産学社の末澤寧史さんに声をかけてくださって、出版の企画が立てられた。

そもそも広告代理店のＯＢの方々にインタビュー調査をしたのは、私がまだ大阪市立大学文学研究科に勤務していた時に、萬年社コレクションの調査研究プロジェクトを立ち上げたことから始まっている。この萬年社コレクションというのは、一九九九年に倒産した萬年社に残されていた資料類を、大阪市の有志が買い取り大阪市立近代美術館建設準備室（当時の名称）に寄贈したもので、その内の社内文書や新聞雑誌、ポスターやビデオなど大量の資料を、さまざまな助成金を頂きながら整理し研究する活動を、竹内幸絵さん、菅谷富夫さん、石田佐恵子さんとともに二〇〇八年から開始した。その成果は、現在「大阪広告史データベース　萬年社コレクション」（http://ucrc.lit.osaka-cu.ac.jp/mannensha/）のウェブページでご覧いただけるが、その過程で、萬年社コレクションの資料がどのような部署のどのような活動とともに作り出され、保管されてきたのかという経緯や背景を知る必要があると感じられるようになった。そこで、二〇一〇年に萬年社のＯＢ十名の方にインタビューし、その記録は『萬年社コレクション調査研究プロジェクト　二〇一〇年度報告書』の中に掲載した。この時お話を伺ったのは、みな関西の方々だったが、大阪の萬年社本社と東京の萬年社との相違が萬年社倒産の遠因のひとつだったのではないかという話もあって、東京で萬年社のＯＢの方々の話も伺えたらと思っていた。その後、萬年社東京支社のＯＢの同窓会である「おもと会」の方々と面識ができ、それが二〇一二年度に広告人ＯＢの聞き取り調査をする契機となったのである。

インタビュー調査報告書を本に編集するにあたっては、量的にインタビューに協力頂いた三十人の方すべてのお話を採録するという訳にはいかず、残念ながら十三名の方のみに絞らざるを得なかった。また、十三人の方のお話しもかなり削らざるを得ず、ライターの柴崎卓郎氏にリライトして頂いた。おかげで、つたなかった学生たちの質問が整理され、興味つきないエピソードの多くを割愛しながらもご本人の発言の生々しさを残しつつ、ずいぶん読みやすくなった。ただし、発言の内容の厳密さはあまり検証していない。イベントの年月など最低限は確認したが、細かい点についてはご本人の記憶違いなどもあるかもしれない。しかし、それは回顧にはある程度つきものと考えて読んで頂ければと思う。

インタビュー調査にご協力頂いたおもと会事務局の河崎安雄様、電通ＯＢの岡田芳郎様、博報堂ＯＢの池田諸苗様、インタビューを担当した三期生の皆さん（館山知恵、仲村涼、三ヶ野原晴香、宮野翔平、斉藤雄志、上野愛実、竹重翔馬、山越園子、近藤雅典、中山恵理、磯部翔、澤田大貴、鶴田知己、佐藤峻一、木村光寿、日比野晃、以上順不同・敬称略）に改めて感謝申し上げます。

また、二〇一二年度には日本広告学会から研究プロジェクト「聞き取り調査による戦後日本広告史の基礎研究」への助成金、二〇〇九―二〇一〇年度には吉田秀雄記念財団から「旧萬年社所蔵資料による大阪の戦後広告史の基礎研究」への助成金を賜りましたことを記して、感謝したいと思います。

本書に登場するのは、萬年社・博報堂・電通という大手の広告代理店のＯＢだけで、広告業界全体を網羅しているわけでもないし、広告における「電博中心史観」への偏りを強めるだけではないかとも非難されるかもしれない。しかし、この昭和という時代を駆け抜けた広告人たちの巻き起こした風をいくらかでも肌に感じてもらえれば幸いである。

二〇一五年六月

土屋礼子

昭和を動かした広告人　目次

まえがき　1

1
私が関わった戦後の広告は、
金メダル級の内容だったと思います　10
――萬年社　高木眞　一九二四年生まれ
戦後初のカラー新聞広告、力道山のプロレス映画、
ポラロイドカメラなどを成功させたパイオニア

2
あのフレーズは、
ゴキブリ目線の哀しいユーモアなんです　32
――萬年社　影山芙紀子　一九二七年生まれ
中外製薬・味の素・理想科学などを担当。流行語「お邪魔虫」のコピーライター

3
やはり電通という会社は、
吉田秀雄の会社ですよ　52
——電通　石川周三　一九三一年生まれ
社歴の大部分を国際業務・海外事業に携わる。
手掛けた独立二百周年記念事業では電通が米政府から感謝状を受ける

4
目的は「コミュニュケーション」。
「グッド・デザイン」は手段に過ぎません　70
——電通　田保橋淳　一九三一年生まれ
一八〇もの国内外の広告賞をコンペティションで獲得し、
日本の広告デザインの基礎をつくり上げたクリエイター

5
生きる元気や、生をそそのかすことが
広告の大きな役割だと思うんです　90
——電通　岡田芳郎　一九三四年生まれ
寺山修司「音楽は世界のことば」、大阪万博「笑いのパビリオン」を企画。
企業CI導入の先駆け

6
当時のAEは業界初。
AE部はパイロット的な組織でした
――博報堂　小宮山恵三郎　一九三四年生まれ
業界初のAE。企業の社会的責任、ニューメディア構想に従事
110

7
当時はいかにスポンサーのところに滞在するか。
電話一本で三〇〇万、五〇〇〇万の仕事が決まりました
――萬年社　秋山晃衛　一九三六年生まれ
リッカーミシン、VANジャケット、アース製薬、エポック社などを担当。
営業一筋で活躍
130

8
修羅場のような現場にも向かう――。
広報には、そういう仕事もあるんです
――博報堂　飯田尚武　一九三七年生まれ
PRの黎明期から活躍。日本航空123便墜落事故や、
昭和天皇崩御の際の広告行為のマニュアル作りも担当
148

9
アメリカの情報を基礎に、
電通がいち早く広告・マーケティングの近代化を図ったんです
166
――電通　北野邦彦　一九三七年生まれ
「世界コミュニケーション年」や能力開発センター立ち上げ。
電通自体の広報活動の積極的展開を図る

10
番組スタート時は叩かれましたが、
成功するとPTAからも推薦されるようになりました
184
――萬年社　冨増惠一郎　一九三七年生まれ
営業一本の仕事人生で、日清食品を二十年間担当。
伝説的番組「ヤングOH!OH!」もプロデュースした

11
広告マンは、
いつも時代の黒子のような存在なんです
204
――博報堂　木倉資展　一九三八年生まれ
企業PRの先駆者。クリエイティブ・パブリシティを普及

12
インディペンデントな会社のネットワークをつくる。
それが「メガ・インディペンデンス」の思想です　222
――博報堂　神保智一　一九四一年生まれ
サンヨー食品「サッポロ一番」をプロデュース。
海外ネットワークの基盤をつくる

13
博報堂の優位性は、目に見えない欲望に形を与える
「ニーズデザイン力」にある　240
――博報堂　升野龍男　一九四四年生まれ
ブリヂストン「タイヤは生命を乗せている」、AGF「コーヒーは香りの手紙
です」などを仕掛ける。経営戦略、組織デザインも立案

解説　平成、二一世紀を動かすあなたへ　升野龍男　262
年表　270
索引　284

カバーデザイン　岡本明
本文デザイン　野中賢（株式会社システムタンク）
編集担当　末澤寧史
編集協力　柴崎卓郎

1 私が関わった戦後の広告は、金メダル級の内容だったと思います

萬年社　高木眞《たかぎまこと》　一九二四年生まれ

戦後初のカラー新聞広告、力道山のプロレス映画、ポラロイドカメラなどを成功させたパイオニア

一九二四年京都生まれ。祖父は萬年社創業者・高木貞衛氏。父は東京大学教授、東京女子大学学長を歴任した高木貞二氏。四三年十月に東京大学に入学。四五年に満州に出兵し、終戦と同時に捕虜となる。一年半後に帰国し、復学。東京大学を卒業後、萬年社の東京支社の再開に伴い、一九四九年に入社。入社後半年は媒体部に所属。その後に営業に移動し、自ら「サクセスストーリー」と呼ぶ国内外の広告に携わる。東京では「品質本位」というコンセプトによるキリンビール、世紀の一戦のプロレス映画にスポンサーとしてアサヒビールなどを扱い、大阪に移ってからは企画調査部長と外国部長を兼任し、松下電器の海外広告を扱った。六一年にはアメリカに業界視察へ赴き、DDB社との提携を実現させ、ポラロイドカメラのすべての広告などを手掛ける。六三年に萬年社の外国部が独立。萬年社国際広告株式会社（後の万年社インターナショナル）となり、後に社長に就任。かつらのフォンテーヌやシンガポールの観光キャンペーンなど、多くの海外の広告を手掛け、二〇〇二年まで現役として活躍した。

戦後の広告業界を動かした、金メダル級の功績とは？

――まず、高木さんが萬年社に入社されるまでの経緯をお伺いしたいと思います。高木さんが十五歳の頃に、祖父であり、萬年社の創業者でもある高木貞衛さんが亡くなられていますが、どのようなご記憶をお持ちでしょうか。

私は小学校三年まで兵庫県の芦屋にいたのですが、そのときに祖父と祖母、両親と姉と私の六人家族で一緒に住んでいたんです。祖父の記憶というと、もちろんご存知の通り、萬年社の創業者だったということも大きいんですが、それよりもその頃一緒に住んでいたときのことが強いですね。そもそも私の祖父というのは、熱心なキリスト教徒の信者で、晩年には大阪教会の執事もやっていたんです。そのため、私の小さい頃の記憶では、日曜日の朝には家族全員が集まって食卓を囲み、そのときに必ず祖父が食前のお祈りをして、それからみんなで朝食を食べていました。そのあとで祖父と両親は教会へ向かい、私は姉と日曜学校に行くわけです。

全体的な印象として、祖父というのは非常に厳格な人でした。時々私の箸使いなどの所作を注意したり、割と細かいところまで気をつかう場面が多かったように思います。いずれにせよ、非常に厳しい人でしたね。私が小学四年になった頃、両親と姉と四人で東京に越してきたものですから、それ以来、祖父とはほとんど会っていません。最後は祖父が東京に用があって出張してきたときに病気になりまして、築地の聖路加病院に入院したんです。それで「もう危篤だ」と言うので、両親に連れられてお見舞いに行きました。でも、その頃はもうほとんど寝たきりの状態です。両親に「手を握って」と言われたので、祖父の手に触れたんですが……それが最後でしたね。

――その後高木さんは、戦時中を挟んで、戦後に東京大学を卒業されています。そして一九四九年には萬年社に入社。このような経緯についてはもちろんご家族の影響があったと思うのですが、その辺りについてお話を聞かせていただけますか。

私が大学を卒業したのは昭和二三年（一九四八年）なんです。終戦からまだ三年ほどしか経っていなく、この先日本全体がどうなっていくのかがわからないという時代でしたね。要するに、当時の日本社会は戦後の尾を引いて混沌としていた状況だったんです。萬年社についても東京支社が戦争中に丸焼けになりまして、戦後は空き地しか残っていないような状況でした。

ところが、昭和二四年になって東京支社を同じ場所で再開することになった。私が卒業したのは二三年ですから、ちょうど翌年に再開するということを耳にしまして、一番身近な存在だった萬年社に入ってみようと思ったんです。

――萬年社に入社されたあとに、新入社員としてどのような教育を受けられたんでしょうか。

今言ったように、再開したばっかりの頃なので、とにかく社員がいない。そのため、大阪本社からは支店長と部長に、京都支店からは課長に来てもらうことになりました。そのように三人の上司たちを関西から呼び寄せて、後は新卒を採用していったんですね。あのときは確か五名ほど採ったと思います。私はその中の一人ですね。五人が入社した中で、一人は経理、私は媒体部門で、残りの三人は営業員になりました。しかし、その半年後には私はなぜか営業に回されることになりまして、それ以来ずっと四人で営業をすることになりました。

その際、上司の方から何かを教えてもらうということはほとんどなかったように記憶しています。一応、基本的なこととして、値段はどうなっているとか、それぞれの新聞社の特徴だとか、そういうことは教えてもらったので放任主義というわけでもないんですが、それ以外は何も教えてもらっていませんね。

――入社後、高木さんが担当したお仕事はどのような内容だったのでしょうか。

具体的にはキッコーマンの広告を担当しました。そもそもキッコーマンは戦前からずっと萬年社の得意先だったんです。しかし、当時は萬年社の東京支店はまだ再開していなかったので、「萬年社が東京に来るまで、直接仕事をやっておく」と、キッコーマンが私たちを待ってくれているような状態だったんです。その後、戦後になって萬年社の東京支店が再開されるということになって、早速広告をくれたんですね。私はその際、キッコーマンの広告原稿を新聞社に届けるという担当をしていました。あとは、本社と支社との連絡をスムーズに繋げる役目。媒体というのはそういう仕事もやるんです。

その後に私は営業に移ったわけですが、そこでは国内はもちろん、世界を代表する広告主と一緒に戦後を代表するような大き事例をいくつも担当させてもらいました。当時の日本市場は未開拓である部分が大きく、その中をクライアントと共に開拓し、あるいは新しいメディアを作っていったわけですから、苦労も非常に大きかったですね。しかしその一方で、これらの業績はその後の広告業界全体の基盤ともいえるものになっていきました。その意味において、私が当時関わった事例は、それぞれが広告業界の金メダル級の内容だったと思います。

二六〇〇万人の観客を沸かせた、映像の力

――その中でも、社会に特に大きな影響を与えたお仕事について教えていただけますか。

金メダル級の仕事、サクセスストーリーは一〇ほどありました。まずは、キリンビールの広告です。昭和二六年（一九五一年）はキリンビールが戦後初めて広告活動を開始した年なんですが、当時戦後になって広告を再開していない唯一の大手企業ということで、十数社にのぼる広告代理店がキリンビールの広告を獲得しようと競い合っていたんです。

当時私は、萬年社東京支社の一営業マンとして他の広告代理業と同様に、ビール広告を獲得しようと努力をしていました。戦前のビール業界は長年大日本ビールとキリンビールの二社が主力メーカーで、キリンは二番手の存在でした。戦後、大日本ビールは過度経済力集中排除法のため、アサヒビールとサッポロビールの二社に分割され、アサヒ、サッポロの両者はそれぞれすでに広告活動を開始していました。しかし、キリンについてはお話しした通り両者に遅れて広告をスタートすることになったんです。

キリンビールは当時三番手でしたが、その苦みの利いた味はすでにビール通の間で高い評価を受けており、品質の良さには定評がありました。そして、他社と競合することになった萬年社では、私が中心となって「この品質本意こそ、本来あるべき商品コンセプトである」というプレゼンテーションを行ないました。

当時のプレゼンテーションはクリエイティブが中心で、当社が提案したのは「衆議一決、ビールはキリン」のヘッドラインと共に、キリンの伝統であるロゴマークを大胆にあしらった広告表現でした。このロゴ

マークの表現手法は、現在も新しい形体で使用されています。この表現は、戦中戦後の十年にも及ぶ広告のブランクを一気に取り戻し、長年の愛飲家に本来の品質を改めてアピールする意図の下に作成されたものです。各社の競合プレゼンテーションにも打ち勝ち、当社の提案が全面的に採用されることになりました。

その結果、当社が当時すでに発行部数が最大であった『東京読売』、電通が『東毎』、博報堂が『東朝』と、それぞれ三社のみがキリンの代理店として正式に決定されました。この新聞広告は全五段のカラー広告であり、キリンにとっても戦後初めての広告出稿でしたが、日本の広告界全体にとっても戦後初めての広告となり、まさしく画期的イベントになりました。そして、戦後の出遅れをこの全五段のカラー広告によって一気に取り戻すことができました。昭和二四年当時、サッポロビール、アサヒビールに次いでシェア三位だったキリンですが、昭和二九年（一九五四年）には初めてトップに立っています。

さて、当時キリンには宣伝部はなく、広告業務は営業部の管轄下にありました。その際の営業課長としてこの第一号広告とそれ以降の広告活動を第一線で指揮を執られていたのが、後に社長、会長になる小西秀次さんです。今日に至るまで一貫して継続されてきたキリンの広告コンセプトである品質本意こそが、戦前の二番手から大きく飛躍してナンバーワンの地位を不動のものとした原動力だったと考えられます。

その後、民間ラジオ放送が開始されるにあたり、ＴＢＳラジオのニュース番組を提供されましたが、これも当社東京支社が扱い、私が引き続きその中心的役割を果たしました。

私はそのあと、萬年社を経て、昭和三八年（一九六三年）より萬年社国際局が分離独立した万年社インターナショナルに勤務することとなりました。その間、キリンと業務上直接の関係は途絶えていたのですが、昭和五三年（一九七八年）、長年の広告業務を通じて親しくさせていただいた当時のキリンビール常務取締役宣伝担当だった小西さんと再開する機会を得て、万年社インターナショナルにもキリンの広告の取り扱いの機会を与えていただきました。その頃キリンは、今泉宣伝部長の下でちょうど媒体別広告代理店政策変更の構想が練られていて、当初より萬年社が扱ってきた『読売』を他の代理店に移行し、より密接な関係にある『毎日』を萬年社が代わって扱うことになり、新たに三菱系の第一企画が『日経』担当、当社が『産経』扱いとなり、さらに電通、博報堂もそれぞれキリンのポリシーに基づいて新聞扱いの変更が行なわれました。

このように『朝日』『毎日』『読売』『産経』『日経』の五大紙の扱いがこの五社にそれぞれ配分されることになったんです。さらに当社は、同時に『岩手日報』『山陰中央新報』の地方二紙、四国地方のテレビ局、全国のスポット担当代理店として任命されました。このようなプロセスの中で、キリンビールのトップマネジメントと、第一線の皆さんに当社の長年にわたるキリンビールへのサービス活動と貢献度を高く評価いただくことになりました。

――昭和二八年（一九五三年）にはテレビの本放送も始まりましたね。その頃のお仕事は？

引き続き数社の企業の広告を取り続けていました。最初にキリンビールの実績を作ったあと、続いてアサヒビールも取ることができました。本放送が始まった翌年のある日、松竹大相撲映画部の責任者が当時東京支社に勤務していた私の元にひとつの企画書を持って現れたんです。それは、「力道山と木村政彦のタッグチームが、アメリカのシャープ兄弟を迎えて、我が国で初めてプロレス試合を両国国技館で行なうが、その際、世紀の一戦を映画に編集して、全国津々浦々の松竹系映画に流したい」という内容で、そのスポンサーを探してもらえるかという依頼だったんです。

たまたま私はその前日に、『読売新聞』で紹介されたプロレスの記事を読んでいました。それによると、アメリカではプロレスのエキサイティングでスリリングな試合内容が大人気を博していて、それに目をつけた『読売新聞』が初めて実力ナンバーワンのシャープ兄弟を日本に招き、ちょうど相撲界からプロレス界に転身した力道山と、同じくプロレス界に身を投じた柔道界のナンバーワン木村とを戦わせるという計画を発表していたんです。

そのため、この提案を受けたとき、興行は日本でも必ずヒットするという確信を持っていました。問題はこの提案を受け入れるスポンサーを見つけることができるかどうかです。

――結果的に、どの会社に提案をされたんですか。

私は早速、この企画を得意先のアサヒビールに提案しました。当時何事につけ進歩的で積極的であったアサヒビールはこの企画に飛びつきました。そして、この世紀の一戦が松竹大相撲映画部によって十五分間に編集され、アサヒビールの提供で全国松竹系映画館に上映されることになったんです。

この短編は当時毎週上映されていたニュース映画のエンディングに接続されて、アサヒビールのコマーシャルフィルムと共にトレーラーの形で放送されました。そのため、ニュースが毎週映画館で上映される際、自動的に同時に放映される仕組みになっていたんです。当時楽しみの少なかった日本では、映画が最大の娯楽で、映画産業の最盛期でした。松竹系映画館は封切り館から十三番館まであり、各映画は全国津々浦々まで上映され、延べ観客動員数は年間平均ゆうに二五〇〇万人を超えていました。つまり、この世紀の一戦は、コマーシャルと共にアサヒビールの提供で、これだけの大観客によって視聴されたんです。

当時のテレビ受像機の普及率は微々たるもので、東京の繁華街の広場数か所に街頭テレビを設置していて、このプロレス試合も中継されましたが、一か所せいぜい数百人が観ただけで、映画館での動員力とは比べものにならない数字でした。世間の一部ではプロレスブームはテレビ中継が火をつけたと誤解されていますが、実はこの映画館における上映が間違いなくきっかけになっていたんです。

また、この物語には後日談がありまして、映画館でたまたまこのプロレス映画を観られた当時のサントリー宣伝部次長が思わず「アサヒビールにしてやられた」と叫ばれたそうなんです。このことを人から聞いた私は、このプロレス映画の第二弾の企画をサントリーに単身で持ち込みました。当時から宣伝上手で名高かったサントリーはその場で即座に私の提案を受け入れました。初めての取引なので、決定後に恐る恐る支払い条件を尋ねたんですが、すぐに「月末キャッシュでいけまへんか？」という返事が戻ってきました。

日本に空前のプロレスブームを巻き起こしたこの二つの提案を思い出すとき、この提案に先見の明を持って即座に応じられたアサヒビールとサントリーの二社に心から感謝しています。

――その一方で、高木さんは大阪本社内で異動も経験されています。

さまざまな部署へ移りましたが、すべて会社の命令通りに従いました。最初は大阪の経理部次長。一年後には経営企画部の調査部。そこには四、五年いて、その次は外国部長ですね。当時の外国部はほんの四、五人しかいなかったんですが、そこの部長をやれと言われまして。しかも、そのときは企画調査部と外国部長の兼任だったんです。

その頃に手掛けたのは、当時日本一の広告主だった松下電器の広告です。ある日、私は業界紙に掲載されていたひとつの記事に注目したんです。それは「松下電器宣伝部長の花谷氏が、新たに設けられた海外宣伝部長に任命された」というものです。戦後の繁栄を続けてきた家電メーカーナンバーワンの松下電器は、広告界においても断然ナンバーワンの地位を獲得していました。松下幸之助社長自らが陣頭に立ち、その広告費は「常に日本のいかなる企業よりも多く投下すべし」という厳命を下していたといいます。そのため、その日本一の広告費を取り仕切っていた当時の花谷部長は、絶対の権限を持って全国三五〇社にも及ぶマスメディアを思うままに駆使し、「鬼の花谷」と恐れられていたんです。当時、メイン広告会社は電通で、萬年社はほんのおこぼれをもらっているにすぎませんでした。しかし、この松下電器にもひとつ弱点がありました。海外宣伝に対して、他社よりも遅れを取っていたんです。この遅れを一気に取り返すために、松下幸之助社長は今まで国内宣伝を任せていた花谷部長を思い切って海外宣伝部長に任命したんです。

松下電器にとってはまさに背水の陣でした。とっさに私は今が松下電器の海外広告を獲得する最大のチャンスだと思いました。私はすぐに三洋電機をはじめ、海外メーカーを含む競合他社の海外広告の出稿状況を調べ上げて（当時の国際部は貴重な海外広告出稿統計リポートを手元に持っていた）、さらに海外主要媒体についてのデータをわかりやすく分析しました。

私はこの二つの資料を携えて花谷部長を訪問しました。部長はこの資料を見るなり、「これこそ私が今一番欲しいと思っていた資料です」と感謝されました。それまでは一人でコツコツと海外の国際媒体を取り寄せ、一ページずつ他社の出稿状況を調べていらっしゃったんです。二、三日後、早速連絡があり、その結果当社は国際媒体で最も権威のある『タイム』誌の太平洋版および大西洋版で四色一ページの年間契約を得ました。これは日本の媒体に比較すると、『朝日新聞』全国版の色刷り一ページ広告の年間契約にも匹敵する価値のあるものでした。

「世界」という未知に挑戦した万年社インターナショナル時代

――昭和三六年（一九六一年）には、アメリカの業界視察にも行かれていますね。

企画調査部長と外国部長を兼任していたとき、日本に外国資本が入り始めていたんです。特に自動車ですね。フォード、ゼネラル・モーターズ、クライスラーという会社が虎視眈々と日本の市場を狙っていました。また、アメリカのナンバーワンの広告代理店だったマッキャンエリクソンもすでに日本に来ていて、博報堂と組んで「マッキャンエリクソン博報堂」というコーポレートをつくり始めていた。しかし、当時の萬年社はまだ外国との提携がなかったんです。そのような状況の中で萬年社の社長が突然「アメリカへ行ってこい」と。その頃のアメリカは、広告に関しては断然ナンバーワンだったので、「具体的には課題は与えないから、とりあえず見てこい」と言うんです。

最初のロサンゼルス、サンフランシスコだけはたまたま新聞社の人と同行して、地元の新聞社などを回ったんですが、一方で私は渡米する前にアメリカの広告代理店の取扱高ランキングを調べていて。その中ですでに日本に来ている三社を別にして、十七社に「萬年社はこういう会社で、貴社と提携したい。気持ちがあるならぜひ会いたい」という手紙を出していたんです。すると、四社から「会ってもよい」という返事が来ていた。そのため、以降は私一人でそういう会社を回っていったんです。

――そんな中、DDB社との提携を獲得します。

最初の頃、新聞社を訪問するたびに、相手に「アメリカの優秀な広告代理店はどこですか」と質問していたんです。すると、十人中九人が私の知らない社名を口にするんです。それで、スペリングを聞き返して、ニューヨークに行ってもそれを繰り返した。実はあとでよくわかったんですが、その会社はその当時のランキングで二四番目だったんです。私は二〇番目までしか連絡をしなかったので、知らなかったんです。それがDDB社。"Doyle Dane Bernbach"というんです。そこで、ニューヨークでつくったツテをうまく使って、DDB社の外国部長に会えることになったんです。

ポラロイドカメラの写真とロゴマーク

話をすると、実は先方も日本に興味を持っていて。そのような話の流れで「市場調査をしてくれ」と頼まれました。当時売り出されたばかりのポラロイドカメラの日本での市場調査ですね。私は帰国すると早速調査を行ない、その資料をDDB社に送った。それが気に入られて、提携を獲得することができたんです。

――その後、DDB社とはまさにそのポラロイドの広告を一緒に手掛けていますね。

ポラロイドというのは、ご承知の通りインスタントカメラです。まず人物を撮り、フィルムが出てきて、一〇秒経つと写真が見られるようになる。それを目にして人は喜ぶわけですから、すべての過程を説明する三〇秒のテレビコマーシャルを作ったんです。

ところが、その頃の日本のコマーシャルは一五秒だけだったんですね。もちろん、日本のテレビ局に掛け合ってみても、みんな口を揃えてノーと言う。その中で、日本テレビ一社だけが、「やりましょう」と言ってくれたんです。それで、週に一回だけコマーシャルを流すことになった。それが売り上げと共に、週一回が二回になり、週三回になり……(笑)。媒体も東京、大阪のテレビ局から全国へ、さらに新聞、ラジオと増え続けていきました。おかげで、ポラロイドも当社も地位を高めることができたんです。

——その後、国際広告局が萬年社国際広告として独立することとなり、一九六三年に「万年社インターナショナル」という名称に変更されています。その経緯はどのようなものだったのでしょうか。

当時外資が続々と日本に来ていたわけですが、それに対応するために社内に国際部ができたんです。しかし、「萬年社国際広告局」という名前ではどこか堅さがある。そこで、私が「インターナショナルにしよう」と言って勝手に変えてしまったんです(笑)。最初は万年社の支店として始まったんですが、結局独立をさせてもらうことになりまして。

それ以降は「万年社インターナショナル」で営業活動を続けたんですが、そこでもすごく典型的なサクセスストーリーがありました。その例が国全体を丸ごとPRするという一大事業を手掛けたシンガポールの広告です。Expo'70が開催される前年の一九六九年、私たちはコンペティションの結果、シンガポール共和国政府からSingapore Tourist Promotion Boardの代表部として正式に任命されたんです。そして、すべてのプロモーション・プログラムを遂行する役割を与えられ、さらに同時に、シンガポールのPR一切を担当するエージェンシーとして指名されました。

シンガポールが初めてわが国に対してPRキャンペーンを開始するにあたり、その代表部として国全体を

PRするという極めて重大な責務を私たちが課せられたわけです。私たちに与えられたマーケティング・オブジェクティブは、日本人に対してシンガポールに関する的確な認識を持たせること、そして一人でも多くの日本人旅行者を誘致することにありました。当時香港はすでにその距離の近さとショッピング・パラダイスというアドバンテージを巧みにPRしてきたおかげで、同じ自由港であるシンガポールを一歩も二歩もリードしていました。この状況を踏まえ、私たちはマーケティング戦略を検討したんです。当初設定した戦略は「あと少しの予算の追加で、自由港ならではのショッピングと、南十字星の輝くすばらしい自然美と他民族コミュニティのエキゾティズムを楽しめることを広く周知させること。この提言をいかに楽しく、魅力的なインフォメーションで包み込んで展開していくか」というものです。この戦略を基に、ターゲットを最も効率的に包合している雑誌メディアを中心とし、マス広告キャンペーンとディーラー向けP・O・Pが展開されました。

これらの観光促進キャンペーンと並行して、Expo'70に際して出展することになったシンガポールパビリオンのPR活動もすべて担当しました。他のパビリオンがいずれも資金力にあかし、超モダンな建物と設備を誇る中で、当パビリオンは緑のガーデンの中に建てられた素朴な館です。「違いを感じてください！　急がず、のんびり緑の落ち着いた雰囲気を楽しんでください。アジアへのユニークな入り口……シンガポールパビリオン」という異色の呼びかけが人々を惹きつけ、パビリオンには連日長い列ができました。

これを引き金として展開されていったキャンペーンにより、シンガポールへの日本人旅行客は毎年確実に増え続けていきました。そして、私たちが初めて手掛けた六九年以来、五年間で日本人旅行客数は実に四・五倍にもなり、その後も極めて順調に伸び続けています。

個性的で魅力ある国が、おりからの海外旅行ブームに乗って、適切なマーケティング戦略の下にユニークな広告、イベント、パブリシティ活動を展開するとき、見事な成果が上がるという事例のひとつになるのではないでしょうか。

現在も生き続ける、七〇年代のクリエイティビティ

――万年インターナショナルとしての独立直後は、フォンテーヌの広告も携わっていらっしゃいます。

あるとき、大阪本社の営業部長から私に電話がかかってきたんです。そこで、ウィッグメーカーのフォンテーヌの広告の相談をされたんです。というのも、その頃の日本の女性には地毛を重んじる文化があったので、なかなかかつらが浸透しなかったんです。唯一かつらをかぶっていたのは、夜の仕事をする女性。しかし、そうなると当然市場は限られてしまいます。そこで、「これから売り上げを一般の女性に広めて、もっと大きく売ることができないか」という話をもちかけられたんですね。

その際、電通、博報堂、萬年社の三社でコンペとなりましたが、萬年社はこの勝負に勝てる自信がなく、当時子会社である万年インターに依頼してきました。

私たちが考えた戦略は、ひとつは「ウィッグの既成概念を打破すること」。もうひとつは「ウィッグに対する抵抗感を取り除き、

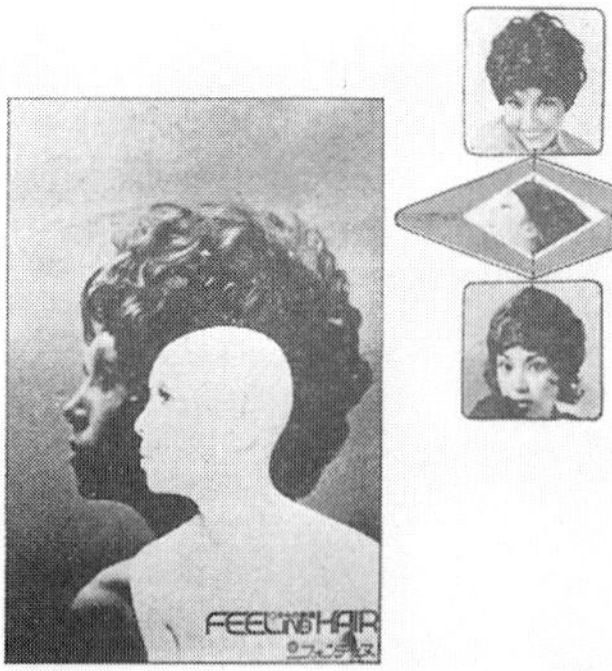

フォンテーヌの立ち上がりの広告キャンペーン

日常生活に浸透させること」でした。それはいわば「ゼロからの創造」ともいえるコンセプトだったんですが、結局コンペにも勝ち、うちが新聞、テレビ、雑誌全部取ることができたんです。その結果、それまでの七%という普及率から、キャンペーン実施後には二〇%も数字を伸ばし、さらには購買予定者の数字を七〇%増にすることができたんです。そのおかげで、フォンテーヌを万年インターが長い間担当することができました。

――一九七〇年代のお仕事では、シーバスリーガルの広告も担当されたのだとか。

万年インターとシーバスリーガルとの出会いが、ちょうど一九七〇年でした。当時世界ナンバーワンの洋酒メーカーだったシーグラム社の日本代表部より指名を受けて、アカウントのすべてを担当することになったんです。その後に、シーグラム社はキリンビールとの合併会社になるんですが、私たちはそれ以降も広告活動のすべてを行なっていました。

シーバスリーガルはそのシーグラム社が扱っていたブランドのひとつで、一八〇一年の創業以来一貫して十二年ものモルトだけにこだわって熟成させたプレミアムウィスキーです。ところが、海外では最高ブランドとして名声を確立していたものの、一方の日本ではジョニー・ウォーカー・ブラックが市場を占めていて、認知度がほとんどな

シーバスリーガルの雑誌広告のひとつ

い状況だったのです。

そんな中、私たちはシーグラム社の広告ポリシーでもあった「品質を代表するラベルをアップで示して、ボトルから実際に注ぐビジュアルでシズル感を表し、一滴一滴がいかに価値あるものであるかをコピーで主張する」ということを念頭に置き、贈る人と勧められる人双方の心理にアプローチするクリエイティブ表現を考えました。そのようなユニークな表現方法を使ってシリーズ広告として展開することで、最初はわずか四％だったマーケットシェアも、七八年には一〇％まで上昇し、輸入量も四・五倍も増やすことができました。その結果、ジョニー・ウォーカー・ブラックを王座から引きずりおろし、シーバスをナンバーワンブランドに着かせることができたのです。

――七十年代は、まさに万年社インターナショナルが非常に大きな実績を重ねられた時代ですね。当時はエス・テー・デュポンのアカウントも初めて担当されています。

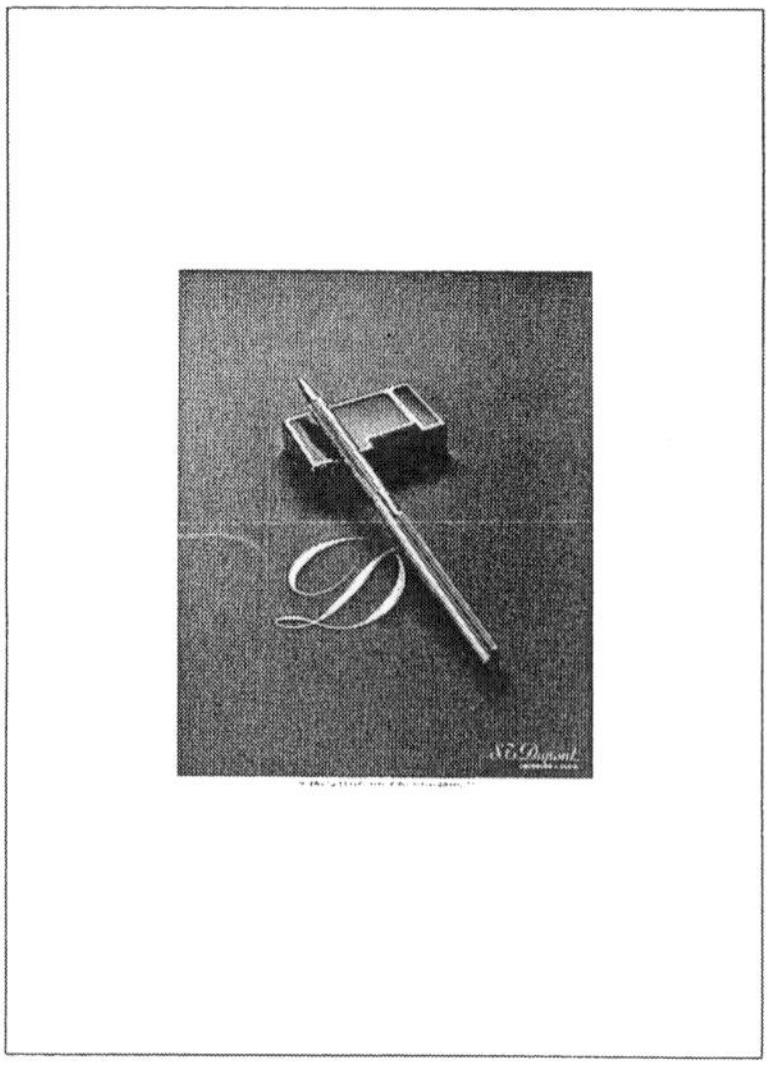

エス・テー・デュポンの１ページ広告
『電通広告年鑑 '75（昭和 50 年版）』
より転載

当時のエス・テー・デュポンは購買層が一部に限られていて、特に現金で商品を購入する若い世代がほとんどいなかったんです。そこで私たちは、『日本経済新聞』を中心にリコメンドすることになったんです。当時から『日本経済新聞』の読者層の大半は、自由業や中小企業主、エリート集団である大企業のエグゼクティブ、ミドルマネージメントで占められていたんです。私たちはその点に注目し、その読者層の心を掴むクリエイティブ表現を考えました。

その際に決定した戦略というのは、エス・テー・デュポン製品の格調やゆとりを表現するべく、卓越したカラー印刷技術が使える日曜版のフルカラー、フルページ広告を使用するということ。しかも、広告は大胆に、思い切りホワイトスペースを大きく取り、その中心に製品を配し、コピーは最小限にとどめる……。当時の広告表現としては、非常にストイックで綿密に計画されてできあがった内容になったかと思います。実際にその広告は、名優が演じるパントマイムのように言葉なしに商品の特性を雄弁に表現することができ、毎月一回ではあったものの、数年間にわたるシリーズ掲載を掴むことができました。

また、エス・テー・デュポンのクリエイティブでは、もうひとつの大きなターゲットである大企業の役員クラスのユーザーへの訴求も想定していました。つまり、企業が主催する会社行事や創設記念日などに出席するＶＩＰ招待客用のギフト商品としての需要を高めることです。先ほどのフルカラー、フルページのシリーズ広告はこれらのターゲットにも的確にくさびを打ち込むことができ、某大手家電メーカーの大パーティの記念品として大量購入も決定しました。そのことが引き金になり、以降次々と法人用ギフトとしての需要が開拓されていきました。

このように、私が直接携わった萬年社および万年インターでの事例では、国内外をフィールドに、戦後の広告業界の根幹ともいえる大きな仕事を手掛けることができました。そのことは今当時を振り返ってみても、時代を生きる広告人として非常に恵まれていたと思っています。

なぜ、「天下の萬年社」が倒産という憂き目に遭ったのか

――さて、戦前、戦後にわたって多大な功績を残した萬年社ですが、一九九九年には倒産という悲劇に見舞われてしまいます。そのとき高木さんはどのような心境だったのでしょうか。

萬年社の経営が徐々に悪くなってきているのは、外から見ていても実感できていたように思います。ただ、私としては「今後、万年インターがどうなってしまうのか」の方が気がかりでして。実際、とばっちりを受ける可能性は多大にあったので。しかし、結果的に萬年社はダメになってしまった。それはやはり非常に悲しいことでしたね。最近、萬年社の昔の仲間たちが私を訪ねて遊びに来てくれたんですが、当時を一緒に振り返ってみても、やはり戦前の萬年社という会社はすばらしかったという話になりました。

――戦後、萬年社の勢いがなくなっていってしまったのは、やはり先ほどの「クリエイティブが弱かった」というところにポイントがあったのでしょうか。

理由のひとつとしてはそうだと思います。その一方で、祖父が亡くなったあとに会社を継いだのが叔父だったんですが、そのことも大きな原因だったような気がしています。叔父は一見やり手の人間だったんですが、後々仕事を振り返ってみると、やはり問題があったように感じてしまうのです。例えば、戦後は支店を含めて全国に一三か所あったんですが、その中で黒字だったのは万年インターと萬年社の広島支店程度だったんです。その他のところは、実はすべて赤字だったんですね。

――万年社インターナショナル自体が黒字だったということは、萬年社の倒産の危機はあまり感じられなかったかもしれませんね。

もうその頃は、私たちは萬年社から独立していて、そもそもの関係性がなかったですしね。ですから、あまり……。別の会社になっているわけですから。「関係がなかった」というのが本音なんです。ただ、フォンテーヌのときなどが象徴しているように、あの天下の萬年社が万年インターに「クリエイティブ・キャンペーンのコンペを担当してくれ」と言うのは、それだけ会社が弱体化していたということの裏返しであったとも思います。肝心なクリエイティブの作業を他に任せてしまうんですから、本当にだらしないというか……。萬年社はほとんど赤字の状態で、それが何年も続いていたわけですが、結局収集をつけることができずに、自社ビルを売ることにもなってしまった。それが原因で別の場所に移ることになってしまうんですが、そんな状況になっても戦前の栄光を捨てることができないですし。ロート製薬、三和、グリコなど大阪の老舗がクライアントにいて、引くに引けない状態だったんです。そういう光景を端から見ていると、やはり悲しいという気持ちはこみ上げてきますよね。

――これまで高木さんが携わってこられた仕事の中で、判断力が必要だった場面で特に印象に残っていることは何でしょうか。

先ほどお話したいくつかの事例の中にいろいろ入っています。でも、そんな場面に直面しても、すぐに行動に移す。「あっ、ここだ！」と思ったら、一人きりでいたとしても、たとえそこが全然知らない場所でも、すぐに飛び込んでいく。やはり、そういうことが大切なんじゃないかと思います。

――アメリカでＤＤＢ社の提携を取り付けられたのは、まさにそのような判断があったからこそだと感じます。

社長の方からは、ただ「アメリカに行ってこい」と言われただけですからね。提携の話なんて、まったくなかったですから。すべてが私自身が独自で考えて、状況を判断し、「今、提携しなければいけない」ということを決定したんです。しかも、自分で丁寧に手紙を書いて、現地でも「どこの会社が優秀なのか」とヒアリングをして。その結果、ＤＤＢ社という、未知の会社との出会いが生まれたわけです。そのことを考えてみても、やはりどれもこれも、多かれ少なかれ決断というか、実行力が必要なんじゃないかと思いますね。

また広告というのはただ出せばいいというわけではなく、クライアントの販売につながっているということが一番大事です。私自身の関わった広告は、その意味でまさに「サクセスストーリー」だと自負しています。

31　1．萬年社　高木眞

2 あのフレーズは、ゴキブリ目線の哀しいユーモアなんです

萬年社　影山芙紀子《かげやまふきこ》　一九二七年生まれ

中外製薬・味の素・理想科学などを担当。
流行語「お邪魔虫」のコピーライター

一九二七年福島県郡山市生まれ。四五年、桜蔭高等女学校を卒業後、終戦を迎える。五一年に父親の紹介で婦人生活社に入社。一九五五年からはラジオ局ニッポン放送で勤務。文化教養部のディレクターとして、数々の著名人にインタビューを行なう。六〇年、新聞の求人広告がきっかけで、コピーライターに魅力を感じ、萬年社に入社。それまでの経験も活き、数多くの企業を担当。自らの「ふるさと」である萬年社は「仕事大好き人間の集団」と振り返る。その後、六九年にはオリオン社へ。クリエイティブ・ディレクターとして広告制作の責任を一手に負う。七一年からはキタ・パブリシティーに移り、取締役・制作本部長として広告制作の統括を行ない、フレックスタイムも進言。「鉄腕アトム」と呼ばれるぐらい昼夜なしに働いた。七四年からはフリーとなる。「のんびり遊ぼうと思った」が、その夢は叶わず、多忙な日々を送る。中外製薬と専属契約を結び、同社の「バルサン」のテレビCMで、全日本CM協議会秀作賞を受賞。「お邪魔虫」のフレーズは流行語となる。

父親の想いから始まった、クリエイターとしての生活

――戦争が終わり、最初に就職されたのは出版社の婦人生活社だったとのことですが、そのきっかけは何だったのでしょうか。

それは、まったく突然のことでした。朝食後「お〜い、ちょっと出かけるぞ」と、もう片足を靴に突っ込みながら、父が呼ぶのです。「え、どこに？」と私。訳もわからずに父について行った先が婦人生活社でした。

父は、純文学を志すあまり売れない作家でしたが、当時は講談社・新潮社の月刊誌に執筆していました。そのご縁で、『婦人倶楽部』の編集長・原田常治さんとも親しかったようです。やがて原田さんは独立し出版社を創立されました。その頃の私は二十三歳、戦後の虚脱感から抜けきれず毎日つまんなそうにしていました。そんな姿を父は見かねて「大学にも入れてやれなかったなぁ」など不憫に思ったのかもしれません。「うちの娘の面倒を見てくれや」と原田社長に頼みこんだに違いありません。その日から私は否も応もなく入社。一九五一年四月でした。

編集者になるなんて思ってもみませんでした。ただ子供の頃から唯一の趣味が読書でした。父の仕事柄、世界文学全集・日本文学全集をはじめ単行本も雑誌も書斎にぎっしり。盗みだしては手当たり次第に読みふけっていました。見つかると「これはオトナの本です」と取り上げられますから……そんな私を、父なりに見ていたのでしょう。「マジメな婦人雑誌だし、悪いムシもつかないだろう」と思ったのかもしれません（笑）。

原田社長は、腕利きの編集者であるばかりか、この上なく温かい方でした。創業時の社屋は小さな借家、

ある冬の朝のことです、遅刻して編集部に飛び込むと「おう、寒かったろう。当たれ、当たれ」と言いながら、社長が真っ赤な顔で練炭火鉢をふうふうしていて……その瞬間、この職場に惚れました。

――婦人生活社では、どのようなお仕事をされていたのですか。

「失敗してもいい、ともかくやってみなさい」のっけから記事を書かせ、取材もさせるというスパルタ教育です。めげるのは口惜しいから持ち帰って徹夜。翌朝、デスクで仕上げたふりをして提出していました。その頃の婦人雑誌は付録で勝負。本誌より嵩がある……単行本といってもいい冊子で、ファッション、料理、美容、育児などがテーマでした。

例えばファッションなら、まず企画を立てる。森英恵、杉野芳子、田中千代など…当時人気の諸先生に創作デザインを依頼し、これという作品を仕立てていただき、モデル交渉……まだ、モデルという職業がなかった時代です。若手の人気女優さんを選び、カメラマンに依頼、撮影に立ち会う。口絵のレイアウト、キャプション……全部、私一人の仕事でした。そして、そのすべてが願ってもない素晴らしい経験でした。

あるとき、社長が口絵を見ながらウーンと唸《うな》り「影山さん、銀座ばかり歩いているでしょ、ときには浅草の街角に立ってみなさい。一日暇をあげるから」と。「あなたはね、洒落たものばかり選ぶけれど、考えてみなさい『婦人生活』は全国誌だ、田舎にも読者がいる……さまざまな好みがあるんだよ」と。また、こんなこともありました。張り切って取材に飛び出そうとする私に「犬は鼻が濡れていないとモノの匂いがわからないんだよ。まず鼻を濡らしてから行きなさい」と。えっ、何のこと?「取材する人の経歴、著書、エピソードなどを、できるだけ勉強してから出かけなさい」ということだったのです。

原田社長に日々大切なことを教わりました。「鼻を濡らせ＝商品を知れ」「浅草に立て＝消費者を知れ」は、その後、コピーライターになった私にとっても、実に大切な心得だったのです。

――婦人生活社には五年間いらして、そのあとはニッポン放送に移られましたね。

二十七歳のときに同僚の優しいムシと恋愛して、結婚しました。社長が仲人をしてくださいました。でも、家庭に入ったら退屈で退屈で（笑）。彼は毎晩帰りが遅い。同じ職場にいたのですから百も承知のはずなのに、やっぱりつまらない。料理、洗濯、掃除……同じことの繰り返し、ほとんど鬱状態でした。原田社長が見かねて「しょうがねえなぁ」と紹介してくださったのです。

またしても私、無試験でニッポン放送に入社できました。文化教養部・ディレクターです。はじめは戸惑いました。じっくり創り上げる月刊誌とは違い一分一秒を争う世界です。非常に緊張感がありました。また、スポンサーあっての仕事、つまり広告界への第一歩でもあったのです。

――当時のニッポン放送で思い出に残っていることは？

一番記憶に残っているのは、東京都がスポンサーの番組。都庁をはじめ、児童養護施設、精神病院、老人ホームなど通常立ち入ることのない施設を訪ねることができました。ナレーターは女優の飯田蝶子さん。町のおばさんのような温かい語り口が好評でした。「デンスケ」という道具箱のような重たい録音機を背負って、二時間くらい録音して一五分にまとめる。当時は録音テープでしたから、編集室でテープを聴きながら不要な部分を細かくカットして繋げ、コマーシャルを入れて仕上げるのです。

「古代オリエントの謎」という番組で大失敗。古代オリエントの研究家としても著名な三笠宮崇仁さまにスタジオにお出で頂き講話を録音するのですが、ある日の私、朝ご飯抜きだったのです。録音の最中にお腹がキューッと鳴ってしまって（笑）。スタッフ一同大恐縮。宮さまは大笑いなさって、「はじめからやり直しましょう」と。お帰りになるときは「もうお昼ですものね。この方にいっぱいご馳走してあげてくださいね」と上司におっしゃいました。優しいお顔、今も忘れられません。上司は「世が世であればお手討ちだぞ」とからかいながら有名店の中華料理を奢ってくださいました。

自身の故郷ともいえる、萬年社での多忙な日々

――その後はニッポン放送から萬年社に移られますが、その経緯は？

新聞の求人広告に魅かれて応募しました。コピーライターという職業はまだハシリでしたが、できることならやってみたかった。萬年社は銀座一丁目の三井銀行のビルにありました。試験の当日に、まずびっくり！　三階の試験場からずらりと並んだ男女の応募者が、道路にまではみ出していました。こりゃダメだな……と。ようやく中に入ると、いきなり実地試験。その場で「養命酒をテーマにコピーを創り、ビジュアルも添えてラフスケッチを提出しなさい」という恐ろしいご注文でした。ただ、『婦人生活』では、企画・タイトルと記事、レイアウトまでというのが日常でしたし、ニッポン放送でも取材から帰ってすぐにナレーションを書き上げていたので、なんとかなるさ……と（笑）。コピーや広告は初めてでしたが、ダメ元と思ってがんばりました。幸いにも合格。応募者九十八名のうち、採用は二名だったとか……あとでゾッとしました。期待にお応えしなければと、入社してからは何でもかでも引き受けました。気がつくと大小六社くらいのクライアントを担当していました。

――広告の仕事が自分に合っていると感じられたのは、いつからですか？

入社後、見よう見真似で仕事をするようになってからです。編集者やラジオディレクターなどの経験が役に立ったのかもしれません。そして、忙しければ忙しいほど愉しかった。萬年社は仕事大好き人間の集団。相棒のデザイナーも、同僚のライターも、担当の営業マンも、時には喧嘩腰で議論して、徹夜しながら広告を創っていく。そういう仲間たちに育てて頂いたのだと思います。

――萬年社では和光堂、小松製作所、キッコーマンなどを担当されたそうですが、具体的にはどのようにお仕事をされたのですか。

和光堂はベビーパウダーの代名詞である「シッカロール」をはじめ、粉ミルク、離乳食など赤ちゃん関連商品の老舗であり、萬年社の大切なクライアントのひとつです。雑誌広告で賞を頂いたことも度々でした。その講評に「このコピーには温かい母性が感じられる。きっと育児経験の豊かなライターであろう」とあり、恐縮しました。子どもを持ったことがない私でしたから。

小松製作所は、建設や農業の重機などを取り扱う会社。私は機械にヨワかったので石川県の工場に度々出かけ、技術者や耕耘機を使う農作業の方々のお話を伺って勉強しました。原田社長の教訓の「鼻を濡らす」です。この仕事では新聞広告の賞を頂きました。

キッコーマンの仕事では、入社早々に恥ずかしい失敗をしました。『沖縄新聞』の小さい広告だったので、ササッと書いて営業さんに渡しました。ちょうどシーズンの秋茄子がテーマです。しかし、クライアントから営業さんが帰ってくるなり「沖縄はナス栽培をしてないんですと……」仕事が速いなんてチヤホヤされて、うっかり「鼻を濡らせ」を忘れていたと、大反省でした。

――萬年社の仕事では、どのようなことを一番大切にしていましたか。

商品についての知識だけではなく、クライアントの理念を知る努力をしたつもりです。できれば、部長、社長に直接お会いして、お話をうかがうように努めました。それによって、広告のコンセプトもコピーの文体も自ずから定まってくるのではないか……と、思ったからです。

また、制作スタッフだけでなく、営業さんとの意見交換も大切にしていました。萬年社の営業さんは切れ者揃いでしたから、現場感覚の適切なアドバイス、ときには辛口な意見もしてくれる……良き相棒でした。

それから十五年後のことです。フリーライターになっていた私に一本の電話がありました。相棒の一人だった営業さんの声……仕事の依頼でした。「えっ、私でいいの?」「大丈夫、会社公認ですから」頂いた仕事はシリーズで何年も続きました。あの喧嘩仲間を忘れずにいてくれた彼への感謝、さらにわがままに退社した者にまで温かい、萬年社の懐の広さに感動! でした。

――萬年社には七年間いらっしゃったのですよね?

そう、私のふるさとですね。編集のイロハを教えてくれた婦人生活社が第一の故里、コピーライターとしてスタートした萬年社が第二の故里でしょうか。萬年社では一部屋持たせて頂いて、デザイナーとチームを組んでいました。私がコピーライター兼ディレクターで、仲間たちと話し合いながら仕事を進める、最終的な責任はチーフの私がとります。締め切り間際でも、ダメなものはダメ、やり直しです。

振り返ると、コピーライターとデザイナーは夫婦みたいなものですね。通常はまずキャッチ・コピーありきですから、男女にかかわりなくライターが夫、それを理解し、花咲かせるデザイナーが妻でしょうか。でもコピーでいわんとすることをビジュアルが見事に表現していたら、夫婦逆転。私はためらわずにコピーを削ります。「これは言葉で勝負」というときは文字だけでいい、イラストも写真も要りません。泣いて笑って喧嘩して……夫婦は喧嘩するほど仲が良いというではありませんか（笑）。

この世界に入って、ちょっと戸惑ったことがあります。お役所や著名人に取材する必要があったとき、広告代理店の名刺はほとんど通用しない……。「ああ、広告屋さんね」要件を説明するまでもなくお断り、つまり「門前払い」です。雑誌社や放送局では経験することがなかった屈辱でした。そんなとき、『婦人生活』時代の仲間のコネにすがって、度々助けていただきました。マスコミは強いのです。営業さんは「士農工商代理店」なんて自嘲していましたが……。広告そのものへの認識が高まり、正しく評価されるようになった現在では考えられないことです。

コピーライターという職業名が巷で認識されるのにも、それなりの年月がかかったようです。私がフリーになった一九七四年、もう個人ですから確定申告をしなければなりません。麻布税務署で「うーむ、コピーライターですか？ 手や腕がお疲れになるでしょうねぇ」「少しは疲れますが、そんなに仕事はありませんから」「いや、これだけの収入を得るのは大変でしょう」どうも話が噛み合いません。珍問答の末、やっとわかりました。署員は「コピーライターとは、ガリ版刷の下書きをする職業」と思い込んでいたのです。それにしては収入が多い、私の書き違いで税金が高くなっては気の毒という心遣いだったのです。そう気づいたのは、後日……そのときは、コピーライターってやっぱり舞台裏の黒子なのだ、世間さまは知らないじゃないかと、ひがんだものです。

――ちなみに、萬年社では女性のコピーライターはどのくらいいらっしゃったのでしょうか。

当時、私を含めて女性は二名、やはり男性が多かったですね。ただ萬年社では、女性だからって差別されることはありませんでした。むしろ大切に、時には一目置いてくださいました。女性が役職に就くことはない時代でしたが、クリエイターにそんなことは関係ありません。ともかく、仕事大好き人間の集団でした。徹夜作業なんてしょっちゅうです。お腹が空くと、みんな戦意喪失。萬年社のビルは夜になるとシャッターが降り朝まで外に出られないのです。あの頃はコンビニなどありません。深夜の銀座を流すラーメン屋さんの常連でした。チャルメラの音に「来たぞ～」と窓に飛びつき「おじさーん、ラーメン七つ！」など叫ぶのです。制作部は六階、窓からカゴを降ろし、丼を吊り上げて、最後に料金を降ろします。つまり、私たちは同じ釜のラーメンをすすった戦友だったのです（笑）。一九六四年には東京オリンピックが開催され、日本の経済も鰻のぼりでした。

残業手当ゼロの仕事もありました。営業さんのクライアント接待に同行を頼まれることがしばしば。銀座の一流クラブで、ワイングラス片手の雑談です。「うちのパッケージがダサいと販売店が言うんだよ」とクライアントの部長さん。「新しくなさるなら当社にも賞をとった優秀なデザイナーがおります。でも、あのパッケージには、創業者の開発魂が込められていると思う、それを消費者にアピールするという戦略もありますよね？　例えばこんなフレーズで」など、会話が弾みます。つまり、私は切れ者営業さんの助っ人。でも、おかげでクライアントと本音で話し合い学ぶことができました、ありがたい残業でした。

ヘッドハンティングで新たな「冒険」に挑戦

——萬年社を退社されたあと、オリオン社に行かれたということですが、こちらの理由は何だったのでしょうか。

友人がオリオン社のディレクターをしていて、何度も勧められていたのです。いわばヘッドハンティングでしょうか。中堅広告代理店のオリオン社はコンペの機会が多く、頼れるコピーライターが欲しかったのだと思います。提示されたギャラは二倍。私自身も「ちょっと冒険したいな」という気持ちがありました。

飛び込んだ新しい職場では、古株の男性コピーライターからの風当たりが強かったですね。「あなたのハイヒールの音がすると、頭がギンギン痛む」とか「女のくせに何で俺より給料高いんだよ」と言われたこともありました。「わかりました。だったら、私より良い仕事をしてみなさいよ。それから何とでも言いなさい」と言い返しました。当時の私は競合社とのコンペに負けたことがなかったのです。

当時は今と違って転職しやすかったのです。腕があれば、転職する度にギャラが上がっていく時代でしたから「何で辞めたの」と言われるのが不思議。ギャラが倍になったということは、能力が認められたということ。「それに見合う仕事ができたらいいじゃないですか」と……若気の至りです。

「マイファミリー味の素」のレコード

――つまり、オリオン社でもやりたいことができた、と。

そうですね。例えば、味の素の企業広告は、代理店三社のコンペでした。競合相手は東急エージェンシー、電通関連の代理店、そして中堅のオリオン社。社運を賭けた戦いといっても大袈裟ではありません。企画部が練りに練った企画書を作っていました。ギリギリになって「制作部も出せ」と副社長の命令、慌てました。熟慮の末、ごく平凡なキャッチ・コピー「マイファミリー味の素」が生まれました。企業広告だからといって気張ったり洒落たりすることはない。その頃の家庭の食卓には必ずと言ってもいいほど、紅いキャップの味の素の小瓶がありました。主な消費者は主婦なのです。まさに原田社長に諭された「浅草に立て」です。そこで、「どの家の食卓にも、いつも味の素がある、味の素は家族の一員ですよね」がコンセプトです。もちろん今の家庭では見られない情景ですが……。社内会議で「マイファミリー味の素、いいね、それでいこう！」と副社長。またまた、社内に敵をつくってしまいました。

コンペまで一週間もないのに企画書は私にしか書けない。加えてコピーを書き、新聞、雑誌のラフ、CMのダミーも……それぞれの担当と打ち合わせて作らなければなりません。家と往復する暇も惜しいので、ホテルに缶詰です。その最中に祖母危篤という知らせ。十八歳で私を産んだ母に代わって育ててくれた祖母です。でも、企画書は誰にも頼めない。スタッフには告げずに、「おばあちゃん、ゴメンね、帰りたくても帰れないの」。ワープロなどはない時代だったので、手書きした原稿のタイプ打ちを行ない、謄写印刷します。肩越しには営業さんが待ち構えていて一枚書き上げる毎にひったくるように掴んで運ぶのです。涙でボトボトに濡れた原稿を……。

コンペの当日は、あの西尾忠久氏が競合代理店のプレゼンターでした。わが社は私がプレゼンターを仰せつかっていましたが、メソメソ泣いていて練習する暇もなく、しどろもどろという有り様でした。「参ったなぁ、負けたら私のせいだ。会社にも仲間にも申し訳ない」辞表覚悟でした。結果は、幸いにもオリオン社の勝利でした。そしてわが社は、テレビ、ラジオ、新聞、雑誌……メディアすべての扱いを獲得したのです。コマーシャルソングは、アンディ・ウィリアムスさん、作詞作曲は小林亜星さん。日本のコマソンが外人歌手を起用したのは、これが初めてとか。「マイファミリー味の素♪」は、しばらくお茶の間を賑わせました。ロサンゼルスの収録スタジオで握手してくださった、ダンディなアンディさんは二〇一二年に死去されました。ニュースで知った生年は一九二七年、奇しくも私と同い年だったのです。

――オリオン社には二年間いらして、そのあとはキタ・パブリシティーへ。

これも萬年社のご縁ですね。同僚の山北豊さんが独立してつくったプロダクションです。何度か誘われるうちに、また冒険したくなってしまいまして（笑）。ここでは取締役、制作本部長という肩書き。五十名ほどの小さな会社ですが、コピーライターもデザイナーも営業マンも、優秀な人材が揃っていました。

――ここでも、ご多忙を極めたと。

忙しかったですね。クリエイターという人種は朝に弱いのです。お昼頃にノソノソ出社してくるので、営業さんはカンカンです。「俺らがやっと獲得してきた仕事なのに、話し合おうとしても制作は誰もいないじゃないか！」と。私も寝坊スケですが、責任があります。午前九時始業のところを八時半には必ず出社し営業さんに対応していました。帰るのは誰よりも遅い。残業、徹夜はザラでした。その頃の私は「機械人間じゃなければ、できっこない」と煙ったがられて「鉄腕アトム」というあだ名がついていたようです（笑）。

営業さんの朝のオーダーは私が聞くものの、スタッフをかばうばかりで何も解決できない。こんな小さな所帯で営業と制作がギクシャクしていたら、良い仕事などできません。悩んだ末、社長にフレックスタイムを進言しました。遅刻者はその時間を残業すること、遅刻分の残業手当は削る。そして、各チームの二名は当番制で必ず定時に出勤する、という案です。もともと寝坊スケの私の同士愛かもしれません、山北社長は「甘いね。遅刻は許さん！」「お忘れですか、ご自分だって萬年社時代には遅刻常習犯ではなかったかしら？当社でも遅刻するクリエイターほど何故か良い仕事をしていますよ。遅刻者の残業代も削れますし」と口説き、強引にOKしていただきました。結果、営業部とのコミュニケーションは改善され、制作部の士気も上がりました。さらに翌年の求人には応募者が二倍。面接で「なぜ、当社を選んだか」の質問に、ほとんどが「フレックスタイムを気に入った」と。在宅勤務もOKのパソコン時代では珍しくもありませんが……。

フリーランス時代を支えた、クライアントとの信頼関係

――それから影山さんはフリーになられますが、きっかけは何だったのでしょうか。

一九七四年、五十歳が目前でした。昭和四〇年（一九六五年）に離婚して以来、独り身です。それなりに恋はしましたが、結婚生活にはもう自信がなくて踏み切れませんでした。このあたりで気ままに暮らしてもいいかな、海外旅行などもして遊びたい……と。

間もなく、オリオン社時代のクライアントであり、キタ・パブリシティーに移ってからも、お名指しで仕事をさせてくださった中外製薬の宣伝部長・高瀬一誌さんから「専属契約で、ぜひ」というお誘い。専属料

プラス原稿料です。「フリーのライターは原稿料だけでは収入が安定しない、専属料だけでは仕事が多いと思い損をするから」と、思いやりに溢れた条件。うれしかった！　でも、「遊ぶ」という夢は見事に消えました（笑）。

――中外製薬のテレビCM「お邪魔虫」は全日本CM協議会秀作賞も受賞されましたね。

七六年のことですね。アニメーションは東海林さだおさん。このCMで「お邪魔虫」という言葉が暫くは流行語になりました。でも、もしかしたら「お邪魔虫」は世に出なかったかもしれないのです。高瀬部長は、歌人としても著名な方で、短歌の結社を主宰し『昭和万葉集』なども発表されています。だから、なのかもしれませんが、コピーのハートを理解してくださる、素晴らしい方でした。

この仕事を頂いてからの私は、郊外にある中外製薬の研究所に日参しました。製品の特徴を専門の方に教えて頂く、さらにはゴキブリの生態見学です。さまざまな種類の、幼虫から成虫……ずらりと並んだガラスの部屋にウヨウヨ。キャ～と叫びたいのを我慢して観察、やがて、そこはかとない親しみを覚えるようになりました。こんなに醜くなければなぁ、コオロギみたいに鳴けたらなぁなど、思ったものです。

そもそも、ゴキブリは四億年も前から地球に住んでいた、いわば「原住民」です。森の中で平和に暮らしていたのに……人間が増え、住処も食物もない、仕方なく人家に出て来たのです、「お邪魔しま～す」と。あのフレーズは、ゴキブリ目線の哀しいユーモアでした。当時、殺虫剤の広告はどれも同じ「やっつけろ！」「皆殺しだ！」ばかりです。フレッシュな切り口が欲しい。トップブランドのバルサンならではのユニークなフレーズが欲しかった。ただ、殺虫剤を販売する製薬会社としては……。社内に理解させ、説得するのも並大抵のことではなかったと思います。高瀬さんご自身も、ウームと唸っていらっしゃいました。ですから、あのCMが世に出たこと、ヒットしたことは、本当にうれしかったのです。
流行語「お邪魔虫」は、やがて一人歩きして「ズカズカ割り込んでくる、場違いな人」という形で盛んに使われるようになってしまいました。俗語辞典にもそのような解説で掲載されました。産みの親としてはちょっと口惜しい。実は、高瀬さんからアドバイスがあったのです。「このコピーは、商標登録しておきなさい」「この言葉が一般の方に使いづらくなると流行らない、商品広告としてはマイナスになるかも……」と辞退。今になって「格好つけすぎたかな」と、少し後悔しています。

「お邪魔虫」のCM原画

——影山さんは理想科学でのお仕事も担当されていますね。

フリーになって一年後、萬年社時代のクライアント、和光堂の宣伝部長だった木村博さんが訪ねて来られました。あの駆け出し時代の私を認め、納得のいく仕事をさせてくださった方です。木村さんは、理想科学の宣伝部長になっておられました。「ぜひ、仕事を……」というありがたいお話、でも、当時は中外製薬のさまざまな製品を担当するほか、細々としたアイテムもあり、まさに手一杯。スケジュール帳をお見せして「ご迷惑をおかけするといけませんから」と、心ならずもお断りしました。でも、宣伝課長と二人で三度もおいでになり……。もう、お断りできませんでした。「ゆったり、遊ぶ」は、夢のまた夢になりました。

販促用のハガキも作成した

　主な仕事は、プリントゴッコとリソグラフ、それに企業広告でした。年賀状づくりで一世を風靡したプリントゴッコは、とても楽しい仕事。広告だけでなく、例年の年賀状イラスト集の編集、さらに著名イラストレーターや漫画家の作品を口絵に掲載した『ゴッコデザイン百科』というノウハウ本も創りました。A4版カラー一六〇ページで、デザイナーさんも私も徹夜続きの毎日でしたけれど、『婦人生活』時代を思い出す、夢いっぱいの仕事でした。ひと仕事終えた仲間と、六本木の深夜バーで飲んだワイン、おいしかった！

　リソグラフは謄写版の原理を応用した孔版印刷機です。その新製品発表が私の理想科学での初仕事でした。企画会議の席で、社長が「影山先生」を連発するのです。「先生などではありません。影山とお呼びください」「わかった。私もあなたの社長じゃないから、羽山と呼んでください。間違えたら罰金百円です」と。でも、会議に熱中すると、うっかり「社長！」百円玉を斜め前の羽山さんに滑らせます。すぐに羽山さんの「先生！」で私に戻ってくる。二十名ほどの会議のテーブルを百円玉が行ったり来たり（笑）。実に魅力的な方でした。

トップが宣伝に関心を持つ企業は確実に伸びていたと思います。残業中の宣伝部にウイスキー瓶をぶらさげて強引に参加する羽山社長。お酒が入るとますます雄弁になって、開発への情熱をぶちまけるのです。私はこっそりメモしていました。学生向けの企業案内を依頼されたとき、羽山社長は経営者であり発明家。これこそ若者への訴求ポイントです。メモをヒントに各ページの見出しをつくりました。「開発は、恋だ」など。当時の企業は優秀な人材を先取りすべく、懸命に学生にアピールしていたのです。歳月が過ぎ、新任の宣伝部長が、冗談まじりに「僕は影山さんの企業案内に騙されて入社したんですよ。えーと、あれは二十年前だから……」と指折り数え、私の年齢を探ろうとします、「あら、あのライターは、私の母なのよ」(笑)。

中外製薬、理想科学両社とも、マスコミ広告にはじまりチラシから販売店向けのDMに至るまで、手掛けさせて頂きました。『中外製薬五十年史』編纂という記念すべき大仕事もありました。クリエイター冥利に尽きます。

いつも誰かに励まされていたクリエイターとしての六〇年

――現在の広告を見ていて、どのような印象をお持ちでしょうか。

リタイアした私がとやかく言えるでしょうか?　でも、新聞広告やCMを目にするたびに、多少がっかり。「これは!」と感動する作品を見つけると、丁寧に切り抜いてファイルしています。未練ですよね。

昔、作家でコピーライターでもあった開高健さんの「人間らしくやりたいナ、人間なんだからナ」というウイスキーの名コピーがありました。あの時代の人々の心をとらえた「人間らしく」という言葉を、今の時代、どれだけの人に共感してもらえるのだろうか？　どんなに呼びかけても、言葉に込めた心を感じてもらえなければ、どうすることもできません。広告づくりも「人間らしく」できない。コピーライターとデザイナー、時には社長も仲間に加わって侃々諤々《かんかんがくがく》、ひとつの広告を創り上げる……なんて考えられない時代になってしまいましたもの。メールのやりとりばかり、顔を突き合わせてトコトン話し合う」などは望めない。オフィスでは隣り同士が黙々とパソコンを叩いています、お茶している二人も会話などなく、それぞれがケータイで誰かとメールしていますね。

「広告が味気なくなった」と言う前に、人々のコミュニケーションのあり方が変化してしまった、もしかしたら、人間だけが持っている「言葉」というものは失われてしまうのでしょうか？　いつまでもこのままとは、思いたくありませんが……。

――萬年社がなくなってしまったのは、九九年でした。そのときはどのようなお気持ちだったのでしょうか。

私は電話で話を聞いただけで、倒産した理由はわからなかったのですが、がっくりしました。悲しかった。懐かしい古巣がなくなってしまった。以来、「あの頃の仲間はどうしているだろう」と案じておりました。

二〇〇八年、腕利き営業マンだった江頭清昌さんが発起人となって、萬年社のOB会「おもと会」が発足したのです。「おもと」とは、植物の万年青のこと。萬年社を偲んで、という想いを込めて……。私がお世話になった五つの会社の中で、OB会があるのは萬年社だけです。みんな散り散りになって、それでも仲間意識というか、温かい社風がそれぞれの胸に残っているのです。初回にはなんと一一八名が出席、幹事さんが慌てて会場を広い部屋に変更したほどでした。私が辞めたのは六六年ですから約四十年ぶり。「影さん、久しぶりだなぁ」手を握られても「誰だっけ？……」同じ釜のラーメンをすすった仲間を忘れるなんて、歳月とは本当にむごいですね。その夜は、懐かしい顔、顔、顔……と、二次会、三次会まで。事務局の皆さまのご尽力で「おもと会」は毎年開催されます。温かい仲間とお喋りしたくて、いそいそ出かけております。

——影山さんが現役のときは、やはり広告は良い時代だったのでしょうか。

三十二歳でコピーライターを志し、八十歳でリタイアするまでの五十年……。良い時代だったと思います。日本は、高度成長の真っただ中で、広告界にも活気がありました。それなりの収入にも恵まれ、眠るのが惜しいほど仕事が愉しかった。九〇年にバブルが弾けましたが、広告界はさほど衰えませんでした。「がんばって来たなぁ」と、つくづく思います。でも自分の力などではありません。幸運な出会いに恵まれ、数えきれないほどの先輩や仲間に、教えられ助けられ、ご迷惑もおかけして……おかげさまで今日があります。先輩方のほとんどは他界されました。在りし日を想っては涙しています。

コピーライターは作品に署名することがない、広告という舞台の黒衣です。なぜか、私のライフワークになってしまった……心当たりがあります。「モノにも心がある」。祖母の言葉です。六歳の私は、納戸で見つけた古い本箱に赤い靴を入れようとしていました。父が子供の頃に使っていたもので側面に可愛い花の彫刻。そのとき「なんねえよ！」と、祖母のいつなく厳しい声。私の靴箱にぴったり！　なのになぜいけないの？

顔を和らげた祖母は私の頭を撫でながら言いました。「これはなぁ、職人さんがいい本箱を作ろうとして一生懸命に励んだ気持ちが込められている、生まれながらに本箱の魂を持っているんだよ。それに下足を入れるなんてバチが当たるよ」という意味のことを……。私は初めて知りました。そうなのか、モノにも心があるのだと。モノの心に触れて愛し、言葉を紡ぐ……ルーツは、ここにあったのだと、祖母を想います。

二〇一二年春、俳句を志し、伊藤伊那男主宰の「銀漢俳句会」に入門いたしました。二十三歳で雑誌社に入社したときとまったく同じ、ゼロからのスタートです。の〜んびり、花鳥風月の日々と思ったのは誤算でした。深夜にガバと起きて、不出来な自句を添削する……。恐ろしくも、この上なく魅力的な世界です。入門当初、伊那男主宰にお褒め頂いた一句——。

〈引き出しに明日は明日はと花の種〉

今年、米寿を迎える私の志でもあります。

3 やはり電通という会社は、吉田秀雄の会社ですよ

電通　石川周三《いしかわしゅうぞう》　一九三一年生まれ

社歴の大部分を国際業務・海外事業に携わる。手掛けた独立二百周年記念事業では電通が米政府から感謝状を受ける

一九三一年、東京都生まれ。小学・中学時代は大阪で過ごし、同時に戦争を体験。戦後、東京で高校を卒業し、東京大学文学部英文学科に入学。民間放送に興味を抱き、五五年に電通に入社する。入社後はラジオ・テレビ局のテレビ営業部に配属。輸入映画に広告主を付け、テレビ放送するというビジネスモデルを開拓した。入社二年目の五七年に、専務に随行してアメリカとヨーロッパの会議に出席。翌年には、第一回アジア広告会議の開催に携わった。六〇年にはラジオ・テレビ局から国際広告局へ異動。『ジャパン・タイムズ』『英文毎日』『読売』『毎日』といった国内英字紙を担当した後、同年秋、ニューヨーク支局に転勤。六三年に戦後の電通を支えた吉田社長が亡くなり、多大なるショックを受ける。その後、ロサンゼルスで営業所を新設。米国の独立二百周年記念事業では、全米主要紙に日本から祝意として日曜付録を付けるという企画で、電通がアメリカ政府から感謝状を授与される。八五年取締役就任。九五年専務退任。

本当に興味があったのはジャーナリズムとしての民放

――石川さんは、東京大学の文学部英文学科に入られていますが、当時の様子を教えてください。

東大はあの頃、新入生はみんな駒場（キャンパス）へ入れられたんです。一応学生の仕分けは行なうんですが、「すべての学生に基礎的な教養をつける」という目的で、教養学部と称した場所に行って二年間勉強をするんです。その中には三、四年生の専門課程の教養学科というのもありました。僕は文学部へ行きましたが、一部の人は駒場の教養学科に残って、三、四年生を過ごすんです。

その教養学科には、当時アメリカのことを専門に勉強するグループや、イギリス専門、フランス専門のグループなどがありました。そこを出た卒業生の中には、その後外交官になった人が何人かいましたね。僕の場合は、中でも特にアメリカに興味があったんです。それは親父の関係もあったと思うんですが……。しかし、「せっかく東大に入学して、赤門を見ないで暮らすのも癪《しゃく》だな」と思いまして、本郷キャンパスに行くことにしたんです。何せ、駒場は畑と住宅しかない場所でしたから、「もう駒場は十分だ」と思って（笑）。それで、本郷に行って何を勉強するかといいますと、やはり英語ですよね。英語は中学の時からやっていて、自分にとって一番楽だと思ったんです。だから、英文（学科）に進んだんです。なので、特別将来を見据えて英文に入ったというわけでもないんです（笑）。「英文学者になろう」というようなことも一切考えなかった。振り返ってみると、これまでの僕の人生というのは、本当に無計画なんです（笑）。

――大学の三、四年生のときはどのような生活を送られていたのでしょうか。

学生生活一年、二年は、そういうことで一般教養ですね。法学や経済も学べて面白かった記憶があります。大阪時代に通っていた北野中学校、今の北野高校は、ラグビーが校技だったんです。そこから、親父の仕事の関係で十年ぶりに東京へ戻ってきて、当時はまだ都立五中だった小石川高校の四年生として編入したんです。その後学制改革があって新制高校になり、今度は小石川高校の二年生になった。だから、中学は五中の四年生で、高校は小石川高校の二年、三年という流れですね。

でも、五中に来てみると、校技はラグビーではなく、サッカーだったんです。しかも僕はそれまでサッカーをやったことがない。それがどうしても癪に障るので、ラグビー部をつくったんです。

大学でもそのように自分の好きなことをやっていたので、当然学校に行ったって勉強なんてしませんでした。もう、言われたことだけをやる、という感じですね。

そんなとき、日比谷から出てきた男が一人いまして、彼とはなかなか話が合ったんです。その彼と休み時間に外に出て話す内容といったら、当時ハマっていた戦闘機のことなんです。日本で有名なのは「零戦」ですね。イギリスの場合だと、「スーパーマリン・スピットファイア」。アメリカでは「グラマン・ワイルドキャット」……。そういう話ばっかりしていたんです。彼とは卒業したあと、ずっとそれっきりになっていたんですが、数年経ったあと、英字誌の仕事をケンカして辞めてしまって、山梨の大学の講師をやったりしたそうです。コロンビア大学に留学に行っていたときに、ばったりニューヨークで会ったんですよ。それ以来、ずっと仲良くしていましたね。このように、学生時代の記憶は、彼との戦闘機の話が一番の思い出としてありますね。

――卒業論文は何を書かれたのでしょうか。

オスカー・ワイルドです。彼の皮肉が好きでした。それに、彼は作品が少ないし、研究者も少ないから、楽だと思ったんです。他の仏文や独文は、論文の趣旨だけをそれぞれの言語で書くだけなんですが、英文学は最初から最後まで全部英語で書かなければいけない。しかも、僕はそこまで英語が堪能だったわけではないので……。

ただ、当時たまたま半年ほどハーバード大学を出た学生が家に居候していたんです。僕の親父は『毎日新聞』で働いていたんですが、その仕事を辞めたあと、サンフランシスコに本部があるアジア財団の顧問になりました。そこは文化交流のための財団なんですが、そのときアメリカの学者に成りたての若い先生を日本に呼んで、国内の大学で英語を教えてもらっていたんです。その際、一期生が四人も来まして。その中の一人は熊本大学に派遣されることになったんですが、受け入れ先に手違いが起きてしまって、行き場がなくなってしまった。それで、僕の親父が「私の家に住めばいいじゃないか」と言ったようなんです。半年もいなかった程度の期間なんですが。

とはいえ、日本の大学ではたとえ英文科であっても、英文の書き方は教えてくれない。英会話に関していえば皆無です。その点、彼がいてくれたおかげで、その後ずいぶん助かりました。僕は一九五五年に電通に入社して、六〇年にはニューヨークへ転勤になったんですが、そのときには英語で喋ることにあまり抵抗を感じなくなっていましたから。親父にはそういう狙いがあって彼を居候させたのか疑問ですが（笑）、とにかく親父には感謝をしなければいけません。

――電通に入社されたのは、お父様の強い後押しがあったのでしょうか。

大学に入った頃は、新聞記者の仕事も面白いかなと思ったんです。ところが、新聞を読んでるうちに、生意気にも「何だこれ?」と考えるようになってしまって。でも、それが原因であまり興味がなくなってしまった。そのようなタイミングで、ちょうどテレビの民放が始まったんです。昭和二八年(一九五三年)にNHKテレビと日本テレビが始まった頃のことですよ。それで、「じゃ、民間放送もいいかな」と思うようになったんです。なので、最初は広告に対する興味はまったく関係なかったんです。ジャーナリズムとしての民放に興味があっただけだったので。

電通第4代社長・吉田秀雄氏

そうしているうちに大学四年生になったんですが、家でゴロゴロしてたら、親父に「お前、将来はどうするんだ?」と言われまして。そこで「民放に紹介してくれ」と頼んだんです。しかし親父は「民放は、すぐ潰れるからやめておけ」と(笑)。電波ジャーナリズムなんて信用していなかったんでしょうね。それで、「民放に行くぐらいなら、電通の方がいいんじゃないか」と言って、吉田社長に紹介してくれて。そうしているうちに、試験も何もなしで入社してしまったわけなんです。要するに、僕は人の言いなりなんですよ(笑)。

「習うより慣れろ」の新人時代の教育

――一九五五年に入社された頃の電通、広告業界の印象はどのようなものだったのでしょうか。

「広告業はまともな事業ではない」という見方が世間の一部にあったと思います。当時の企業の中には、「押し売り・広告強要は一一〇番へ」といったような張り紙があったぐらいですから、イメージは悪かったように思います。もちろん、僕はそうは思っていませんでしたし、そういう強要のようなことはしませんでしたが（笑）、まだその頃の世間の一部はそういう目で見ていたんじゃないでしょうか。

広告業のイメージが変わっていったのは、やはり民間放送の影響が強かったと思います。それまで新聞を読まなかったような人でも、民間放送を目にすることで広告に接する機会が増えていくわけですから。そのような流れから、それなりに広告の持つ社会的な意味を理屈で考えなくても理解してもらえるようになっていったと思います。実際、そのようなところから情報を得て、「じゃ、これを買ってみようか」という人も増えていったと思いますし。そういう意味では、民放ができたことは広告業界にとって大きな変化でした。

――広告と接してる間に、人の意識も変わっていった、と。

そうだと思います。やっぱり「こういうものがあってもいいな」とか「こういうものは役に立ちそう」と、みんなそれぞれ考えたと思いますけど。ただ、そういう影響力のある民放に先見の明を持って力を入れて推進したのは、吉田秀雄社長の功績が大きいと思います。もちろん吉田社長は「広告に対する人々の意識を変える」という目的でやったわけではなかったと思います。吉田社長にしてみれば、広告媒体が増えれば、広告会社の主な収益も増えていくわけですから。それでも大変ですよ。国会へ行って説明もしたらしい。実際、ずいぶん苦労したと思います。

――最初にラジオ・テレビ局のテレビ営業部に配属されて、国際商業会議所（ICC）で二か月間、会社には行かずに仕事をされていたとのことですが、その頃はどのようなことをされていたんでしょうか。

基本的には雑用です。そのICCというのは、今でもパリに本部があるんですが、当時日本の委員会がアジアで初めて世界大会を行なうことになったんです。それに伴って、日本の企業もその準備を進めていった、と。大会事務局には、電通から二人も出向しました。出向が解けて本社に戻り、いろいろなテレビ関係の仕事をしましたが、そのひとつが輸入テレビ映画の担当。輸入会社に渡りをつけて他の広告会社よりも先に良い作品を輸入して、スポンサーを探して、放送局に持って行くんです。しかし、「これを放送しなさい」といった感じだったので、当然放送局も怒りますよね。「俺のところの編成権はどうなる！」と言われました。そこで僕は「編成権もいいけど、もうスポンサーがこの作品を気に入っているんですよ」と返す。すると、「……しょうがない」となってしまうんです（笑）。そんな状況だったので、ずいぶんいろいろなことをやりましたよ。編成局の人と大ゲンカしたこともありますしね。

――最初の頃は英語ができるということで、英語関係のお仕事もされていたんですよね。

それは先ほどの輸入映画の案件で、ですね。会社としても「輸入映画の担当には英語が必要だろう」ということだったので。それで、僕のところに仕事が回ってきて、輸入会社との接触を保ったんです。そのために、当時は試写会にも行きました。保税試写室というのは、三回までは使えるんです。三回保税試写室を使って作品を観て、日本に輸入しないと決まったものはすべて向こうへ送り返してしまう。僕は一回最初に観て、「これは良いな」と思ったら、広告主を二、三回目の試写会に関係者を装って入り込ませるんです。作品は英語ですから、当然解釈を僕がつける。それで、「じゃ、これをやろう」ということで、話を進めていって……。だから、当時はほとんど電通の独占状態でしたよ。

――ちなみに、石川さんが入社したてのとき、電通には新人教育のようなものはあったんでしょうか。

何もありませんでしたね。大まかな指示は受けましたけど、その後はすぐ仕事に移ったような記憶がありますす。なので、今でいう新人教育というようなものは……。だいたいあの頃は教育部なんてものがなかったですからね。だから、要するに「現場でオン・ザ・ジョブ・トレーニング（ＯＪＴ）」という。聞こえだけはいいんですけどね（笑）。「習うより慣れろ」と。昔の電通っていうのは特に精神論でして、「とにかくやればいいんだ」ということなんですよね。だから、逆をいえば、やりたいことは全部やらせてもらえる。ついでに、ケンカまでしてくるんですから、本当にわがまま放題でしたよ（笑）。

――最初の頃は、アメリカの本や雑誌を翻訳するお仕事もされていたとか。

僕はラジオ・テレビ局の配属だったんですが、テレビ営業部は人があまっていたんです。テレビ局が二つしかないのに、部員が二十人もいましたから。経理関係が二局につき二人いたから四人。それで、局担当が二人いて、二局で四人。だから、後の十二人は営業の手伝いをするんです。それで、僕に回ってきたのが「会社の図書室で、役に立ちそうなものがあったら、それを翻訳して提出しろ」と。でも、それを一か月か二か月ほどやってるうちに、「あいつにあんなことをやらせているのはもったいない」ということになりまして。無駄遣いだと思ったんでしょうね。そりゃそうですよ、月給をもらっているわけですから。ただ、仕事はまだできないので、最初は放送局にCMを届ける「送稿」の仕事をしました。

アジア広告会議で得た世界への感触

――その後石川さんは一九五七年の春にアメリカとヨーロッパで主催された三つの会議に出席されていますよね。それはどのような経緯からだったのでしょうか。

入社して二年目の話ですね。僕の任務は専務のお供です。その際、会議の内容を記事にして、『電通報』に掲載するために詳細を本社に送る仕事もしていました。最初の会議はニューヨークのIAA。国際広告協会の世界会議ですね。その次が、4A（AAAA）という全米広告業協会。ウェスト・バージニア州のホワイト・サルファー・スプリングスという、要するに別荘地のような場所で行なわれた会議です。その街にはグリーンブライアというホテルがあって、太平洋戦争が始まったときに日本の外交官が収容された場所だったようです。

さらにアメリカからイタリアのナポリで行なわれた例のICCの会議に出て。……でも、僕が行ったところで、特別何かをするというわけでもない。会議に出て、ただ坐って、そのあとに内容を記事にまとめるだけの話ですから。しかも、みんな英語です。僕は聞いていてもわからないから、関係者がプレリリースを入れていく「ピジョンホール」というのがあって、そこから一枚ずつ資料をもらってきて翻訳をして『電通報』に送りました。

――入社三年目には、第一回アジア広告会議というものもありました。

これは遡ると、吉田社長がニューヨークで行なわれたＩＡＡの大会に行ったとき、非常に感銘を受けたようなんです。そこで、「日本の広告業界もみんなで集まって、意見交換をしないといけない」と考えて、まずＩＡＡの日本支部をつくろうという話になったんです。一方ＩＡＡではインターナショナルという名前がついているのに、当時海外支部がひとつもなかった。それで吉田社長は、ＩＡＡ日本支部をつくる前に、日本国際広告協会というものをまず立ち上げて、アジアだけで始めようということになったんです。

あの人はすごいですよ。自分一人ではもちろん難しいですから、まずスポンサーや媒体社に話をして、それで五八年にアジアだけの大会を実現したんです。そのときはアジアの五か国からも十人ほどが来ました。それで、六〇年に二回目をまた東京で開催したんです。僕はその二回目まで裏方で働いて、その後ニューヨークに転勤になった。大会の方はそのあとも続いて、六二年にマニラ大会をやりました。ただ、そのときには吉田社長はもう病気だったんです。癌です。それで現地にメッセージだけ送ることになった。

この間、訳あってそのメッセージを探していたら、そこには「これからの世界はアジアとアフリカが牽引力になる」と書いてあったんです。一九六二年ですよ。日本自体がまだ途上国だった時代に、そんなことを言うわけです

1958年に開催された第1回アジア広告会議

から、これはすごいことですよ。

今考えると、二回目のときだったかな。吉田社長が休憩時間にロビーで一人くたびれたような顔をして坐っていたんです。もう、お疲れだったんでしょうね。それでもそのあと、アメリカに二度もいらっしゃいましたから……。

――一九六〇年には、外国部が国際広告部になるという変化もありましたよね。

その頃から吉田社長は「これからは国際だ」と言っていたんです。それで一九五九年の暮れにニューヨーク支局をつくった。それまで新聞雑誌担当局にあった外国部というのを国際広告部に名前を変えたんです。それでニューヨーク支局ができたとき、そっちに二人も人材が行ってしまったので、穴埋め用員として僕がラジオ・テレビ局から異動させられたんです。それで、六〇年の四月に局として独立して国際広告局になり、僕は十月からニューヨークに転勤することになったんです。

その間にやっていた仕事は、英字紙。当時『ジャパン・タイムズ』や『英文毎日』『読売』『毎日』というような国内英字紙があったんですが、それを担当してたんです。そこで初めて印刷媒体の経験を積むことになったんです。

――一九六〇年のニューヨークへの赴任はいかがだったのでしょうか。

ニューヨーク支局というのは、法律上、駐在事務所という形なんです。その頃は現地法人をつくる会社はほとんどなかった。駐在事務所というのは、そもそも営業をしてはいけませんから、本社とニューヨークの媒体社、広告会社との連絡が主な仕事です。でも、営業の責任はないですから、本社から送られてくるお金で毎日飯を食べてましたね。楽なものですよ。もちろん、その分勉強にはなりましたけどね。ただ、広告業としての営業の仕事は、まったく勉強になりませんでした。それよりも、これからの日本はどうなっていくんだ、ということですね。今、日本人の多くがこの国がどうなっていくのかを心配していますが、当時の僕の懸念は、それと同じか、もっとひどかったかもしれない。「あんな慣れ合い社会の日本はどうなるのか」という懸念でした。もっとも、それに慣れてしまうと、「これも悪くはないな」と思うようになりましたが。

挑戦の代償として得た、二回の胃潰瘍

――その後、一九六三年には吉田秀雄さんが亡くなりました。石川さんは特に仕事でのお付き合いが多かったと思うのですが、当時の心境はどのようなものだったのでしょうか。

吉田さんが二回目にアメリカに来たとき、「あの人は胃の調子が悪いな」と思ったんです。というのは、彼が咳をして口元をハンカチで押さえたとき、中に血がついていたんですね。これはただごとではないと思いました。だから、彼が日本に帰ったあと、「どうか医者に診せてください」と手紙を出したんです。でも、それにはもう返事が来なかった。あの人は僕のような人間にも手紙をくれたりした人だったんですが、返事が来なかったんです。

とはいえ、人から「吉田社長が入院した」という話を聞いていたので、内心ほっとしていたんですよ。でも、そういう情報は、僕たちの元には入って来ないわけですからね。それでしばらく経って、当時仲の良かったニューヨークの広告会社の幹部の息子さんが放送局の報道にいたんですが、その息子さんから「吉田秀雄が亡くなった」ということを聞いたんです。その人もニュースを聞いて驚いたようで、すぐに電通の米

州総局長に電話してくれたようなんです。まぁ、大変でしたよね。あのとき、おふくろからも「あなたが自分の父親を失ったときよりも悲しい思いをしていることはよくわかる」と手紙をもらったぐらいでしたから。

――その後、さまざまな海外事業をされて、一九八五年からは取締役を務められました。そこで、当時の電通の課題や方針などについて、どのように考えていたのかをお聞きしたいのですが。

「君、今回取締役になってもらうから」「ああ、そうですか」というような感じですよ（笑）。それまでも、僕は「何になりたい」ということは考えたことがなかった。でも、僕がロスから本社に戻ってきたとき、「こんな状況では困る……」ということはいくつかありまして。それまで「国際」というのは言葉が非常に曖昧で、国際局の一部で出先の面倒を見て、大部分では本来のエージェンシー業務を行なっていたんです。すると、同じ局の中で、こっちはスタッフ、こっちはラインということになってしまう。僕はこれではまずいと思ったんです。それを完全に分けるために、上に進言して、局を二つにすることになった。でも、その後僕は役員になってしまったので、両方の仕事を掛け持ちすることになったんです。

それで僕が役員になったときに、木暮剛平さんが社長になった。その前任の田丸秀治さんもＩＡＡのような海外関係の活動を熱心にやっていたので、社長が引き継ぎになったとき、「石川くん、君も手伝え」と言われたんです。一九八三年以来、そういう海外の団体との付き合いを長い間やっていましたね。

独立200周年記念事業の掲載誌表紙

――これまでの長い電通勤務の中で、最も印象に残っている仕事は何でしょうか。

サラリーマンを三〇年もやっていると、十年に一度ぐらいは自他共に認められる仕事をやりたいものです。僕の場合は三つくらいありましたね。まずひとつは、新入社員に毛が生えた頃の輸入映画。世界中でそういうことやっているのは、僕一人しかいませんでしたから。そのため、自分なりに仕組みを考える必要があったんです。二番目は、ロサンゼルスの営業所新設です。それから三つ目は、これはアメリカの独立二百周年記念事業。「独立二百周年の日は日曜日だから、全米の主要八紙、計六〇〇万部に日本からの祝意として日曜付録を付けてはどうか」という提案が、有名なロビイストで、電通のワシントン代表もお願いしていたマイク・マサオカ氏からあったんです。半分は記事で半分は広告の、トータルで三二ページ。散々苦労しましたが、最終的には成功し、アメリカ政府から感謝状をもらうことになりました。

――では一方で、お仕事の中で特に苦労されたことは何だったのでしょうか。

あまりないですね。僕はやりたいことをやらせてもらっていましたから、苦労がないんですよ。もっとも、胃潰瘍は二度やりました。だけど、電通というのはありがたい会社で、何をやったってほとんど怒られないんです。そもそも、僕は失敗というのがなかったので、怒られる理由もないんですけど（笑）。でも、改めて考えてみても、自由な会社でしたよ。

――お仕事は、常に新しいことに挑戦してた、と。

それはそうだと思います。自由にやらせてもらいました。もちろん、楽しいことばかりではなくて、僕がロサンゼルスに行かされたときは半年ぐらいで胃潰瘍になったほどでした。それで「食事療法で治る」と医者に言われて、一年間は刺激物を一切取りませんでした。水は問題ないんですが、コーヒーや紅茶はＮＧ。刺身を食べようにもわさびをつけてはいけない。あとは、制酸剤というのを常に飲んでいましたけどね。それで手術なしで一年で治ってしまいました。とはいえ、本社に帰って独立二百周年記念事業をやったら、また胃潰瘍になったんですが（笑）。だから、仕事が原因で二回も胃潰瘍になったんですよ。ただ、僕はロサンゼルスで店を開いたときに、胃潰瘍になったことをお得意さんの社長に話したら、「石川さん、胃潰瘍にもならないような社長は仕事をしてないんだ」と言われて。当時の肩書きは社長ではなかったんだけど、ロサンゼルスでは事実上の社長ですからね。その人はそう言って僕を慰めてくれたんです。

電通が引き継ぐべき、吉田秀雄の精神

――さて、広告業界に長く携わられた石川さんですが、ご自身にとって広告業界という仕事の意義とはどんなものなんでしょうか。

その質問は本当に難しいですね。そもそも媒体というのはもうすでに変わってきています。ある意味でマスといえばマスなんですが、受け取る方がますます細分化してきている。だから、マスを使う方にしても、そのあたりをよく認識しないとまずいことになるんじゃないかという気がしています。受け取り側と送り出す側の認識の差というんでしょうか……それはとても危険だと思います。双方の種類や数が増えるに従って、そういうギャップがどんどん増えていきますから。それは広告業に携わる人間としては、やっぱり認識をした方がよいと思うんです。

でも、送り出す方がそういう危険性を認識していても、黙っているだけでは意味がありません。その自覚、反省というのは、広告関係者同士で意見の交換をするべきでしょう。実際、そういう団体はいくつかあるんです。全広連、雑誌広告協会や新聞協会、民放連というようにすべて有意義な団体です。

――ちなみに、吉田秀雄さんが亡くなられたあと、電通はどのようになっていったんでしょうか。

それも難しい質問ですね。歴代社長はよくやっていると思います。選ばれて社長になったわけです。でも、それでも難しい問題はある。要するに、個人の性格というのが大事なんです。例えば、組織の中で上になればなるほど、当然下の人数は増えていきますよね。その人たちに対する影響力というのは、距離は離れていくように見えて、どんどん大きくなっていく。でも、世の中一般的に上にいる人たちは往々にしてそれに気がつかないいんです。その状態というのは、つまり全社員が自分を見張っているということです。でも、何千人にも監視されているという意識がないので、気づかない。それは本人に自覚してもらわなくては困るんです。

『裸の街』という映画があるんですが、それにはテレビシリーズもあって、日本では「The Naked City」というタイトルで放送されたんです。毎回ニューヨークの街の人をテーマにした刑事シリーズになっていて、最後の締めには必ず一言「There are 8 million stories in the Naked City.（裸の街には八〇〇万の物語があります。今お送りしたのは、そのひとつです。）」というのが入るんです。アメリカ人の場合は、その言葉のニュアンスがよくわかる。でも、日本人の場合は、“There are 8 million stories”の前に“There are 8 million people”をつけると判りやすい。つまり、拡大解説するならば、「世界七〇億の一人ひとりにそれぞれの人生がある。それを自覚すればやたらに喧嘩や戦争はしなくなる」ということになるでしょう。

何が言いたいのかというと、広告業では人間を把握するためにマスを考えますよね。人口、世帯収入がいくらあるか、視聴率が何%か……。ただ、マスで捉えるのは必要なんですが、本当に大事なのはその一人ひとりなんですよね。そこから、家族、友達、職場……というようにだんだん広がっていく。8 million peopleというのは、一人ひとりで成り立っているということなんです。

人間、特に政治家は、自分の決断・行動が人類の一人ひとりの人生に、どういう影響を与えるか、ということを考えるべきです。

僕が死んだら、吉田さんを含めていろいろな人にもう一度話を聞きたいと思うんだけど、そんなことはありえません。僕は来世というのは物理的に信用していないんです(笑)。でも、心情的には来世はあると思うので、死んだあとのことを考えるんです。そうやって、外から自分を見る作業を時々やった方がいいと思うんです。

最後に話をまとめると、やはり電通という会社は吉田秀雄の会社ですよ。そういうことを言ってしまうのは、非常に悪いんですが。でも、吉田秀雄に会ったことのある社長は、俣木君でおしまい。俣木社長は吉田さんが最後に辞令を渡したクラスなんですよ。つまり一九六二年の四月に、新入社員に辞令を渡した。とにかく、俣木社長の後に入社した人は吉田さんの顔を見たことがないんです。もちろん、顔を見たことに意味があるかどうかは別として。それでも、まだ吉田さんの精神が社に残っていると信じたい。電通はこれからも彼の精神を引き継いでほしいですね。

4 目的は「コミュニュケーション」。「グッド・デザイン」は手段に過ぎません

電通　田保橋淳《たぼはしじゅん》　一九三一年生まれ

一八〇もの国内外の広告賞をコンペティションで獲得し、日本の広告デザインの基礎をつくり上げたクリエイター

一九三一年ソウル生まれ。戦争中に父を亡くして戦後の大混乱をソウルで経験し、日本の石川県へ引き揚げる。その後、金沢美術工芸大学に入学し、美術科で油絵を専攻。卒業制作の油絵の作品が学校の買い上げとなった。五三年に卒業し上京。大学時代の教授の一人であった大智浩氏に三年間師事しデザインセンスを磨く。五七年に電通入社。吉田社長の先見の明と緻密な計画力に影響を受ける。新聞広告からテレビＣＭが主力となる中で、「グッド・コミュニケーション」になる表現を主軸にクリエイティブ部門で研鑽を重ね、プレゼンの勝率はトップを誇った。八〇年からはクリエイティブ局長として活躍。生涯を通して一八〇以上の賞をコンペティションで獲得した。九一年に電通を退職。現在でも、電通ではスポンサーのために、美術大学の教授としては学生のために精力的に活動中。また、多摩美術大学名誉教授や、産業広告大学講師としてデザインの世界で活躍する一方で、自分のための作品で個展を開いている。

大学時代の恩師を頼って、東京へ

――一九五三年、田保橋さんが二十二歳のとき、民間テレビ放送が開始しました。このような当時のメディアの動きで、何か印象に残っていることはありますか。

全然印象に残っていません。当時はテレビを観ることなんてありませんでしたから。僕は一九五三年に大学を卒業したんですが、その頃は東京に出て来て、飲まず食わずの生活をしていました。テレビなんてもちろん買えませんし、観ようと思ったら新橋の駅前まで行かなければいけませんしね。

当時は仕事もなかったんです。金沢美術工芸大学を知っている人間は世の中にほとんどいないわけです。戦後にできた単科大学ですし、特に油絵科は学生も十五人程度しかいない。卒業した大学がそんな様子でしたし、東京に出てからもテレビに関心が向くような環境ではなかったんです。

でも、僕は昔から新聞が好きだった。戦争中からタブロイドページのような新聞を親父がとっていたんですが、その影響が大きいかもしれません。だから当時のメディアの動きとしては、新聞は大好きです。だけど、テレビはもちろん、ラジオもあんまり好きじゃなかったですね。ラジオはその瞬間、瞬間の情報じゃないですか。ちょっと聞き流したら、もう二度と聞けなくなってしまう。だから、喋ってる間も少しでも聞き逃したら、わかんなくなってしまう。その点、新聞は読んでいる最中に他のことに気を取られても、もう一遍読み直せばよいわけですから。それが活字メディアの良いところですよね。

でも、当時の記事というのは、つまらない、暗い記事ばっかりだったと記憶しています。どこで誰が死んだ、飢え死にした、そういう話ばっかり。それでも、新聞は好きなんですよね。戦争中に親父が読んでいて、それから日本に引き揚げてきてひどい暮らしをしていても、やっぱり新聞は家にあった。あの頃は雑誌も『週刊朝日』があった程度で、他はほとんどなかったように思います。要するに紙がないんですよ。紙工場が全部爆弾でやられていますから。だから、新聞が僕にとっての唯一のメディア。特に、新聞広告が好きだったので、気に入ったものを切り抜いて取って置いたりしました。貼り付けていました。そういう意味では、自然といつの間にか広告が好きになっていたのかもしれません。それで、金沢美大に入ったわけですけど、デザイン科がなかったので油絵科へ進学して、という流れですね。

――大学卒業後に東京に来られ、筑波大学視覚伝達デザイン科の大智浩さんに師事されたということですが、どのような経緯だったのでしょうか。

大智先生には大変お世話になっていました。その代わり、苦労もしましたが（笑）。当時は油絵科の学生でも一般教養としてデザインを学ばなければいけなかったんですが、年に一回だけ大智先生が東京から特別講義に来たんです。特別講義のためには金沢にいろんな先生が来ていました。というのも、金沢に来ると米が食べられるんです。東京は被災地でしたから米が足りなかったんですが、金沢には米もありましたし、おいしいお酒もあったんです。

その大智先生にどういうわけか気に入られたんですね。最初は、大学に来た先生の鞄持ちをやっていました。必ず駅に迎えに行って、「先生いらっしゃいませ」と迎える。すると、途中で「うどん屋でも行こうか」と言ってくれたりするんです。それが本当においしいんですよ。

そんなことをしてるうちに卒業式になったんですが、田舎の単科大学の油絵科卒業生に就職先なんてありっこない。就職といったら学校の絵の先生になるぐらいしかありませんでしたから。それも北海道の山奥や、鳥取県の海の側といった田舎です。そういう誰も行かないところの絵の先生になるしか方法がなかったんです。でも、僕は教員免許ももらっていませんから、先生にもなれない。そしたら大智さんが、「俺のとこに来ないか」と言ってくださって。当時の僕は金沢からどうしても逃げたかったので、「何でもいいから」というすがるような思いで「東京に行きます」と答えたんです。でも、ふたを開けたら、仕事の内容は目黒の先生の自宅の住み込みの雑用係なんですよ。これはいまだに覚えてるけど、津島恵子さんという有名な女優の邸宅が向かいにあって、大智浩アトリエとその女優の家が近所の大邸宅だったんです。そこの雑用係として、毎朝玄関を掃除して、先生のご子息の面倒を見て、その子が泣いたらおんぶして近所を歩いたりするんです。絵の勉強なんて、全然ないんですよね（笑）。

あとは、絵の具溶き。これが大変な作業で、先生が「この色を出しておけ」と言っても、なかなか出せないんです（笑）。また、ケント紙を枠に張る作業もよくやりましたね。そういう作業を一年ほどやりました。僕は割と器用なのですぐに覚えることができたんですが、すると先生が「そろそろデザインを教えてやるか」と。それでも、「線を引け」とか、細かい作業ばかりでしたけどね。

それで三年ほど勤めていたんですが、そろそろ玄関の掃除にも飽きてきてしまった（笑）。向かいが津島恵子さんの家でしょう。女優さんですから、ファンがキャーキャー集まって来るんです。当時は『平凡』という雑誌ができたばかりの頃で、カメラマンもわさわさ集まってくるほどの大変な大女優だったんです。まだ二〇代そこそこで、有名な映画にも出ていて。……でも、こちらは玄関掃除ですからね、雨の日も、風の日も（笑）。なんだか嫌な気持ちになって、三年で辞めてしまったんです。

アポイントなしで吉田社長に就職を直談判

――辞められたときは、ご自身から？

「もう辞めます」と。「これからどうするんだ」と言われたんですが、「まぁ、なんとかなりますでしょう」と答えて。もちろん、仕事を辞めてしまったらなんとかなるはずがない（笑）。フリーになったつもりでいたんですが、まったく食えないんです。そこでどうやって食いつないでいたかというと、懸賞、今でいうコンペなんです。当時は「戦争中の企業のイメージを変えたいから、マークを変えたい」というところがたくさんありまして、いろんな有名な一流会社からの募集がよく新聞に出ていたんです。そんなのが毎月五件や十件あった。もちろん入選ばかりではありません。だけど、どうにか金が入ります。あとで計算したら、一番良いときで当時のサラリーマンの二倍や三倍ぐらいの収入がありました。しかも、金が入ると同時に、僕の名前も売れるんですよね。田保橋という名前は珍しいですからね。これが後で役に立ったんです。

――電通に入ることになったきっかけは？

懸賞をやっていても、将来的に不安なので、知り合いに仕事の相談をしたんです。すると、「お前は何がやりたいんだ」と。「広告がやりたい」と言うと、「広告なら電通がいいな」なんて気軽に言うわけですよ。でも、そのときに「じゃあ、電通へ行こう」と思いまして。でも、話によると「吉田秀雄という神様みたいな社長がいて、この人が全権を握っているから、その人が『うん』と言わないと電通には入れないよ」と。

そこで僕は履歴書をペンで書いて、それをポケットに入れて一人で行くことにしたんです。話によると、毎朝七時に社長が当時珍しかった外車で会社に来るらしい。「そのタイミングに行けば会えるよ」だなんて話を鵜呑みにして、結局十一月の寒いときに四日間ほど待ちました。でも、待てども待てども来ないんですよ。守衛さんに聞いても「そんなことは、知らん」の一点張り。こちらはボロボロの格好をしていますから、警戒していたんでしょうね。

それで、四日目か五日目、ようやくふらっと吉田社長が車から降りてきたときに後ろから追っかけて行って、「社長、就職したいんですが……」と言ったんです。そうしたら、暴漢と間違われたんでしょうね。秘書の二人に羽交い締めにされたんです（笑）。おかげで、履歴書がポケットから出せないんです。すると、吉田社長が僕を見て「何だ」と言うものですから、「就職の話です」と言ったら、ようやく手を離してもらえた。そして「三階の新井くんのところに行け」と言われたんですね。

――新井静一郎さんですね。

社長というのはそういうのを受け取ってくれる人だと思っていたんです。しかし、実際は目もくれないし、触りもしないわけです。「これはだめだ」と思ったんです。しかし、二か月ほど貧乏暮らしをしていたら、電通から電話がかかってきて。新井静一郎さんは当時宣伝技術課長で僕らにしてみれば雲の上の人だったんですが、「来い」と言うので会いに行ったんです。すると、新井さんは実は朝日広告賞や毎日広告賞などの審査員をやっている方で、僕が入賞したコンペのことを知っていたんです。それで、「ああ、田保橋君というのは、あなたでしたか！」と。

――面識があったというわけではなく、作品を通じて名前を覚えられていた、と。

そうなんです。そこで、「社長からオーケーをもらっています」と嘘をついたら（笑）、「正式に履歴書を受け取ります。しかし、こんな書き方では世間には通用しない」と。「見本を渡すから、書き直してほしい」と言ってもらいまして。それで改めて書き直して持って行ったんですが、それから半年くらいまた連絡がなかったんです。そしたら、今度は人事部長から電話がかかってきて、「社長が面接をやるから、来るか？」と言うから「やります」と。

――田保橋さんは一九五七年に入社されていますよね。吉田さんは五六年に社長になられているので、その頃でしょうか。

よく覚えてないんですが、そうだったのかもしれません。それで、面接のとき吉田社長のところに僕を含めて五人が並んだんですが、もうそのときには「鬼の吉田」の怖さを知っていましたから、足が震えてくるわけですよ。すると、履歴書を改めて見て、「電通には、アーティストはいらないんだ」といきなり言うんです。そして「覚悟はできているか」と。何でもいいから「ちゃんとできています」と答えたら、吉田社長が丸の中に吉田の「よ」の字を赤字で書いて、ポーンとペンを放り出したんです。その様子を見て、「これはもうだめだ」と思いました。でも、人事の方に話を聞いたら、「いや、あれはオーケーのサインなんだ」と（笑）。それからまた半年が経って、ようやく正式に入社したんですけどね。

そのときも社員教育がちゃんとあって。当時は交換のお姉さんや受付のおじさんと一緒に、その頃は電話が少なかったですから、電話のかけ方や手紙の書き方などを全部習いました。

――電通で仕事を始めた際の会社の印象は、それまでのイメージと比べていかがでしたか。

要するに、電通は吉田秀雄の会社なんです。すべてが吉田秀雄。ものすごいエネルギーなんです。毎月、銀座電通の八階のホールに全社員が集められて、二時間、三時間「いかにお前らは……!」ということを怒鳴りまくるんです。それはもうクリエイティブも何も関係なし。当時僕は図案部だったんですが、図案部であろうが、営業部であろうが、新聞部であろうが、徹底的に怒鳴りまくる。退屈して眠っていると、「おい、そこ!」と言って質問もしてくる。タジタジですよ、こっちは眠っているから(笑)。

――吉田さんは、怖い方なんですね。

怖かったですね。というのも、当時、広告というのは押し売り屋と同列だったわけです。そこへ東京大学法学部出身の大秀才が入ってきた。実は吉田秀雄と同級生の叔父がいて、僕もあとからわかったんですが、あのときの東大法学部出身だったら大蔵省、三菱と、どこにでも入れたんですよ。でも、吉田社長は広告会社に行ったものですから、同級生からも「あいつは同窓会に呼ぶな」ということになっていたらしい。彼は、そのコンプレックスをバネにしたんですね。「それなら、俺が広告界を良くしてみせる。三井、三菱と肩を並べてみせる」と。それが彼のエネルギーだったと思うんです。だから、毎月の演説も「お前ら、バカにされないで、ちゃんとがんばれよ」というメッセージがあったと思うんです。皆バカにされても平気な連中ばっかりでしたが。

吉田社長が大切にした、仕事をするうえでの見栄

——吉田社長は「これからのメディアは良くなる」という考えを当時から持っていらっしゃったといいますね。

そうですね。だからこそ、「そのメディアに乗らない限り、お前らは一生出入り禁止だ」と（笑）。また、イメージアップのためには「とにかく見栄を張れ、背伸びをしろ」ということも徹底的に教えられました。飯を食うなら絶対一流の店。給料なんて、安いんですよ。でも、「人に会うなら絶対に帝国ホテルのロビーで会え」と言われました。服装については、「背広は、壹番館で仕立てろ」「レディーメイドは買うな」と。とにかく「人より一歩上へ立て」とずっと言われていたと思います。

その後、会社にどんどん人を入れていきました。十人が入ると、そのうち五人が東大、あとの五人が早稲田と慶応。デザインについては芸大ですね。なぜかというと、そういう大学の出身者の場合、二十年も経つと同級生たちがみんな社長や役人になるんですよね。だから「商売に役に立つ」と。でも、当時の広告業には東大の卒業生は来ないですからね。そんな中、あの人は一生懸命に人材を集めました。

——コネクションをとても意識されていたんですね。

それから給料日が二十日なんですよ。普通の一般の企業や役人は二十五日。つまり、僕たちの方が五日だけ早いわけです。その五日のギャップが大事なんだと。なぜかというと、サラリーマンは二十日頃が一番お金に困るわけですから。その五日間だけはお茶も飲めない。昼飯も食えないから、家から弁当を持って来る。

だから「お前らには二十日に金をやるから、そのお金でコーヒーを奢れ」と言うんです。確かに、効果が抜群ですよね。これは僕が吉田秀雄から直接聞いた話です。

また、「電通は能力が不足している」ということもよく言いました。「お前らは、世間の人の協力を仰がなければいけない」と。今でもそうですね。クリエイティブは外注をしています。タレントにしてもどれも外注です。特に最近のデジタル関係に関しては、子会社をつくっていたりします。要するに、他人の力を、しかも一流を借りなくてはダメだ、と。そのためには、「何かあったら、金だ」ということなんです。

電通は今でもクリエイティブの仕事をすると必ず翌月払いです。これは助かるんですよ。CMなんてのは昔は一億五〇〇〇万、二億というのがたくさんあったんです。それを納品すると、翌月には二億円が手元に入る。それ全部を電通が立て替えてるわけですよね。もちろん、マージンを乗せるんですけど、それでも相当な金額ですよね。

というのも、小さいプロダクションには、ものすごく良いコマーシャルを作る会社があるんです。そういうところには良い人間が集まっているんですが、金がない。それなのにCMというのは、事前の仕込みが重要になってくる。タレントに契約金の半金を払ったり、海外ロケだったら飛行機のチケットを買わなければいけなかったり。だから、一億円のコマーシャルなら、制作に入るまでに三〇〇〇万から四〇〇〇万は持っておきたい。ともなると、彼らは銀行からお金を借りないといけなくなってくる。でも、銀行は小さい会社にお金を貸すわけがないじゃないですか。だから、その間に電通が立って保証人になるんです。社内にはそういう書類があるんですが、僕もたくさん書かされましたね。ひどいときは利子を電通が負担したりするんですが、そういうことまでやっていました。

――そのとき、電通は銀行からの信頼があったのですか。

今ほどではなかったですよ。でも、当時、日本勧業銀行と手を組んだんです。というのも、電通の経理局長は勧銀のOBなんです。どういうわけだか当時の勧銀は官僚的ではなく、いわゆるベンチャー企業を育てる空気があった。いってみれば電通もベンチャー企業だったわけですよ。工場もいらなきゃ機械もいらない。それでも入ってきたお金で丸儲けできるんですから。

――吉田さんは、当時テレビについて「これは絶対に最高のメディアになる」ということを仰っていました。その点、田保橋さんはどのような見解だったのでしょうか。

当時は新聞が最高で、テレビは電気紙芝居だというのが多くの広告人の意見だったんじゃないでしょうか。でも、彼はそうではない。まず、スタッフにテレビのことを知っている人間がまったくいませんから、彼らにアメリカのCM制作を学ばせました。おかげで、昭和三十何年頃は、社員全員が「英会話学校に通え」と言われたんです。それに、「パスポートは絶対取れ」と。あの頃、パスポート取る人間なんて、ほとんどいなかったんですよ。でも、社長の言うことですから、僕もパスポートを取って、一年間だけ英会話学校にも通いました。モノにはなりませんでしたけどね（笑）。

――なぜ英語を習わせたのでしょうか。

英語が喋れるようになったら、アメリカの放送局に積極的に行かせていたんです。ただ、そんなに大きいところではないんですけど。とにかくカタコト英語であっても、一、二年海外に行かせた。そして、帰って来た人間をいきなり新聞社に一緒に連れて行って、「時代が変わったので、もうテレビをやりませんか」と吉田社長が口にする。もちろん、真っ正面から行ったら大悪者になるわけですから、彼はまず地方紙から攻めて行きました。「事業部や事業部のイベントとして、放送局やってみませんか」と。そこで「金が必要だ」と言われたら、「じゃあ、それは電通が集めます」ということで、地元を回って広告費を集めて、地方局をつくっていったんです。そうしているうちに、当時全国に約九十ぐらいの放送局ができあがりました。そのほとんどの局に電通の社員を送り込んでいましたね。

——「テレビは儲かる」という仕組み作りが行なわれていった、と。

「代理店を通さずにCMは流さない」というルールを最初から作っちゃったわけですからね。九九％の局では電通からコマーシャルが流れてるんです。そのためには何が必要かといったら、ネット局なんですね。というのも九九局に一編一編を売っていったら大変じゃないですか。そこで、例えば朝日放送関係で「ANN系列」というのをつくってしまう。ANNへ広告を、スポットを売りに行くと、全部それが売れてしまうんです。これも吉田秀雄の練ったアイデアでしたね。

広告に必要なのは、「いかに伝わるか」

——吉田さんはビデオリサーチも行ないましたよね。

あれは電通が三四％の大株主で、社長も電通です。要するに、吉田秀雄は電通のポジションを上げたい。それと同時に、相手にとっても広告を出しやすい立場をつくってやろうとしたんです。そのために考えたのが視聴率だったんですね。「日本にいる一億人のうち三千万が見てます」と言えば、それだけでマーケットになる感じじゃないんですか。

その他にも、いろんな協会や機関もつくりましたね。発行部数を取り扱うABC協会というのがあるんです。これも吉田秀雄の努力の結果です。公共広告機構（AC）はサントリーが始めたんですが、事務所も全部電通持ちです。

それで、電通の創立記念パーティーには必ず帝国ホテルの一番大きい部屋で、タレントを呼んで盛大にやる。そうすると、「A社の社長が行ったらしいよ」という話になって、B社も「じゃあ、行かないといけない」という流れができてくる。電通賞の授賞式については僕はずっと裏方をやっていましたが、お金のかけ方がとにかくすごかった。パーティーで出店が出るんですが、全部銀座の一流店。一流でなきゃいけないという、背伸びの世界なんですよね。

――さて、田保橋さんは一九六七年にクリエイティブ部門の統合を経験されていますが、どのような変化がありましたか。

それまで宣伝技術部とCM制作部が分かれていたんですけど、「キャンペーン・コラボレーションの時代だから」ということで統合したんです。人は宣伝技術部の方が多かったですね。CMはアウトソーシングしていて、外注のプロダクションがほとんどでした。そうすると、二、三人で十億、二十億が稼げるようになるんです。でも、新聞広告はコピーライターやら、カメラマンやら、なんだかんだ十人〜十五人くらいかけて売り上げが五〇〇万〜一〇〇〇万程度。これは誰が見たっておかしいんですが、プロダクトのキャンペーンは大きな仕事なので止めるわけにはいかない。

——CMにも、雑誌にも出すわけですからね。

昔は雑誌部、新聞部、テレビ部があって、皆でそれぞれアイデアを出していたんです。そのときに完全にテレビにリーダーシップを取られてしまって以来、プリントメディアのクリエイティブはいまだに弱いんです。なぜかというと、デザイナーというのは「良いものを作ろう」「名作を作ろう」としますよね。ところが、テレビは違う。「なんとかヒットするものを作りたい」。つまり、彼らのグッド・ワークは、ヒットする作品なんです。ヒットしようとすれば、当然受け手のことを考えなければいけない。会議では受け手のことを考えなければいけないんですが、グラフィック側のデザイナーだと「レイアウトはどうしよう」だったり、「イラストはどうしよう」となってしまって、全然話がまとまらないんです。

メディアにしたって、スポンサーが喜ぶのは名作ではない。それはグッド・デザインではなくて、グッド・コミュニケーションなんです。グッド・コミュニケーションは「当たるか」「当たらないか」の二つしかない。だから、ヒットすればグッド・コミュニケーションになるんですよ。だからグッド・デザインしか考えていない新聞広告の表現では人を動かせない。しかも、テレビ一本で日本国中の何百万人を動かせるわけじゃないですか。新聞広告ではそうはいかない。そうすると、スポンサーのお金のかけ方も変わってきますよね。

要するに、グラフィックデザイナーは、グッド・デザインをグッド・コミュニケーションと間違えているんです。目的と手段を間違えている。今でもそうです。目的はコミュニケーション。グッド・デザインは手段なんです。だから、テレビは世の中の動きに敏感なんです。スポンサーには、伝わってなんぼですからね。そこがわからなければ、アートになってしまう。

――八〇年になると、第二クリエイティブ局長に就任されています。局長時代のお仕事はいかがでしたか。

基本的に、すべて人のために仕事をしていました。電通のときはひたすらスポンサーのため。一方で、大学教授時代は学生のために、と。金沢美術工芸大学の客員教授は三〇年以上やっていたんですが、金沢市長からは永年勤続表彰をもらいました。僕の仕事はスポンサーのためにやっていること。お金をもらっているんだから、お金のために働こうと思っているんですが、このことはすぐ「妥協だ」と言われるんです。「仕事のレベルを下げているんじゃないか」と。特に、アート派の人からは「スポンサーにゴマをすっているだけだ」と言われるケースも多いんです。しかし、僕はそうは思っていなくて、むしろ「スポンサーに気に入られるくらいのグッド・デザインを作らなきゃいけない」という気持ちでいます。例えば車を一か月五〇万台売れる広告を作れるとする。これが本当のクリエイターだと思うんです。

一方で、多摩美の専任になったときは学生のために働きました。僕の時代にグラフィックデザイン科を改革したんですが、多摩美の入学者が倍増したんです。実技のときは教室がいっぱいになってしまって、生徒同士がぶつかったりして大変でしたね（笑）。これも、学校のために尽くしたことのひとつです。やれるだけのことをやった。改革もやった。文部省に頭を下げて歩きましたからね。大学のためにといっても、僕は応募者の増加と卒業生の活躍を高めるというところに焦点を当ててがんばったつもりです。結果的にグラフィックデザイン科は定員二〇〇人にもなってしまいましたが、そのことを外国人の知り合いに話したら、「二〇〇人の生徒にクリエイティブを教えるのはクレイジーだ」と言われました（笑）。

デザイン賞受賞は、客観性を持つために不可欠

――ちなみに、田保橋さんは電通時代、プレゼンテーションの勝率がトップだったとか。いつもどんなことを心がけていたのでしょうか。

それはもう死にもの狂いでした（笑）。朝も晩もないですし、スタッフとは毎度大喧嘩ですし、その結果スタッフに睨まれることが多くなりますし、良いことなんて何もなかったです（笑）。最初は競合が三、四社でしたが、景気が悪くなってくると急に十社に増えてきまして。そうすると、誰が決定者かを知ることが重要でしたね。難しいマーケティングや、プレゼンの技術だけでなく、決定者のメンタリティを知ることがプレゼンに勝つ条件でした。

――それは個人の嗜好を調べるということなのでしょうか。

個人ですが、さらにいえば組織の一部ともいえます。組織の決定者は誰なのか、その好き嫌いを調べたということですね。最初はわからないんですけど、だんだん企業の傾向が見えてくる。そのうえで、さらに何度もスポンサーのところに足を運んで好き嫌いを調べる。飯を食ったり、ゴルフしたりするうちに、勘でわかるようになりました（笑）。

あと、A案主義、B案主義をやっていました。A案は必ずスポンサーの好きな作品。B案は僕の好きなように作った作品。必ず二案を出すんです。ところが、スポンサーの中には一案だけでよいというところもあるんですよ。でも、B案は「僕にはこういう力があるんだ」というプレゼンテーションでもありますから、

それを繰り返す。すると、たまにB案をやるチャンスが巡ってくるんですね。

――九一年に退社されるまで、極めて多くの作品をお作りになり、受賞された作品も国内外で数百に上ります。田保橋さんにとってその賞の持つ意味とは、どのようなものなのでしょうか。

クリエイターというのはスポンサーとクライアント、自分の会社、プロダクション、作家、タレント……と人の間に入って仕事をしています。実はすべてこの中での良し悪しなんですね。でも、そればかりだと、自分の仕事は間違っているんじゃないかと不安になってくる。すると、第三者の評価が欲しくなるんですね。それで客観的な意見を求めてコンペに出すんです。

もうひとつは、プレゼンに通りやすくするための賞です。スポンサーの宣伝部長が社長から何か言われたとき、僕が受賞作家であると社内で通りやすくなるわけです。プレゼン勝利の手段、僕自身の進歩発展と、賞には二つの意味がありました。だから、こだわったんですよ。

――実際に合計すると、どれくらいの賞を獲得されたのでしょうか。

一八〇くらいでしょうか。ただ、最近賞自体が減ってしまったんです。僕が辞めたときはバブルがはじけた頃だったので、細かい数まではわからないんですが。しかも、広告の賞というのは表に出るのが全部スポンサーの名前なんですよね。だから、毎年広告電通賞を狙って多いときでは二十くらい取っていたんです。

――さて、田保橋さんは電通の現在については、どのようにお考えでしょうか。戦後広告史における電通の功罪をお聞かせください。

これはもう吉田秀雄の歴史と重なりますね。もうひとつは、スケールが大きくなったことで、そのメリットや効果が出ていると感じます。電通には広告主が二千社あるともいわれています。それはつまり、タレントの会社二千社と話ができるということ。これが強みなんですね。また、二千社がそれぞれのコネを使うことによって、さらに大きい繋がりにもなる。そういう大きなメリットがあるんです。

――最近はB to B広告賞の審査員長なども務めていらっしゃいますが、ここ数年の広告の質的変化についてどのように思われますか。

新聞広告の本質はB to B広告にあると思います。僕が今作ってみたいのはB to B広告。というのも、受け手と送り手の関係が決まっていますからね。産業物資のやりとりですから。だから僕は、先日の震災のときこそB to B広告がもっと出なきゃいけないと思ったんです。ブルドーザーだって、それまで十台だけ必要だったのが、あのときを境に二十倍も必要になってくるわけです。しかも、お金はあまっている。では、なぜメーカーが被災地に向けてB to B広告をやらないのか。これが本当の震災広告じゃないかと思うんです。

質に関していうと、以前、新聞広告の業界で評判になったものがあって、その特徴というのが「広告臭がない」「デザインが良い」「広告効果を考えない」だった。こんなので賞を出しているから産業界から見放されたんです。一見して何の広告だかわからないのに、スポンサーが広告費を出すわけがない。ところが、そんな広告がデザイナー内では評価される。最近は少しずつ良くなってきていますが、依然としてデザイナーがアーティストになりたがっている傾向があります。めったにないレアケースを美大の学生はサクセスストーリーとして聞いて育っていますから。これからのB to B広告はその流れとは違う本当のコミュニケーションデザインとしてどんどん発展していかなければいけない。

それにしても、今は難しい時代ですね。デジタルをデザイン化しなきゃいけないですから。今のデジタルは技術だけ。デザインをデジタル化するのではなく、デジタルをデザインで作るという発想が必要です。

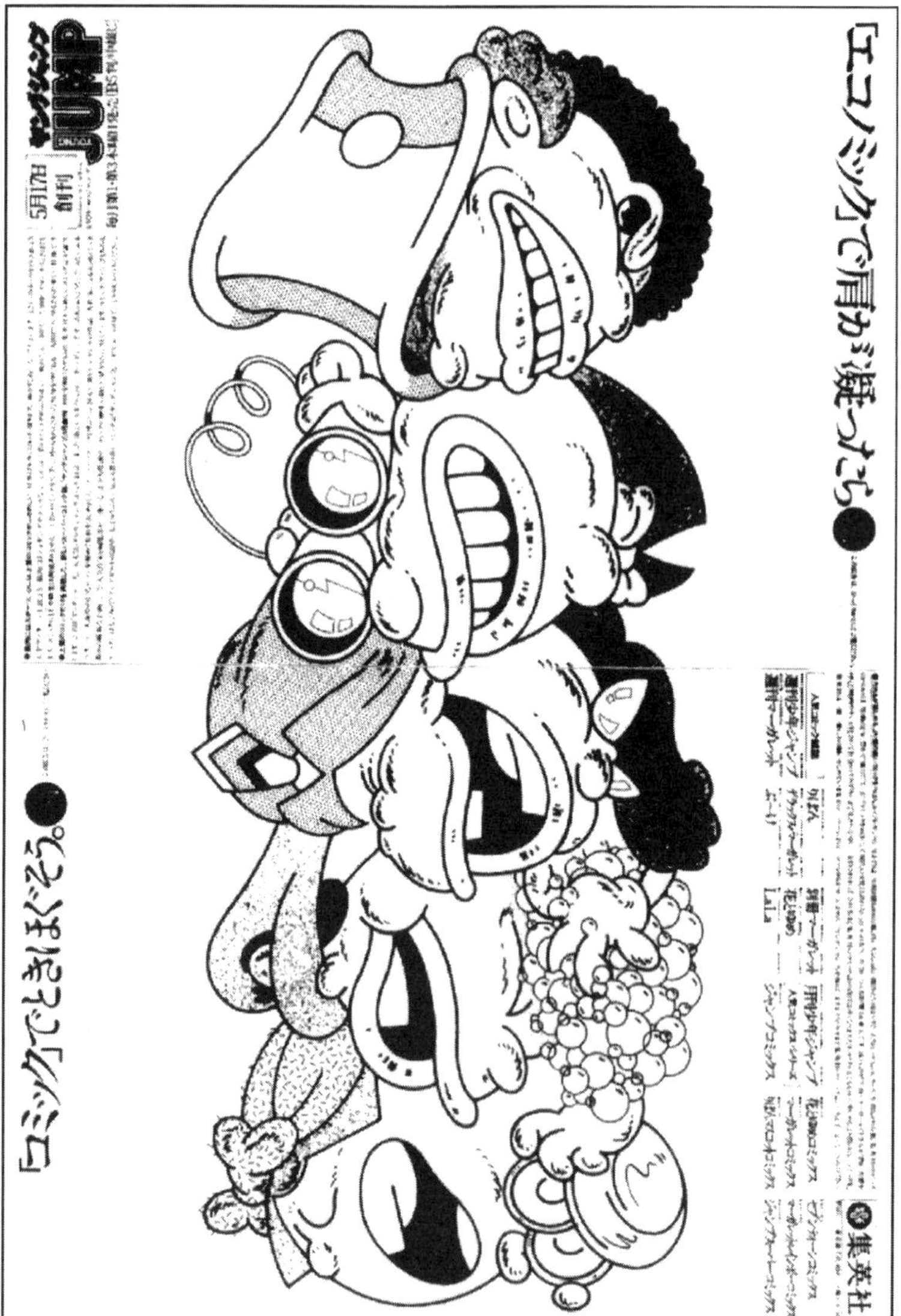

●天地：逆

●天地：正

集英社『ヤングジャンプ（現・週刊ヤングジャンプ）』の新聞広告全 30 段作品。

天地を逆にすると、表現内容が変化する「逆さ絵」の特徴と、天地逆にしても接触が可能な印刷メディアの可能性を合体して創られた。田保橋氏の代表的な作品のひとつで、クリエイティブディレクター、アートディレクター、デザインを担当

5

生きる元気や、生をそそのかすことが広告の大きな役割だと思うんです

電通　岡田芳郎《おかだよしろう》　一九三四年生まれ

寺山修司「音楽は世界のことば」、大阪万博「笑いのパビリオン」を企画。企業CI導入の先駆け

一九三四年東京都生まれ。小学生のときに太平洋戦争が勃発、新潟県へ集団疎開。戦後は東京に戻り、野球に熱中した中学・高校時代を経て、早稲田大学へ入学。大学卒業後、五六年、電通に入社。名古屋支社へ配属され、中部日本放送テレビの開局期に、営業から制作、企画、CMソングのプロデュースと幅広く仕事をした。六二年、東京本社に戻り、プランニングセンターに所属。プレゼンテーションやサービスのマニュアル化などを行ない、ビジネススタイル確立に貢献。営業企画局では七〇年に大阪万博を経験し、日本ガス協会の「笑いのパビリオン」を企画。また、富士ゼロックスの仕事で唐十郎と寺山修司を起用した企画「大人の紙芝居」を成功させた。八八年にはコーポレート・アイデンティティ室長、続くコーポレート・コミュニケーション局では主幹を務め、多くの会社のCI計画やメセナ活動に取り組んだ。九六年、電通総研の常任監査役に就任。九八年に電通を退職。現在は「広告ジャーナリスト」として、雑誌で広告時評を執筆する他、広告に関する本も多く出版している。

広告のあり方を一変させた、ラジオ、テレビの登場

――岡田さんが早稲田大学に入学された一九五二年頃は、ちょうどラジオの民間放送が開始された時期にあたります。その頃の放送について、何か思い出はありますか？

終戦直後はまだラジオ放送はＮＨＫだけでしたが、子どもの頃の記憶に残るのは「鐘の鳴る丘」という戦災孤児たちを主人公にした菊田一夫のドラマが人気でした。あとは福田蘭童の音楽が印象的な「笛吹童子」ですね。その後、民間放送が開始されると、「素人ジャズのど自慢」や「テレビぴよぴよ大学」など、気軽な楽しい番組が増えていきました。聴取者が番組に出てくることも特徴でした。

あとはコマーシャルソングですね。その頃のコマーシャルソングは三木鶏郎がほとんど作っていたのですが、それまでの日本の歌謡曲とはまったく違う音楽だったんです。明るくて、テンポも速くて、長さもちょうどよい。まさに新しい日本の歌というイメージです。そのため、コマーシャルソングはある時期から「日本人の愛唱歌」になっていったような気がします。私の中で一番思い出深いのは、ミツワ石鹸の「ワ、ワ、ワ、ワが三つ」や、仁丹の「ジン、ジン、ジンタン」です。

――ＮＨＫや日本テレビの本放送が始まったのも、ちょうど大学生の頃ですよね。

一九五三年です。当時のテレビはとても高くて、一般の家庭で買えるようなものではなかった。ですから、テレビを見るとしたら、喫茶店のような特別な場所に限られていた。あるいは、街頭テレビですよね。当時は新橋の駅前に小さい受像機があったんです。その頃の街頭テレビの様子を写した写真を見てみると、小さ

な画面を一万人ぐらいの人たちが集まって見ているんです。そういう時代だったんですね。家庭にテレビが普及し始めたのは、それからずいぶん後の昭和三三年、一九五八年ぐらいになってからでした。

――その後、早稲田大学の第一政経学部経済学科を卒業されて電通に入社されますが、その経緯はどのようなものだったのでしょうか。

私は勉強熱心な学生ではなかったし、特にこれといってやりたいものもなかったんです。しかし、ぼーっとしていることを親父がとても心配しまして。「お前のような者でもこの会社なら仕事ができるんじゃないか」と言って、電通を紹介してくれたんです。最初は入社を前提とした「特別アルバイト」という形でしたが。

最初の仕事は、テレビの視聴率調査でした。先ほど説明しましたように、当時テレビは普通の家にはありませんでしたから、映画俳優の家や金持ちの家、あとは料亭といったところに調査票を持っていきまして、「一週間後に取りに伺いますから、ご覧になったものを書き込んでください」と、一週間分の番組表を置いていくんです。そういうアルバイトの仕事を数か月やって、昭和三一年、一九五六年七月にようやく正式入社することになりました。

――当時は「広告の鬼」と呼ばれる吉田秀雄社長の全盛期ですね。岡田さんの入社の際も吉田社長の面接があったとのことですが、どのような印象だったんでしょうか。

非常に強烈でした。その年は正式な社員を採らなかった年だったのですが、同じような特別アルバイトが九人いたんです。それで、あるときにその九人が社長室に呼ばれ、一人ひとり並べられて質問されるんです。私は二つ質問をされて、まずひとつは、「お前は淋病になったことがあるか」と。「そういう体験はありません」と言うと、心外に堪えないという顔をされまして。「俺たちの頃は性病にかかると大変だったが、お前にはそういう体験もないのか」と言われたんです。二つ目は「お前は質屋に行ったことがあるか」。「行ったことはありません」と答えると、びっくりされまして。吉田秀雄は東大の出身なんですが、質屋に物を持って行って生活していたこともあったようなんです。そこで、「お前は性病にかかったこともないし、質屋に行ったこともない。要するに苦労していない。二、三年は苦労してくるんだな」と言って、メモに赤鉛筆で何かを書き込んだんです。

ちょっと嫌な予感がしまして、その話を家に帰ってしましたら、母親が非常に心配して、父親に「そんな会社、大丈夫でしょうか」と聞いたりしていました。ただ父親はいい加減なもので、電通という会社名から半官半民の会社だと思っていましたから「真面目な会社なんだろう。お前でもやれるんじゃないか」ということを言い出して。私自身も電通がどんな会社なのか詳しく知らなかったので、とにかく入社することになったんです。

新しいテレビ広告の実験場だった名古屋時代

――そして、入社早々、名古屋支社に配属することになったと。

「一週間以内に名古屋支社へ行け」と。嫌な予感が的中してしまったんですね。疎開のときを別にすれば、私は東京しか知らない。ですので、当時の名古屋は地の果てのような印象があったんです。

それで、名古屋支社に行くことになったんですが、当時はちょうどテレビ放送が開始される頃。昭和三一年十二月にCBCテレビ（中部日本放送テレビ）が開局するんですが、その年の七月に行くことになったんです。そういう時期ですから、テレビ営業部もできたばかりで、部長と部員が一人ずつしかいません。そのため、私たち新入社員二人がテレビ営業部要員として行かされることになったんです。つまり、私たちを入れたたった四人だけでテレビ営業部がスタートしたんです。

翌日になると、早速全営業部員を集めてテレビの講習会が始まりました。というのも、名古屋には民間放送がないですから、営業部員はテレビ広告について何も知らない。その点、私たちはもちろんテレビコマーシャルは見ていたし、東京でちょっと勉強はしてきたので、役割としては一応先生という形になる。新入社員なのにわかったようなことを言いながら、テレビコマーシャルを説明していくんです。

例えば、新聞の場合は広告のスペースが決まっていますよね。でも、テレビでは三〇分番組でいうと、後ろの四〇秒を削ってその分をコマーシャルタイムにするわけです。それに加えて、番組の時間の中に提供スポンサーの広告が入る。そういうことを説明していきました。ただ、名古屋の電通に行った途端に先生の役割をさせされて、自分でも理解しきれていないことを、そのまま話をするわけですから、聞いている人はどうしても混乱してしまう（笑）。そのため、年を取った営業の方が講習会の後に残って「どうも話が理解できない」と何度も質問をされました。そのことを強烈に覚えています。

あんまり良くない原体験かもしれませんが、そのとき思ったのは「人よりもほんの少しでも優位に立っていれば、先生になってしまうんだ」ということ。一日でも先にそのことを知っていれば、その時点で先生になるんです。それは、以降私の電通生活四十年の中でずっとやってきたことです。

――名古屋の営業部ではその他どのようなことをされたんですか？

営業ですから、基本的にセールスに行くものだと思っていたんです。しかし、最初に担当したのは、「設定」という現在の会計のような仕事でした。例えば、番組をやるとしたときに、お得意さんからいくらもらうのか。そのときにかかる手数料がいくらで、費用にいくらかかって、いくら支払って……と、収入と実費、支出を台帳に記入していくんです。

その仕事はすぐに終わって、ようやくそのあとに営業の仕事を担当することになりました。当時の営業は、これから始まるテレビ局の番組やスポットを売るのが大きな仕事。テレビ局の人たちと一緒に得意先を回り、テレビ番組のこと、スポットはどういうものかを説明していきました。すると、日本の復興期・成長期だったからなのか意外によく売れて、七月から十二月の約半年で番組、スポット、すべてほぼ完売することができたんです。そうしている間に、東京からもキャリアを積んだ先輩たちが名古屋にやってきて、放送が始まるまでには十人程度の部署になりました。ただ、開局直後はその日の夜の臨時番組を昼に売ったりすることも多々あり、綱渡りのようなこともありました。

――当時番組はもちろん、コマーシャルも生放送でしたよね。

スタジオでコマーシャルタレントが商品を持って説明するのが基本です。補足的にポスターのような小さな紙のテロップを映すという静止画像も使用しました。また、フィルムの場合は事前に撮ったものを映写するという方法も使用しました。

当時は、自然に営業と制作がくっついたような感じだったので、番組やCMを売ると、コマーシャルも自分で作らなければなりませんでした。もちろん番組については放送局も作っていたんですが、電通の方がずっと早く勉強していましたし、体制も整っていましたから、自分たちが制作に回るケースもたくさんあったのです。実際、私自身もいくつかの番組を制作しました。

例えば、中部電力が提供した「目で見る科学」。科学をわかりやすく面白く実験してみせるホームドラマ風構成の番組で、その原案者や台本作家を電通が起用するのです。実験の材料、方法を学者の先生にまとめてもらい、脚本家に台本を書いてもらう。その段階で放送局のディレクターに来ていただいて、どういう番組にするかを相談するんです。タレントの動きについては、局のディレクターが演出する。お得意さんからいただいた制作費は電通が支払う。当時、こういった電通制作の番組が数多くありました。

――岡田さんはCMソングのプロデュースも行なったということですが。

これはとても面白い仕事でした。学生時代から詩を書いていたこともあって、名古屋にいたときも詩が好きな人たちと交流があって、一緒に同人誌を作っていたりしたんです。当時、東京では三木鶏郎とかいずみたくがいくつもCMソングを作っていたんですが、一曲に対して二〇万円くらい費用がかかっていたんです。名古屋にも二〇万円出してコマーシャルソングを作るスポンサーももちろんいたんですが、なかなかそういうお金が出せない中小企業もたくさんいまして。そこで私が考えたのは、五万円でコマーシャルソング制作のパッケージを作るということだったんです。

早速地元の仲間に「こういう会社から依頼が来たので、作詞してください」とお願いをして。詩を書いてもらった時点で作詞料は一〇〇〇〇円支払って、それが採用されたら追加で五〇〇〇円を支払うと。それから、名古屋のナイトクラブでバンドマスターをやっている作曲家がいたので、その方にお願いして作曲をしてもらって。歌手はミス東海テレビの人を選んで……。そうやってチームを作っていって、お得意さんに五万円のパッケージで売り出したんです。それがどんどん売れるようになっていきました。

――一方で、ＮＨＫのバラエティ番組の企画もやられていたとか。

「あなたも私も」ですね。当時の電通は、とても自由で。ＮＨＫテレビのバラエティショーの構成を頼まれていたんですが、電通の上司も認めてくれて、会社に申請も書いてくれたんです。そうしたら、ＯＫが出たのでやっていました。

名古屋には六年いたんですが、最初は東京のことを夢見ない日はないぐらい、「早く戻りたい」と思っていました。でも、今考えると非常に良い時間でしたね。自由なことができたし、コマーシャルを作ってもお得意さんからクレームを受けることもほとんどありませんでしたし。ある意味では一番楽しい六年間だったかもしれません。

「スペースを売る」会社から、「企画を売る」会社へ

――一九六二年の二八歳のときに本社に戻られ、プランニングセンターに配属されたとのことですが、こちらはどのような組織だったのでしょうか。

社長である吉田秀雄がプランニングセンターの初代リーダー・小谷正一さんと二人で考えた組織です。小谷さんはもともと『毎日新聞』の出身者で、新聞、ラジオ、テレビ、イベントなど新しいメディアの仕事を開拓していった伝説の人。作家の井上靖が小谷さんをモデルに小説を書いていて、芥川賞受賞作の『闘牛』や、ロシアからバイオリニストを呼ぶという話の『黒い蝶』などの作品で、彼を物語の主人公にしています。そんな人が、吉田秀雄に請われて、電通でラジオテレビ局長をやっていたんです。

そもそも吉田秀雄は「広告会社そのものが変わらなくてはいけない」と考えていました。大雑把にいうと当時の広告会社というのは、新聞にしろ、テレビにしろ、スペースを売って、そのマージンで利益を上げるスペースブローカーだったんです。そうではなくて、吉田秀雄は「企画を売ることで商売をする会社に変えなくてはいけない」と。プランニングセンターはそういう方向性に向かうためのシンボリックな組織としてつくられました。そのリーダーに選ばれたのが、小谷正一さん。ラジオテレビ局という稼ぎ頭のトップから、プランニングセンターのトップに持ってきた。

――そこでは具体的にどのような仕事をなさったのでしょうか。

プランニングセンターは、三つの部門に分かれていて、ひとつはマーケティング・プランニング、ひとつはクリエイティブ・プランニング、もうひとつはメディア・プランニング。マーケティングという言葉は当時から存在していましたが、ビジネスとしての電通のマーケティング局というのは、実はプランニングセンターから生まれたものなんです。広告会社の主要な仕事は、企業の商品を売るときのマーケティングですよね。市場にどうやって商品を出して、どうやって売っていくか。そこから考えて広告をプランニングしていかなくてはいけない。そういう全体の流れをつくっていくところから、広告戦略、広くいうとマーケティング戦略を立てねばなりません。

それまでの広告は、ただ全ページ広告が出るとか、ひとつのスポットが出るとか、いわば行き当たりばったりに近い感じでした。しかし、このあたりから、一年間の流れで考えていったり、キャンペーンテーマを作って考えていくという広告計画ができあがっていったんです。クリエイティブ・プランニングも、単にひとつのテレビコマーシャルを作るのではなく、あるテーマを持って、この商品をどういうイメージで売ってくのかというように、全体の流れの中で考えるようになった。メディア戦略にしても、それまでの組織ではテレビはテレビ、新聞は新聞、調査は調査、制作は制作と、バラバラにやっていたものを、この商品はどういうメディアを使うべきなのか、テレビがいいのか、新聞がいいのか、雑誌がいいのか、他の方法がいいのかと、全体の考えを基に統合的に組み合わせるようになった。そういうことを初めてひとつのディビジョンで行なうようになったのがプランニングセンターだったんです。

――そこで最初に担当されたのが、プレゼンテーションに関するマニュアル作りだったと。

それまでの広告業界ではちゃんとしたプレゼンテーションの方法がなくて、営業がそれぞれ自分のやり方でやっていたんです。そこで、プレゼンテーションのマニュアルを作ることで、こういう内容で、こういうやり方で、こういう要素を入れないといけないというようにしたんです。

それまでの営業は歩合制度を取っていた時期がありまして、非常に広告料が大きいスポンサーについて、莫大な収入を得ている人もいたんです。そういう人は自分で優秀なスタッフを抱えて仕事をしていたんで良い面もあったんですが、もちろん弊害も少なくなく、途中から歩合制を廃止したんですね。そうやって、いろんな仕事の仕方が整備されていく中で、お得意さんに対するサービスやプレゼンテーションなどの仕方もマニュアル化していきました。

ただ、新しい部署が生まれたことに対し、社内からの抵抗は大きかったように思います。とはいえ、中には「新しい時代に向かってやっていこう」という心ある営業さんもいらっしゃって、そういう人を中心にだんだん浸透していったということですね。

広告の表現は、世界をまたにかけて

――そんな最中、一九六四年には東京オリンピックを迎えることになります。岡田さんはそのとき、どのような仕事をされていたんでしょうか。

東京オリンピックは、広報レベルではあるものの、電通が初めて参画した国家的なイベントでした。本格的に国家的なイベントで主要な役割を担ったのは、大阪の日本万国博でしょう。当時私はプランニングセンターにいて、名称が営業企画室、営業企画局と変わっても同様の部署に所属していました。

一九六七年に電通の新社屋ができて、そして七〇年には先ほどの大阪万博が始まります。このとき日本ガス協会という全国のガス会社の協会がスポンサーになりまして、パビリオンを出すことになったんです。そこで私を含め、東京の電通と大阪の電通の何人かでプロデューサーグループを作り、企画を考えたんです。その際に担当したのが「笑いのパビリオン」という企画でした。

内容は三つのパートで構成することになっていて、ひとつは福田恆存という劇作家が作る「笑いのパターン」というもの。白黒の映像でいろんなパターンの笑いを映すという、非常にオーソドックスなパートですね。そして、二つ目が最大の呼び物で、「二〇世紀の巨匠」と言われるスペインのホアン・ミロに依頼して、億の単位のギャラで「笑い」というテーマの巨大な壁画を作ったんです。

最後の三つ目は日本のエンターテイメントの代表というべき渡辺プロダクションの社長である渡辺晋のプロデュースで、テニスコート方式の映像で表現する「笑い」を作りました。これはテニスの試合を観戦することをイメージしていて、前後左右の両面と床とを合わせて五面のスクリーンから映像が流れるようになっているんです。そこに、テニスコート方式の横長の映像を流し、テニスの観客席のようにお客さんが座って観るスタイルをつくったんです。この映像はそれなりに面白かったですね。

やはり万博以前、万博以後では、かなり電通の仕事の仕方も変わっていったように感じます。基本的には展示の仕方の問題なんですが、それまでは単なる空間に物が置いてあるイメージだったのが、万博以後ではもっとドラマティックな構成で見せていくという方向になっていったんです。

富士ゼロックスの広告「人間と文明」の初回。紙面の上半分に世界の文化人によるエッセイ、下半分に日本のアーティストによるイラストが掲載された（『毎日新聞』1970年3月3日付朝刊）

――岡田さんはその後、営業企画室の次長に就かれます。

その頃の仕事で記憶に残っているのは、富士ゼロックスの「人間と文明」という企画。世界をリードする芸術家や文化人、例えば文明史家のアーノルド・トインビーや化学者のオパーリン、作曲家のハチャトゥリアンといった二十九人が書いたエッセイに、日本の造形作家や映像作家、版画家、画家というように、さまざまなビジュアルアーティストの作品を組み合わせて、上は世界の文化人のエッセイ、下は日本のアーティストのイラストという一ページの新聞広告を『毎日新聞』に提供したんです。これを二十九回連載したんですが、あの企画は非常に面白い広告になったと今でも思います。

そもそもその広告では、富士ゼロックスの商品のことや、企業のことには一言も触れていないんです。それは小林陽太郎さんという当時の社長が「富士ゼロックスは複写機を取り扱う会社だけれど、コミュニケーションの会社である。広告も自分の会社が世の中に出す重要な商品のひとつだ」と仰ったことから始まっていて。富士ゼロックスという会社は、そういう非常にユニークな考え方を持っているんですね。

また、富士ゼロックスでは「ゼロックス・スペシャル」という深夜のテレビスペシャル番組も何度もやりました。「スエズ運河開通」や、『ハーツ・アンド・マインズ』という反戦映画など、いろんなスペシャル番組をやりましたね。当時スペシャル番組はまだなかったので初めての試みだったんですが、そういうテレビ上での野心的な実験も行ないました。

私が関わった仕事でいうと、銀座の数寄屋橋のソニービル四階にあった富士ゼロックスの「ナレッジ・イン」というスペースです。富士ゼロックスから「若者が喜んで集まるような場所をつくれ」という指示だけを受けたんですが、その他の部分は一切を任されたので、私はそこで自分が面白いと思う企画をやりました。その中で一番話題になったのは、「大人の紙芝居」です。当時は紙芝居自体が廃れていて、かろうじて下町の方でアメを売りながら紙芝居を見せるおじさんがいたぐらいだったんです。その一方で、当時「アングラ演劇」が流行っていて、唐十郎と寺山修司が渋谷の街頭で喧嘩をして二人とも留置所に入れられ、新聞社会面の記事になったりしていました。そんな二人が手を組んで、大人向けのちょっとエロティックな、若者が喜びそうな紙芝居を作ったらどうなるだろう、と。それでそれぞれに話をしに行くと、実は二人とも仲直りをしたがっていたんですね。そこで唐さんは「寺山さんがやるならやる」と言い、寺山さんも「唐さんがやるならやる」と。しかし、企画を進めていく段階で電通の中から「その二人だけだとアングラに偏るので、もっと銀座的な人を一人入れた方がいいんじゃないか」という話が出てきまして。そこで、歌謡曲で当時大ヒットしていたなかにし礼を入れることになったんです。その話をなかにし礼に持って行ったら、「その二人の中に私みたいなのが入っていいんですか?」と言われて。それでも「お願いします」という話をして承諾を得たんですが、今度は唐十郎がムッとして（笑）。でも、三本立てでやったら、翌日『朝日新聞』の社会面のトップで、八段抜きで「前衛劇団が銀座で旗揚げ」という記事が出まして。これは三か月のロングランだったんですけど、非常に面白い仕事でしたね。

一方で、当時寺山修司は「天井桟敷」という家出の子どもたちを集めた劇団をやっていて、お金がなかっ

寺山修司氏が企画した「音楽は世界のことば」の初回。東芝がスポンサーとなり、世界の文化人を取材した（『朝日新聞』1971 年 9 月 27 日付夕刊）

たんです。それで「ヨーロッパの各地で天井桟敷の公演をするのだけど、お金がない」と私のところにやって来まして、「こういう企画を考えたからスポンサーに売ってくれないか」と言うんです。そのアイデアは寺山修司がヨーロッパの文化人にインタビューして、写真を撮って、記事を書くというものなんですが、非常に面白いんです。そこで、東芝をスポンサーに「音楽は世界のことば」という新聞連載企画にして、第一回がサルバドール・ダリ、二人目がル・クレジオ。三人目がジャン＝リュック・ゴダール。その次にルイ・マル。最後にアダモと、五回やったんです。寺山修司は日本ではアングラ演劇の人というイメージですが、海外で非常に高く評価されている芸術家ですから、寺山がヨーロッパの一流の芸術家の人たちに声をかければ話に乗ってくれるんです。その仕事は今でも記憶に残っていますね。

日本企業の成長と共に新しい姿を知らせる

——五十代になられたときには、コーポレート・アイデンティティ（CI＝Corporate Identity）計画にも携わられましたよね。

CIは、企業の全体のイメージ統一です。そもそも、なぜコーポレート・アイデンティティが当時の日本で注目されたかというと、ちょうど日本の企業が変化している時期だったんです。例えば、もともとひとつの商品を売ることからスタートした企業でも、成長するにつれてどんどん品数を増やして、他の商品も扱うようになっていきます。つまり、商品の多角化です。いろんな商品をひとつの企業が扱うようになっていくと、例えば醤油を作っていた会社が他の食品を作り始めたり、さらに別の領域まで業務内容が広がっていく。そのような業容多角化が当時の日本企業に非常に多く起こってきたんですね。

日本の経済が発展するにつれて業務内容、事業部が拡大していくと、それまでの会社の姿ではなくなっていく。場合によっては社名を変えなくてはいけないかもしれない。そうなってくると、会社の姿をまず内部的に認識し直す必要が生まれて、さらに外部に向けても新しい姿を知らせることも必要になります。そういう流れからＣＩ計画の相談が八三から八四年の間に来るようになってきていて、そのような案件を営業企画局コーポレート・コミュニケーション部で対応していくことになったんです。そして、社としては八八年にコーポレート・アイデンティティ室という専門組織をつくることになりました。

――同時に岡田さんはコーポレート・アイデンティティ室の室長になられたわけですね。

そうですね。大きな仕事でいえば、当時はちょうど三つの公社が民営化したとき。電電公社がＮＴＴになり、専売公社が日本たばこ産業（ＪＴ）になり、あと国鉄がＪＲになりました。それからちょっとしてから、日本航空も完全に民営化しましたよね。公社の民営化というのは会社の体質そのものが変わっていくので、社員や職員の意識も変えなくてはなりません。言われたことだけ間違いないようにやれば良いというお役所仕事ではなく、サービス産業の仕事に変わっていくわけですから、物の考え方から行動、言い方まで変えなくてはならない。そういう企業文化を作り直していく。当然ＣＩ計画のプランニングは膨大な作業になりますので、社長以下全役員、あるいは各ディビジョンの長にインタビューを行ない、全社員に対して調査をすることから始めていきます。外部の意見についても把握する必要がありますから、とても大きな仕事でした。

――その後、コーポレート・コミュニケーション局が立ち上がりますが、こちらはＣＩ室が進化したものと考えて良いのでしょうか。

ＰＲ局とＣＩ室が一緒になったものですね。当時、商品の広告だけでなく、企業を売るコミュニケーションも常時やっていかなくてはいけないという考えが出てきて、新たに取り組むことになったんです。そもそもコーポレート・コミュニケーションとは、マーケティング・コミュニケーションとは違う、企業レベルのコミュニケーションを意味します。メセナというものも、ある意味コーポレート・コミュニケーションのひとつですね。海外のケースでは、企業が社会の中に存在していくための非常に重要なものとして、文化活動を位置づけていると思います。日本でもいくつかの会社はそういう認識を強く持っていて、例えば資生堂、アサヒビール、富士ゼロックスなどはメセナ協議会の中心にもなっていて、積極的に取り組みを行なっています。

――コーポレート・コミュニケーション局が最後の配属で、その後は電通総研の常任監査役になられました。

電通総研の監査というのは、要するにチェック役。書類を見て判子を押したりすることが主な仕事です。あとは電通本社のいろいろな人たちへの助言や社内教育ですね。それから、当時電通が中国の大学に広告講座を寄付していた関係で、社員たちが上海や北京の大学で話をするということを何年間かやっていたんです。私の場合は北京広播電視大学でCI計画の話を二時間くらいしたことを覚えています。印象的だったのは学生さんがとても熱心で、真面目に話を聞くということ。講座が修了してからも、質問が途切れませんでした。どうにか時間で打ち切ってようやくホテルに戻っても、夜に質問の手紙が十何項目も部屋に届けられたり……。しかも、内容がとても専門的なのです。中には電通社員でも知らないようなCI業界のデリケートな事柄についての質問も入っていたりしたので、非常に驚きました。

――電通総研の時代には社内教育のお仕事もされたとのことですが、新人教育などはどのように進められたのですか？

もともと私は、比較的若い頃から社員教育をすることがありまして、部長職になってからは入社試験の試験官もやったんです。社員教育の方針については、クリエイティブやプランニングが勝負の会社ですから、柔軟性や臨機応変さを重視します。そこで「何でもないことを面白くやれ」というのが電通の考え方です。当たり前のことしか世の中にはないですが、それをいかに面白くやるか。そのうえで、シリアスなことでも軽妙にやる。それが電通だと思うんです。国家プロジェクトのような案件でも、深刻になってはダメ。とにかく、軽妙に処理をする。大きな仕事も小さな仕事も、いかに軽々と鮮やかにこなすかが見せ所なんですね。

変化を繰り返す、広告表現の到達点とは？

――岡田さんは九八年に退職されていますね。会社を離れてみて、電通に対してどのようにお考えですか。

電通はラジオ、テレビが日本に広がっていくうえで、非常に大きな役割を果たしたと思います。その点は、功罪で言うところの「功」でしょう。それから、戦後社会にあった「広告＝卑しい職業」というイメージを日の当たるものにした部分も大きいと思います。吉田秀雄が社長になった頃の広告ビジネスは、「飲ませる・抱かせる・握らせる」ということがまかり通っていた時代。要するに、ダーティビジネスの面があったんです。そういうものをまっとうなものにしたのは功績といっていい部分でしょう。また、ＰＲやマーケティングといった新しい考え方を日本に持ってきたことも大きかったと思います。

一方、功罪の「罪」の部分をいうとすれば、例えば今のテレビを観ていると、特に地上波にくだらない番組が多すぎる気がしています。電波は公共のものであって、社会に対する影響も非常に強いはずなのですが、それでもくだらない番組ばかりを作っている。これはテレビ局のせいだけとはいえなくて、実は視聴率の問題も絡んでいます。それだけに限らずマスコミ・広告の問題点はたくさんありますが、そういうこと対して、電通はもっと積極的に考えていくべきじゃないかと思うんです。

——これからの広告業界にはこういう方向に向かってほしい、あるいは向かっていくべきだというお考えがありましたら、お聞かせください。

広告会社は最初メディアの代理店だったんです。媒体のエージェンシー、スペースブローカーという存在だった。その次に、お得意さんの代理店という存在になりましたよね。では、その後どうなったかっていうと、言葉としては大衆（消費者）の代理店になったんです。国家的なイベント、サッカーのようなスポーツイベントをはじめ、社会発のものを仕組んだりプロデュースしたりして世の中に出している。メディアと広告主と大衆は、広告会社のいわばお得意さん。この三つが良くならなければ広告会社は役割を果たしているとはいえない。そのためにはスキルの開発に尽きると思う。広告会社の独特のスキルとは何か。非常に難しい問題ですが、先見性と広い視野をもとにそれを突き詰めていくことしかないと思います。

——抽象的な質問になってしまいますが、岡田さんにとって広告とは何でしょうか。

二〇世紀は「広告の世紀」といわれていましたが、二一世紀はどうなのかというと「コミュニケーションの世紀」という言い方になる。それには当然広告も含まれますが、今広告自体がわけがわからないほど広がってきていて、ありとあらゆるものが広告のような存在になっている。

もちろん、それは悪いことではありません。例えば、企業のロゴが入ったTシャツを着ている人がいたとします。それは自分では広告をしているわけではなく、カッコイイから着ているわけですよね。サッカー選手やF1レーサーのユニフォームに入っているロゴにしろ、カッコイイ。そのため、広告の感じ方も変わってきていると思うんです。ちょっと古いですけど、アンディー・ウォーホルはキャンベル・スープやコカコーラを使ってポップアートを表現しました。あれは広告そのものなんですが、ウォーホル自身は現代社会のアートの表現としてあのようなモティーフを使用している。つまり、広告も芸術と深く絡まり合っているわけです。そういう変化していく中で、一体広告とは何なのかを考えると、私は生きる元気や、生をそそのかすことが大きな役割だと思うんです。

今後広告は、どんどんわからないものになっていく——そういう先に、センセーショナルな表現があるのではないかという気がします。もしかしたら、「すばらしい芸術＝すばらしい広告」ということもあり得るかもしれない。だとしても、それは決して広告の堕落ではなくて、ある種の広告の到達点になり得るのではないかと思います。宗教はまさにそうですよね、究極的に。キリスト教というのは、最高の文化を生み、最高の広告手法を生み出しているわけですから。

6 当時のＡＥは業界初。ＡＥ部はパイロット的な組織でした

博報堂　小《こ》宮《みや》山《ま》恵《え》三郎《さぶろう》　一九三四年生まれ

業界初のＡＥ。企業の社会的責任、ニューメディア構想に従事

一九三四年北海道生まれ。戦後、東京教育大学（現在の筑波大学）文学部で哲学を専攻。五七年、当時神保町にあった博報堂に入社。正式入社より前から研修を受け、テレビラジオ部に配属。営業として花王石鹸や呉羽化学などを担当すると共に制作審議室でＡＥ制の導入に携わる。その実績から、媒体部へ異動となり組織改革を任され、視聴率などのデータ開発も行なう。その後、媒体企画を扱う第二本部へ移り、日本マクドナルドの広告計画を担当。七〇年代からは公害問題や企業の社会的責任についても取り組むようになる。福井事件の後に社長室に入り、博報堂のイメージ回復に貢献。近藤社長の下で制度改革に携わり、さらに営業統合室での中国プロジェクトで活躍した。八〇年代からはメディア開発に移り、キャプテンシステムの開発に関係し、ニューメディアを構想した。一方、非常勤講師として筑波大学などで講義を担当。九四年に監査室長を勤め上げ、博報堂を退職した後、茨城大学で広告、広報コミュニケーション論を教える。その後も多くの大学で教壇に立った。

口下手だからこそ、企画で勝負――一生懸命に説明を繰り返す

――大学では哲学を専攻していて、成績も優秀だったという小宮山さん。先生からは大学院への進学も薦められたそうですが、就職を選んだ理由は何だったのでしょうか。

父を戦争で亡くしまして、経済的な面で兄に大きな負担をかけていましたから、学部を卒業してからは勤めなきゃいけなったんです。それで三つくらいの会社を受けまして。その中でも、叔父の会社が近くにあり、私自身も馴染み深かった神保町の街にある博報堂を選んだんです。試験の際にいらっしゃった受付のお年寄りの方が良い印象でしたし、面接をして頂いた総務担当の取締役の高麗さんという人も非常に丁重に扱ってくれまして。それで、試験が終わったあとに叔父に相談したところ「これからは広告の時代だし、博報堂という会社は良い」と言われ、決心したんです。

その後、ちょうど卒論を提出して口頭試問を終えた時期の二月一日から会社からは来いと言われまして。本来、四月が正式入社なんですが、今でいうアルバイトのような形でテレビ部に配属になったんです。最初はスタジオの花王石鹸の公開録音など先輩の手伝いをやりました。初めに連れて行かれたのは、会社の近所にある共立講堂。そこにやって来る歌手を楽屋まで案内するのが私の役割でした。その歌手が最初誰かわからなかったんですが、島倉千代子という名前だというのはわかった。それが私の体験でしたね。

そういう体験を経て、四月一日からは三か月間新人教育を受けました。実は最初は博報堂が何をする会社なのかわからないところからスタートしたんですが、そこで系統的にみっちり教えてもらうことになりました。あとで話を聞くと、初めて新人教育を行なった年だったようです。ライブラリーの所長をやっていた中

川規矩丸さんという方がカリキュラムを作ってくださったんですが、もともとその人が岩波書店の宣伝課長だったということもあり、講師も一流の方を呼んでくれていました。マーケティングの宇野政雄先生、広告のナンバーワンの小林太三郎先生……さまざまな大学、業界から、調査なら調査、音響なら音響の一流の専門家たちばかりが集まっていました。後半では社内のセクション、組織など具体的な仕事の説明が始まり、そこで営業の専門の方と一緒に得意先に行くことになりました。その際、「度胸試しだ」ということで、飛び込みのセールスをやったりもしました。もちろん、取引までは漕ぎ着けませんでしたが、新入社員教育は比較的楽しく過ごせたように思います。

――その後、小宮山さんはラジオ部に所属することになりました。

ラジオ部はラジオ営業、ＣＭ制作、企画の三つから編成されているんですが、私はラジオ営業部に配属されることになりました。まず営業に出るようになると、先輩が担当してる得意先を担当するというコースと、自分が新規でスタートするというコースのどちらかをやることになるんです。私はどちらかというと、ゼロコースの方。当時、営業のことは「外交」や「外勤」といっていたんですが、外交にもいろいろランクがありまして。例えば、大物の場合は「大外交」。そういう仕事は、場合によっては社長よりも給料が多くなる可能性がありました。当時の博報堂は営業の歩合制をなくしたところだったんですが、それでも営業手当が結構出たんです。しかも、企画物を売ると特別に努力賞ももらえる。当時の私の基本給は一万二〇〇〇円だったんですが、うまくやれば倍くらいになる可能性もありました。その後、私はラジオでようやく取引ができるようになり、一年目にはブルドックソース食品や日東紡績、三協精機、北洋商会（現・三菱食品）に飛び込んで、少しずつ自分の売上伝票が書けるようになっていきました。

そんなことをやってるうちに、次の年にはテレビとラジオが一緒になってラジオテレビ部（その後、テレビラジオ部に改名）ができました。私は引き続きラジオの担当です。それというのも当時はテレビよりもラジオの方が普及していたので、そちらで売り上げを上げた方が効率が良かったんです。ただ、私の場合は口下手で、麻雀もやらないし、酒も飲まないし、遊びもしないという営業マンの典型ではないタイプだったので、まず資料や企画書を丁寧に書いて、なぜこれを勧めるかを一生懸命伝えていきました。そうしないと得意先と共通の話題ができないんですね。でも、そのようなプレゼンテーションは割合受け入れられたと思います。

当時業界初だったＡＥ制の導入

――二年目はいかがだったのでしょうか。

その年はテレビ番組もセールスすることになり、新規に開発した呉羽化成の仕事をすることになりました。呉羽化学の子会社が呉羽化成なんですが、もともと親会社の呉羽化学の方に飛び込みセールスをしたことから関係が始まりまして。この仕事では、先方から「テレビで流せる商品がない」と言われていたんですが、新商品の開発、アートディレクション、ＡＥ（アカウント・エグゼクティブ）制を導入するという条件でご一緒させていただくことになりました。

ＡＥ制というのは当時非常に騒がれた割には、それを実施してるエージェンシーがなかったんです。というのも、当時の代理店には、ひとつの得意先につきテレビ営業、ラジオ営業、新聞営業、雑誌営業があって、それぞれの営業マンがそれぞれ企画を持ち寄ってばらばらに得意先に向かっていたんです。しかし、得意先としては最初からどのメディアを使うのかを考えているわけではない……。

そういう状況を改善するために、私が入社して二年目に社内にAE制を導入するためのプロジェクトとして制作審議室ができたんです。これは専務と部長クラスの方が二人、それから私と同期の滝沢秀郎君の二人。さらに外部から一人を加えて、六人くらいの組織でした。当時専務だった瀬木庸介という方が、昭和二八年に成蹊大学を卒業してすぐ博報堂に入社したんですが、一年目からアメリカに向かうことになり、まずコロンビア大学を出て、その後アメリカのエージェンシーをいくつか回ってきていて。その関係で、アメリカのエージェンシーから海外の資料がたくさん入ってくるようになっていたんです。

そんな中、制作審議室の方では「海外の資料に出てくるAE制とは何なのか」という話が持ち上がっていて、年配のベテランの人たちと一緒になって半年間案を練る作業を行ないました。その後、営業の仕事に戻ってテレビとラジオのセールスで実績を挙げていたんですが、改めて「新しくできたAE部に行け」ということになりまして、それまで開発してきた得意先は呉羽化成を除いて全部手放すことになったんです。当時のAEは業界初ですからね。電通さんも導入しようとしていたんですが、なかなか実現できずいたぐらいでしたから。その際、ちょっと早めに係長になることもできまして、手当もつくようになりました。

AE部はパイロット的な組織だったということもあり、媒体社や広告主など業界からずいぶん注目され、そのうちライオン、カゴメなどの会社から「説明に来てくれ」というオファーをいただくようになりました。組織をスタートさせて、二年ほど経つと博報堂としてもAE制にだいぶ自信がついてきたものですから、呉羽化成のように媒体別営業制から担当グループ的な組織に段階的に変わっていったんです。

——ちょうどその頃、マッキャンエリクソンとの提携という出来事もあったのだとか。

ＡＥ部ができたのが、六〇年の秋。その年の十二月にスタートしました。これはある程度前から話が進んでいまして、昭和三三、四年頃からマッキャンエリクソンが日本の市場を狙って進出しようとしていたんです。当時はちょうど貿易の第一次自由化のタイミングですよね。そこでマッキャンエリクソンはどういう得意先を持ってきたかというと、コカコーラ、コルゲート・パルモリーブ、ネスレ、それからスタンダード・バキューム（後のエクソンモービル）。このようなクライアントを日本に市場導入するということで、マッキャンエリクソンとの合併会社がスタートしたんです。博報堂は私が入ったときはまだ三〇〇人弱くらいの会社で、その後も新入社員を年に五〇人くらいは取っていたんですが、提携の年は一四〇人ほど採用して、そのうち六〇人くらいがそのままマッキャンエリクソン博報堂に入ることになりました。

——ＡＥも始まったばかりですし、当時はさまざまな問題にも直面されたと思うのですが。

ＡＥには、まず広告会社が広告主に合う組織をつくり、「予算内の最適プランを出してほしい」と言われれば、それに合わせて広告計画を立て、一連の作業をやっていくという点、さらに競争商品を同一会社が採用しないという点がありました。しかし、この一業種一社に関しては、すでに国内の広告費で当時、電通が三十数％のシェアがありまして、博報堂も十数％のシェアを持っていた。つまり、大手でもってもう半分くらい占めてしまうから、他に選択肢がないわけです。そこで、同じカテゴリーのものは取り扱わないという考え方に変わったんです。例えば自動車会社でいえば、排気量、バンなのか、乗用車なのかというところで切り口を分けて考える、と。そういう解釈で日本的なＡＥ制はスタートしたんです。ところが媒体社としては釈然としない。今まで代理店は「自分たちの代理店」だったわけです。つまり「自分たちの番組を売ってくれれば、それでよい」という考えだったんですが、ＡＥ制になると「一番良いものを売る」という発想になるんです。あるいは、企画で採用したところを売る、と。すると、力関係が逆転してしまうのは目に見えている。それが取引の中で如実に現れてしまうんです。「なんだ、あのときの恩を忘れたか」というように。

またデータについても問題がありました。媒体はすべて自分たちの良いところを強調するデータを作ってしまうんです。それでは広告主に提供するデータとしては不十分なので、エージェンシーサイドで再調査をして、同じ尺度で媒体を評価するデータを作り、その組み合わせで得意先に最適な媒体プランニングを提供するようになった。それをサポートするデータとして、六一年にニールセンという会社が機械式視聴率データを開始して、翌年には電通が中心となって国産のビデオリサーチという会社もできました。新聞の方では注目率調査というものが開発され、新聞社別に注目率の調査ができるような仕組みが生まれていきました。そういうものを組み合わせることで、曲がりなりにもメディアセレクションというのができるようになっていったんです。

さらに、私がＡＥになって、呉羽化成の他に担当を始めたのが外資系の得意先の開拓。その頃は第二次貿易自由化で外資系が日本に進出してきていて、マッキャンエリクソンに続いてアメリカの外資系と日本の広告会社が提携した広告会社が生まれていきました。いわゆる国際化ですね。博報堂はマッキャンエリクソンを選びましたが、この得意先以外に日本に進出する外資系はいっぱいあるわけです。そういう会社が博報堂にアプローチしてくるんです。まず、日魯《にちろ》ハインツ（現Ｈ・Ｊ・ハインツ）。もうひとつスイスに本社がある、エフ・ホフマン・ラ・ロシュ。あの頃は得意先を開発しようとすれば、どんどん手を広げることができました。とはいえ、いくら広げられても、なかなかマンパワーは追いつかない。その頃の私はプレゼンテーションと広告計画の案件を社内で抱えていて、とにかくいっぱい企画書を書き上げたんです。私は書いたり考えたりするのがとても好きだから、あまり苦労を感じたことはなかったですけどね。

セールスを科学的に処理する画期的なシステムを開発

――昭和三九年には、ＡＥから、媒体の方に移られましたよね。それはどのような経緯だったのでしょうか。

営業と媒体を一緒にした広告本部制という新しい組織をつくるという計画があり、その伏線としての人事だったんです。その頃、媒体と営業の両方を理解できる人間があまりいないということもあって、その組織をつくるプランの実質的な責任者を任されてしまったんですね。そして、その広告本部が昭和四一年（一九六六年）にできあがると、テレビラジオ局管理部という部署の管理部長になった。その頃、テレビラジオ局管理部の他に、新聞雑誌管理部、営業管理部、制作管理部という四つの管理部があったんですが、結局、営業を本部制にしたというのは、あんまり会社が大きくなってしまうと意思疎通がしづらくなってしまうということからなんです。そこで、本部制を洗い直して、効率の良い単位で組織をつくったらどうだろうか、と。

そもそもAEにはグループ制という考え方がありますから、そのグループの中には営業セクションと媒体、調査、SP、PR、制作でもグラフィックとCMなど、そういうスタッフをグループごとに編成していこう、と。それをひとつの本部内に営業局を十くらいつくって、各局にある営業部を四社か五社くらい入れて営業本部制をまとめたんです。

それから、当時はテレビ局の開局が続きまして。新規の取引を行なうと同時に新局の情報集めを行ないました。当時は日本テレビとTBSが最初にできて、それからフジテレビ、日本教育テレビ（現・テレビ朝日）と四局ができました。その後に昭和三九年にテレビ東京ができましたが、当時はまだCMを入れるような会社ではありませんでした。なので、四つのネットワークと単局のテレビ東京があって、それから大阪、名古屋、福岡と日本各地に広がっていくと。すると、日テレとTBSの系列は全国に整備されたんですが、フジテレビ系列とテレビ朝日系列はまだ五局ぐらいしかなかったんです。そういうものの、基本契約の交渉をやっていく。

――当時のラジオやテレビの状況はどうだったのでしょうか。

ラジオの制作では後発の文化放送、ニッポン放送の半分近くが持ち込みなんです。電通と博報堂、第一企画（現アサツーディ・ケイ）と、当時はプロダクションがいっぱいできましたから、それらが持ち込む番組。博報堂の中でもラジオスタジオは四つ、五つくらいありました。それからテレビ局ができて、外注制度もできました。一九六〇年から六五年には放送局が作ったものを売るのではなく、仕込み、企画からプロデュースまですべて博報堂がやって、それに得意先を付けて放送局へ持ち込むというセールスの発想が出てきました。そこで行なったのは元NHKアナウンサーで、後に参議院議員にもなった高橋圭三の使用を条件にして、大手の日立を得意先に付けた番組を東京放送へ売り込むということでした。また、大正製薬にも持ち込んだりもしましたね。当時は「NHKの有名アナウンサーは、博報堂がみんな引っこ抜く」と言われたぐらいでした。

そのひとつが昭和三九年に生まれた「モーニングショー」という、今のテレビ朝日の番組の最初のスタイルなんです。月曜日から土曜日まではNHKから木島則夫、土曜日には八木宏というアナウンサーを引っこ抜いて来て、番組と企画をセットにしたものを売る。そのようにエージェンシーの体質を変えていきました。一九六〇年代後半から七〇年にかけては木下恵介プロダクションというところと提携して、木下恵介さんが作るテレビ番組すべてを博報堂が担当しました。また、「ゲバゲバ（巨泉×前武ゲバゲバ90分！）」についても日テレで博報堂が買い切りしたものを得意先に買わせていた。基本的な得意先との関係は変わらないんですが、博報堂の内部の人員構成やノウハウはだいぶ変わったと思います。

昭和四〇年代のテレビラジオの話に戻りましょう。当時のテレビラジオ局の管理部の仕事には、テレビ局、放送局との基本契約や新局の対応があったというお話をしました。あとひとつに、当時ニューメディアの動きがあったので、そういう情報なども追いかけていましたね。

そうしているうちに博報堂全体ではMD（マーケティング・デベロップメント）システムという構想ができまして。それで、私は番組とスポットのセールスを科学的に処理できないかと思ったんです。科学的といっても、特別大したことではなくて、視聴率データのことですね。それから層別の視聴率データ。そういうものが当時作れるようになりました。それを使って、到達率と何回見る可能性があるかということを調べていく。さらにGRP（Gross Rating Point）というシステムを使って、費用料などを出していったんです。

それから、視聴率予測もやっていましたね。というのも、博報堂の仕事としては放送局の制作だけじゃなくてエージェンシーの制作もありますよね。その際、例えばタレントであるとか、シナリオであるとか、あるいはディレクターの能力、キャリアといった要素を変数にして、ある放送局のこの枠の中に入れたら、どのくらいのパーセンテージを生むのかということも予測するんです。実は当時、公表はしていませんが、NHKも視聴率予測をやっていたんです。私たちはそのチームと一緒になって博報堂独自のシステムを開発していきました。

同時に、今度は博報堂全体のシステムを作るということで、広告とマーケティングシステムの計量化という問題を手掛けていた台湾出身のヤン教授という方の講演を聞きに行ったりもしました。彼はＩＢＭに勤めた後、イリノイ大学の教授になった人で、日本語も堪能だったので、日本で自分のシステムをセールスし始めていたんです。そんな彼が昭和四六年に博報堂に入社することになった。前年に社内で三か月くらいコンサルタントしていて、そのうち三週間くらいは軽井沢の研修所でシステムを開発するチームを中心にマーケティングセミナーの講師をやったりしていて、私も参加していました。

それから博報堂全体では経営のシステム、いわゆる利益管理までできるシステムにしようという発想もありました。ＨＳＯＳというんですけど、いわゆる事務系のＯＳを中心にして金融と会計を両方合わせたシステムです。このシステムについてはヤンさんが「これは現業と離そう」ということになり、そのおかげでだいぶ作業の整理ができるようになりました。コンサルタントというのはそんなこともやるんですね。この現業システム開発には私も関与しました。

博報堂を襲った不幸な事件

――第二本部ではどのようなお仕事をされたのでしょうか。

ＡＥ部のときはＡＥが全部自分で計画書を作り、メディアプランも制作コンセプトも作るんです。ところが、この頃の本部というのは、第三本部の媒体企画部（後のマーケティング部）。営業は昔と同じ営業をやっていて、広告計画書のひとつも書けない。だから、その代行をやらないといけないんです。

その中での一番の思い出は一九七一年にマクドナルドが第一号店をつくったときのこと。元はグレイ大広という会社に頼んでいたんですが、翌年から藤田田さんというマクドナルドの伝説的な社長が「電通、第一企画、博報堂の三社競合」と言い出したんです。しかも、「一週間後にプレゼンテーションをしろ」と。それで、僕は部長だから現場の仕事は避けたかったんですが、成り行き上プレゼンターになりまして。昼過ぎからそれぞれのプレゼンが始まって、博報堂の順番は最後。結局、六時過ぎにスタートして、八時くらいに終了し、結果を待っていました。そして、終わって三十分後に当時の本部長の志水さんが指で丸をつくって入ってきたんです。

問題は、決まったあと。マクドナルドには「ハンバーガー大学」というのがあるんですが、それはAEが決まってからなんですよね。もちろん、仕事をするには英語ができないと仕方がありませんから、ヨーロッパに出張している人、日立を担当している人に電報を打って帰国してもらって。毎週火曜日、エージェンシーがマクドナルドに広告計画を説明するんです。それから基本契約はアメリカ型の契約だったんですが、向こうの弁護士と交渉して「契約は一業種一社」ということになり、売り上げの一定の率を広告費にして、博報堂がそれ全部を担当することになりました。また、マクドナルドの世界大会の際、そこで一番良かったキャンペーンをその地域で買うということがあった。そうするとライセンス料もエージェンシーに入ってくるんです。いろいろ面白い取引形態でしたね。

また、第二本部では、その後の生涯のテーマになる「企業の社会的責任」にも出会いました。七三年には第一次オイルショックの影響も手伝って、味の素、田辺製薬、ライオン、キリンビール、東京ガスなどの企業内で、社会的テーマが広告の主流になっていったんです。その流れで、マーケティングの方はソーシャルマーケティング、ソシエタルマーケティングというものも導入されました。

――七五年には社長室の方に移られていますが、ちょうどその頃、福井事件が起こりましたよね。

私は福井事件の後に社長室に入ったんですが、あの一件は非常に博報堂にとって不幸な事件でした。ただ、スキャンダルの内容については、内部の人間はほとんど知らないんです。簡単に説明すると、元社長の福井純一さんが株の操作をして株主率を高めて、会長になっていた創業者瀬木家の三男の方を降格させた。それが、今度はその三男の方が訴訟を起こしたんです。それが元になって四人の幹部が逮捕された。福井さんはそのことを予想していたのか、元大蔵省国税庁長官の近藤道生さんを博報堂に入れた。なぜそんな人事があったのか私たちが知る由もないんですが、最初顧問で入って来て、三か月くらいすると社長に就任して、今度は福井さんが副社長になった。これがいわゆる福井事件という問題です。その後、福井さんが翌年に逮捕されてしまう。当然、博報堂のイメージはガタガタです。これは一番の危機で、「この状況とどう戦おうか」ということが問題だったんです。社内でもみんな疑心暗鬼になっていますし、私たちもずいぶん会社でつらい時期がありました。

その時期、私はまだ第二本部次長でマーケティングを担当していたんですが、組織でAE制をもう一回見直そうということと、今の博報堂のイメージをいかに回復するかということを柱に組織改革が生まれました。それが社長直属の博報堂法人グループ化プロジェクト。このプロジェクトは社史として認知されてないんですが、当時はAプロジェクトという「何をやってもいい」という仕事だったんです。それで、私も第二本部から入ることになったんですが、ふたを開けてみると論客が多くて話がうまくまとまらない。そこで、リーダーから「小宮山君、悪いけど、この状況をまとめてくれ」と言われまして。私はそれまで二回ほど会社の組織の計画立案やっていましたし、新しい社長であった近藤さんにも博報堂の歴史は一体何なのかということを知ってもらいたかった。それで博報堂の歴史をまとめて、新しい本部制、グループ制を提案して、近藤さんに対してプレゼンテーションしたんです。すると、近藤さんが「一言で言ってくれ」と言うんですね。なので、とにかく書いたものを残しておくと言って、プレゼンをやった。結局近藤さんが書いたものを読んだかどうかわからないけど、今日の教育研修の材料になっているんですね。

――そのような業務は、社長補佐としてやられていたんですか。

社長補佐の組織として一年間の期限付きで岡田常務（当時）が室長の社長室が作られたんです。もちろんそれまでも社長室はあったんですけど、福井事件があったものだから、いったん社長室は別の組織として経営企画室という名前になりました。経理電算畑の人間と、それから営業媒体マーケティングの私、それから長い間出版関係の営業をしていた人間の三人が集められました。

そのときの仕事としては、福井事件の反省として人事制度の改革。それと、会計管理システム、人事制度。そういう新しいものを、その半年くらい前にやったプロジェクトチームにはめ込むような形でやっていきました。その間、例えば近藤さんが業界向けに発表したり、社内で発表する原稿を書いたりもしていました。

――その次には、マーケティング室長になられます。

社長室が終わった後のことですね。このマーケティング室長というのは、本部や現業のマーケティング全体を統括するセクションで、現場ではないんです。ルーチンの仕事としてはシステム開発なんだけど、もうアイデアとかコンセプト、あるいはブランディングを総合するようなシステムでないとダメだったんですね。

そこを一年やった後、次は営業統合室です。営業統合室というのは現業関係を統合する組織なんです。博報堂も大きくなってきていたので、それぞれに三〇〇人くらいの単位で、組織や支社もある。その統括をするということで、絶対権力を僕のボスが持っていたこともあり、事務局長としてサポートするんです。

営業統合室の事務局長をやっているときの関係でいえば、モスクワオリンピックが一九八〇年に開かれるはずでした。実はそのとき、博報堂は独占的にモスクワオリンピックのミーシャというキャラクターの商品化権を独占していたんです。そこに伊藤忠をはじめ、商品化には多くのスポンサーも付いたんですけど、結局当時アメリカとソ連の摩擦が激しくなって、西側がボイコットし、幻のオリンピックになってしまった。だから、どうやって終戦処理をするかが大きかったんです。

ただ、そのときにいろんな人脈が生まれて、博報堂とJOCとのスポーツビジネスを築くきっかけもできあがりました。その結果、ウィンブルドンとデビスカップの二大テニス大会の権利が博報堂になった。サッカーではインターサッカー4という手法も生まれ、今でいうトヨタカップのようなヨーロッパのクラブチームのトップを決める大会が誕生し、それが後のスポーツ事業局に発展するようになりました。中国の広告市場開放に伴うプロジェクトやニューメディア対応のプロジェクトも事務局の仕事でした。

激変するメディアの時代を、いかに生き延びるか?

——その後、メディア研究開発室にも移動されることになりました。

ニューメディアは昭和五五年ですが、営業統合室にいた頃から郵政省が主体となったキャプテンシステムの開発に携わっていたんです。これはテレビ受像機と電気通信、いわゆるNTTの電話通信網を利用した、ビデオテックスというもの。イメージとしては今のインターネットの国内版のアイデアなんです。これは郵政省のお気に入りのプロジェクトで、広告では電通、博報堂が参加しました。

プロジェクトは三年くらい続いたんですが、結果的に事業化は叶いませんでした。それぞれ端末を会社に置いてもらったりするものの、あまり評判が良くなくて計画的に頓挫してしまったんです。一方、当時の電電公社がＩＮＳ（Information Network System：高度情報通信システム）という構想を世界に発表したんです。これも世界中の評判を集めまして、ものすごい動きになっていきました。このようなプロセスを経て、ニューメディアのビジネス像ができあがっていったんです。

その次は監査室への移動です。組織論でいえば、監査室はなかなか難しい部署のひとつ。しかし、福井事件があった反省もありましたから、それまでの監査室の機能を少しずつ拡大して重要な組織にしていったんです。大きな点でいえば、社長直轄の組織になったということ。当時は近藤さんが会長、磯邉律雄さんという国税庁の長官だった人が社長の時代になっていましたが、会長にも監査の結果報告をしていました。

社長直轄の組織だということは、社内も認めてくれました。しかし、トップに直接報告するものであるということは認めているものの、ある意味みなそれぞれ脛《すね》に傷を持つ身でもあったりするわけです。そのため、私たちが監査に回るというと警戒してしまって。事前に変なものを捨てたり、いろいろな動きがあったようです。私のキャリアとしては一番未経験な組織ではあったんですが、今では企業の社会的責任の実践という意味でいえば、有効な組織であるということは認識しました。

――定年後は茨城大学に移ることになりましたが、どのような経緯だったのでしょうか。

博報堂にいるうちから非常勤講師としていくつかの大学の教壇に立っていたんです。最初は四十九歳の年ですね。営業統合室のときに筑波大学で「企業の社会的責任」というプロジェクトが誕生したんです。その際、経済産業省と長銀の研究所が事務局になったんですが、博報堂からは私が参加することになりまして。もともと雑多な知識しか持ち合わせていなかったんですが、このときのおかげで系統的に学び直すことができたと思います。

その後、東京大学の総合講座「意味と情報」というシリーズで、「商品としての情報」を担当しました。それから、横浜国大で広告経営論も始めました。また、関東学院大学で、私が商品学会とのご縁で、そちらの方の教授から話を頂き、関東学院大学で広告論とマーケティングリサーチ論も担当しました。こちらは、結果的に二十三年間非常勤を務めました。

それから日本大学の創立百周年記念講座というのがあって、法学部から「広告論、広告文化論という制作に関係するような話をしてくれ」という話が来まして。それから、東洋大学の広告論、慶応大学でも広告研究というゼミを担当しました。私が定年になったあとは、一橋大学、筑波大学、東洋、成蹊大学、法政大学、東京経済大学などでも非常勤講師を続けることになっていったんです。

その定年後の翌年には、茨城大学の教授から連絡があり、「新しくコミュニケーション学科を作るのだが、広報や広告の分野の相談に乗ってほしい」という話を受けたんです。そのとき面白かったのは、新しく立ち上がる「コミュニケーション」という横文字のついた学科を文部省が許してくれなかったこと。「社会情報学部というのが群馬大学でできるが、それよりコミュニケーション学科の方がわかりやすい」と進言したりもしました。そうして文部省と交渉しているうちに、だんだん「コミュニケーションというのもまんざら悪くない」と文部省が言い始めたんです（笑）。その後は、「コミュニケーション」という横文字を使う学部が、東京経済大学をはじめ、いろいろな大学に生まれていきました。私はその中で「広告論」「広報・広聴論」の講座を担当しました。

――現在の広告業界に対する期待などがあれば教えてください。

研究に対する期待感は話せばきりがないんですが、狭い範囲でいえば、メディア状況が激変してるということでしょうか。私もかつてはニューメディアを担当しましたが、現在はそのときの経験だけでは計り知れない世界があります。また広告という場合でも、狭い範囲の広告、マスメディアを対象にする広告がビジネスの対象だった。ところが、現在はマスメディア以外の、例えばGoogleやYahoo!などの広告費に依存している。しかし、広告会社についてはほとんどそこには関係してないんです。それは広告費が分散しているということもありますけど、情報全体としては誰かが情報を必要とし、誰かがその費用を負担するということになっている。そうすると、現在のマスメディアを中心にしたフレームワークの広告ビジネスは、限界があると思うんです。

それから、新聞があまり読まれなくなりましたよね。テレビもそうです。そういうメディア状況に代わる何かというのは、現在はたくさんあります。しかも、その情報の内容というのは非常に豊かで、選択も可能でセグメントもできると。逆にいえば、広告の効果測定が非常に難しいということになってるけど、広告効果と購買動機、販売売上結果の測定というのは、連続して実験できるような時代になってきているんですよね。それは、ある意味私たちの夢だったわけです。今までばら撒いて、その結果どのように刈り取ったのかがわからないブラックボックスのうえに広告世界というのが成り立っていたわけですが、そうではない世界ができあがってきた。そのときに、どう広告業界が対応するか。広告と消費者、生活者の構造が変わっていくのに対して、どのように対応するのかという問題意識がありますね。

7 当時はいかにスポンサーのところに滞在するか。電話一本で三〇〇万、五〇〇万の仕事が決まりました

萬年社　秋山晃衛《あきやまてるえ》　一九三六年生まれ

リッカーミシン、VANジャケット、アース製薬、エポック社などを担当。営業一筋で活躍

一九三六年東京都渋谷区生まれ。中学から大学まで成城学園に通い、一九五九年に成城大学経済学部を卒業。その後、学生時代からアルバイトをしていた萬年社に就職。東京本社の新人時代はラジオ・テレビ局の営業として新規開拓を行なう。リッカーミシンの案件では、「七人の刑事」や「スターパレード」、「あなたをスターに！」などの番組を提供。VANジャケットでは、アメリカンフットボールをテーマにしたキャンペーンを展開。またアース製薬の「アースレッド」では、クライアントと一緒に実演販売に協力。おもちゃのエポック社や「グンゼワールドテニス」など、第四営業部長に至るまで営業一筋で活躍した。一九七五年に萬年社を去り、葵プロモーションの関連会社であるアオイ・アドバタイジング・エージェンシーに役員として入社。その後、一九七七年に広告代理店株式会社スペース・アンド・セリングディレクション（SSD）を設立し、代表取締役員に就任。二〇一〇年には代表取締役社長を長男に譲り、現在は代表取締役会長。

営業の新規開拓ばかりで、仕事がなかった新人時代

——中学から大学まで成城に通われて、萬年社では入社前からアルバイトをされていたとか。その経緯を教えてください。

僕は大学四年の十一月まで就職が決まらず、ラグビーばっかりやっていたんです。すると、その状況を見るに見かねた楠目亮監督が、「お前、どこか行くところはないのか」と話を聞いてくれて。そのとき、萬年社という会社に中島豊彦さんというラグビー部の先輩がいたことを思い出したんです。当時、僕はマネージャーもやっていて、先輩に活動費の寄付をお願いしに行ったときに、萬年社がイベントか何かをやっていたんですね。シャープス&フラッツのようなジャズの音楽イベントだったと思うんですが、そのときに「面白い会社だな」という印象を持っていて。それで、もう一度訪ねてみようと思って、出かけたんです。

まず制作を担当する人のところへ行ったんですが、その頃の萬年社は音楽会の設営をやったり、そこにタレントをブッキングする「呼び屋」のようなこともやっているという話を聞きまして。そこで、「就職試験を受けることができないですか」と聞いたところ、「ここは毎日新聞社系だから、毎日新聞社に誰か知っている人はいるか」と言われたんです。たまたま知り合いがいたので、どうにか筆記試験を受けることになり、合格することもできたんですが……結果が出たのが十二月。まだラグビーのシーズン真っただ中だったんです。

しかし、忘れもしない萬年社の支店長の高取兵吉郎さんという方がスポーツに関してまったく理解がない人で、「じゃあ、君は明日からアルバイトに来てくれ」と言うんです。僕もびっくりしてしまって、「冗談じゃ

ないですよ。今シーズン真っ盛りで、四年生最後のシーズンだから、十二月いっぱいはアルバイトできません」と。すると、烈火のごとく怒ってしまって。「たかがスポーツと、一生を左右する仕事とどっちが大事だ！」と言うので、「スポーツだ！」と答えようと思ったんですが、何か言われると思って黙っていたんです。そうしたら、「君なんか来なくていい。取り消しだ、帰れ！」と。僕も「わかりました」と言って帰ってきてしまいました。ただ、外へ出た瞬間「監督の推薦もあって行ったのに、これはまずい」と思った。そこで、監督の楠目さんのところに行って事情を話したら、「バカ野郎！」と怒鳴られまして。「すぐ行って謝ってこい。先輩の中島さんにどう顔向けできるんだ！」と言われて、すぐ戻ったんです。

もう一度萬年社に行くと、先ほどの高取さんと、木村一郎さんという、そのあとに僕が大変お世話になった常務取締役本部長がいた。その本部長はもともと相撲部にいた人で、スポーツに理解があったので、彼が高取さんとのことを取り持ってくれることになったんです。でも、その代わり、その日からアルバイトに行かなくてはならず……。

――ラグビーはどうされたんですか。

その後、青柳さんという新入社員を教育する人がいらっしゃって、その人が萬年社の歴史や、創設者の高木貞衛さんのプロフィールそして創設者のお孫さんの高木眞様が中島先輩の同級生で外国部の長をされておられた等々を紹介してくれたんですが、「君はなぜあんなバカなことを言ったんだ。『ゼミがある』とか『まだ単位が残っている』と言えばよかったのに」とアドバイスされて。そこで、もう一度木村さんのところに行って「単位が取れていません」と言ったら、「しょうがない、週に三回ぐらい来なさい」と言われて、練習を続けることができたんです。

――その後、正式に入社したのは四月ですよね。

そうなんですけど、一月からすでに萬年社に勤めていたわけです。そのときの仕事は、当時ラジオCMのローカル局支社がほとんど銀座に集まっていたので、まず民間放送の場所を下見して覚えておくこと。それからラジオCM原稿を清書することでした。ラジオ局の制作マンが書く汚い字を、ちゃんとした原稿用紙に清書するんです。文字があるとまた制作のところに行って、直してもらったりするんです。それでOKをもらうと、今度は入稿しに放送局まで原稿を持って行く。アルバイトの仕事はその繰り返しです。当時は僕より先輩のアルバイトの方がいたんですが、その方に連れられて、あるビルの屋上で焼き芋を食ったりもしていました（笑）。

――それから実際に入社されるわけですが、当時の東京本部の印象と広告業界全体の様子はいかがだったのでしょうか。

その頃、まだテレビ局は日本テレビとTBSしかなかったんです。一〇チャンネルの日本教育テレビがまだ試験電波を出していた時代です。フジテレビについては、まだ建物が建築中のような状態でした。そういう頃でしたから、まず先に日本テレビに見学に行ったりしました。僕はラジオ・テレビ局に配属されましたから、「そこの営業をやれ」と言われて行っていたんですが、最初は何が何だかわからないので、すべてが新規開拓です。十社ぐらい営業先に出かけるんですが、行くたびに居留守を使われたり、「ちょっとお待ちください」と言われたまま二時間ぐらい待たされて、半分居眠りしているうちに「担当者に用事ができたので、先ほど出かけてしまいました」と言われたこともありました。

その中でただ一件だけ、大塚製薬は萬年社の大阪本社が広告を扱っていたんです。なので、その後十年ほど担当を続けました。テレビタレントの大村崑さんの「頓馬天狗《とんまてんぐ》」という番組があったんですが、そのローカル局も大阪本社が扱っていたんです。一方で『毎日新聞』の大塚製薬の広告も扱っていたので、東京に来た掲載紙をいつもまとめて届けに行く。役目はただそれだけなので、実質上仕事はゼロ。そんな状況が一年ほど続きました。

「会社に来なくていい」と言われた、当時の営業職

――当時の広告界社のイメージは、世間的にあまり良くなかった、と。

イメージどころか、ほとんど知られていない状態です。僕の大学のゼミの先生に、岡田先生という方がいらっしゃったんですが、「萬年社に就職が決まりました」と話をしたら、「大変だろうね、万年筆を売るのは」と言われるほどでしたから（笑）。「万年筆を売るんではないですよ。広告会社です」と言っても、「へぇ、そんな会社があるのか」と。だから、東京ではほとんど知らないんですよ。大阪の場合は、タクシーに乗って「萬年社」と言えば、高麗橋の本社まで連れて行ってくれたようですが、当時の東京ではほとんど知られていませんでした。

ただ、その頃はテレビ局ができたばかり。だから、テレビの人たちは景気が良かったんです。あの頃の僕の給料が九〇〇〇円だったんですが、当時の部長の毎月の接待費が三〇万円だったんです。もう、毎晩飲んでも、毎晩飲んでも、飲み足りない。もちろん僕も時々連れて行ってもらっていて、あるときから味をしめて、夜になるとお店の入り口で待つようになりました（笑）。毎晩必ず五、六人引き連れてやってくるわけで

すからね。それでドンチャン騒ぎをしても、まだお釣りが来る。当時の三〇万は、今の金額で計算すると六〇〇万くらいの価値があったんじゃないかと思います。

――秋山さんが萬年社に入社した頃といえば、ちょうど営業の歩合制のお給料がなくなり始めた時期だったかと思いますが、その辺りはいかがだったのでしょうか。

本社の池見さんという方が時々東京へ出張しにきていたんですが、その人がとても格好良くて、いつもバリッとしていたんです。その方は、「営業の歩合で家を建てた」というぐらいの凄腕だったようですね。昔はそういう人もいたんです。ただ、僕らの時代は組合が強くなってきている時期でして。結局、得意先を見ても、定期的に仕事が来る良いスポンサーが付いた人はそれなりにもらえるわけですよね。その一方で、新入社員のような新規開拓が必要な人もいる。そうすると、一年間仕事してるのに一銭も入ってこない人も出てきてしまうんです。そういうことに組合が反対して、徐々に歩合制度は改良されていった。だから、僕らが営業へ出た頃は、歩合はほどんどない状態だったんです。

――では、秋山さんは、萬年社に入社されて十六年ほどいらっしゃったと思いますが、その中で一番印象に残っているお仕事はどのようなものだったのでしょうか。

ほとんど印象に残っています（笑）。一九六一年頃僕はリッカーミシンというミシンの頒布会社を担当していたんですが、その会社ではお客さんから月に五〇〇円ずつ頒布という形で積立てていくんです。ターゲットは十五、六歳の女の子。すると、彼女たちがお嫁さんに行く二十二、三歳の頃にはお金が貯まっているわけです。そのタイミングでミシンをお渡しするという。いってみれば、月払いの感覚ですよね。そのビジネスが非常に当たっていまして。当時はミシンで子供の洋服などを作っていた時代だったので、ミシンは嫁入り道具のひとつだったんです。しかし、既製服が台頭して来て、十年ほど時間が経つと、だんだんそういうものがなくなっていきました。その会社の案件で僕が入社して一番最初に手掛けたのが「七人の刑事」。芦田伸介など錚々たる顔ぶれで、今や大御所になってる役者ばっかりだったんです。木曜日の二十時から二十一時というと、TBSの中でもゴールデンの時間帯だったんですが、その一時間番組を森永乳業とリッカーミシンが二分の一提供でやっていたんですよ。その営業をやっていたのが僕だったんです。

その営業をやる一方で、さっき話したようにテレビがまだそんなに安定期ではなかったので、正月などは特番というのを組む。例えば、江利チエミや美空ひばり、雪村いづみの三人娘の特番です。日劇ホールがあった頃、そこでレコード大賞の前身となった「スターパレード」を大晦日にやっていて。今でいうスターや歌手が勢揃いで出てくるんです。その提供番組を獲得するため、ラジオ・テレビの営業というのは「いかにスポンサーのところに長く滞在するか」が、至上命題になっていたんです。なので、僕はスポンサーの元にしっかり通って、仲良くして、たまに部長の腰ギンチャクでお酒を飲みに行ったりしながら（笑）、ちゃんと宣伝部に机をひとつもらうことができました。

でも、本当に会社から「四六時中行っていろ」と言われるんです。「会社に来なくていいから」とさえも言われていました。当然、ずっと通っていますから、宣伝部の人たちともみんな仲良くなっていて、一緒に飲みに行ったりもしました。

しかし肝心な情報の連絡というのが、昼飯時のみんなが出払っているときに限ってTBSから入ってきたりするんです。「はい、リッカー宣伝部です」と電話に出ると、その頃特番は一〇〇〇万で売り出されていたんですが、「何時何分の特番は、今買うと三〇〇万円なので買いですよ！」と言われたりする。「わかりました、ありがとうございました」と電話を切ったあと、すぐに萬年社の媒体に連絡して、「すぐ裏を取れ」と。それで、間違いがないか確認して、部長にそのことを報告する。そういう営業をやっていました。

そうなるまで半年から一年ほどかかりましたが、最終的には電話一本でパンッと三〇〇万、五〇〇万の仕事が決まるようになりました。だから、あの頃は本当に毎晩毎晩酒を飲みました。それで、会社に十六年半の間所属して、いざ辞めるというときには三〇〇万の飲みのツケ代が残ってしまったんです。つまり、銀座に借金ですね（笑）。ちょうど退職金が三〇〇〇万だったので、そのお金がそっくり借金返済に消えていく感じでした（笑）。

一晩で案件を失った、「ザ・モンキーズ」事件

――最初にラジオ・テレビ局に入られて、最後は第四営業部の部長になり退社されたということですが、その間はいろいろな部署に行かれたのでしょうか。

僕は営業畑一本でしたね。その間、リッカーの「七人の刑事」から「ただいま11人」という、森繁久彌や池内淳子のホームドラマを扱ったりしたんです。そのあと辺りから、リッカーはおかしくなってしまったんですが。

その前には一〇チャンネルで「あなたをスターに！」という番組もやっていました。今でいうタレント発掘番組のようなものですね。ジョージ・ルイカーという日本語の上手な外国人と童謡歌手の古賀さと子がコンビで司会をやる番組です。その頃は、一〇チャンネルはネット局が少なくて。東京の一〇チャンネルと、名古屋のＣＢＣと東海しかなかったんです。あとは、九州のＫＢＣですね。そういうところに、毎回ビデオを運ばないといけませんでした。一週間遅れぐらいで放送しますからね。

それで、僕はいつも九州のＫＢＣに飛行機でビデオを持って行く役目だったんですが、初めて持って行く

ときに、先輩に「実は飛行機に初めて乗るんです」と言ったら、「お前、スチュワーデスにパラシュートをもらっておけ！」とからかわれたりして（笑）。そんな様子で九州にビデオを運び込んでいました。そして夜になると、柳川で毎晩ドンチャン騒ぎをする、と（笑）。

――秋山さんは、セーラー万年筆をはじめ、その後もさまざまなクライアントをお持ちだったとか。その現場では、どのようなお仕事をされたのでしょうか。

セーラー万年筆は、フジテレビのナイター枠に「三匹の侍」というテレビ時代劇の提供を電通が行なっていました。しかし、その頃仲が良かったＴＢＳの知り合いから、「もうじきフジテレビの番組がなくなるかもしれない」という話を聞きまして。一方で、セーラーと話をしたところ、「ナイターとの絡みがない番組を作りたい」と言われたんです。それでＴＢＳと組んで、ザ・モンキーズの番組を作りました。当時、ザ・モンキーズというイギリスのバンドは、ザ・ビートルズと同じように日本で人気がありました。その彼らの演奏フィルムをドラマ化した「ザ・モンキーズ・ストーリー」というのがあったんです。そのフィルムをＴＢＳが放送することになったので、電通にバレないようにセーラーの部長と課長に相談し、ＴＢＳにも話を持ちかけたところ、「面白いからやろう！」と萬年社一手扱いで決まったんです。

ところが、電通に一晩でひっくり返されてしまった。その頃電通が「三匹の侍」をやっていたんですが、話を知った電通の部長と局長がセーラーの部長のところへ来て一晩のうちに話を進めてしまったんです。実はセーラーの会長の息子が電通にいて、そのおかげで電通に扱いがあったんです。そういう流れをこちらは全然リサーチできていなかった。その結果、部長のクビが吹っ飛ぶということなので、電通も全力をかけてきたんでしょう。

結局、萬年社としても、実を取るか、名を取るかということになりまして。あの頃、キー局を扱うということは、代理店にとっては一番の名誉だったんです。しかし、キー局の制作費のマージンは六%程度。一方のローカル局の場合は全部で一五%もある。実を取るか、名を取るかというのは、そういうことです。その際、僕は「絶対名が欲しい」と言ったんですが、「ダメだ」ということになり、涙を飲んでローカルだけをもらうことになりました。

――一方で、当時はVANジャケットのお仕事もされていましたね。

VANジャケットは当時、「ヴァンガーズ」というアメリカンフットボールの企業内チームを持っていたんです。それで、ハワイへヴァンガーズが遠征して、ハワイ大学と試合をやることになって。そこで、『スポニチ』にアメリカンフットボールをやっていた同級生が記者としていたものですから、「お前、ハワイ行かないか」と誘って、密着取材をしてもらったんです。

結果的にハワイ大学には負けてしまったんですが、三試合程度行なった様子を記事にして大きくスポニチで掲載してもらえました。その際、VANのロゴを使ったんです。今までスポーツ紙といえども、記事の中でロゴを使うことなどは一度もなかったので、宣伝部も感動してくれて「萬年社はすごいことをやってくれた」ということになったんです。

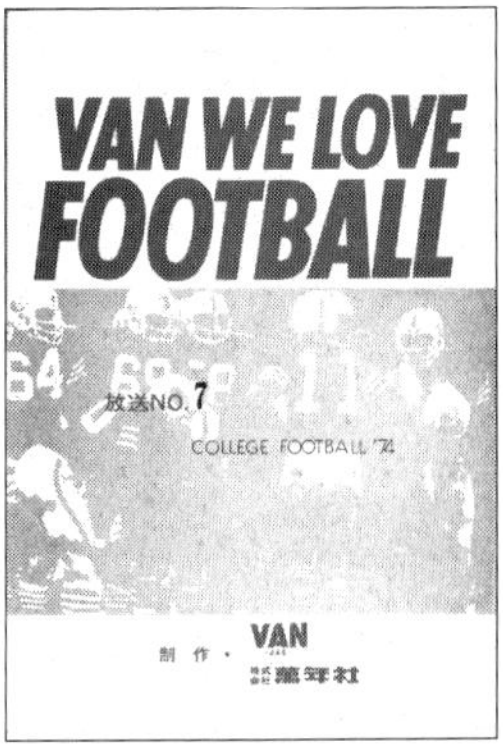

「WE LOVE FOOTBALL」の7週目の台本

そのような経緯から、「WE LOVE FOOTBALL――VANジャケット――萬年社制作」をくれたんです。アメリカのカレッジフットボールの番組なんですが、その頃人気があったものの、日本では見られなかったんです。そのとき、森氏というアメリカンフットボールのマニアがいて、その人の友人がアメリカからビデオを日本に送ってくれるということになり、それを持ち込んで来たんです。そのことをVAN宣伝部長の神吉鴻志氏に話をしたら、一発で「やりましょう！」と。これを三か月ほど流したんですが、これはVANの最大の仕事になりました。

――アース製薬の仕事の話もお聞かせください。

アース製薬には、「アースレッド」発売当初から携わっていました。きっかけは中西さんという営業課長からの相談なんですが、当時僕はホテルや食べ物関係が強く、世界的に有名なバーテンダーで、ホテルニュージャパンにいた澤井慶明さんとも知り合いで。そんな彼からさまざまなホテルの紹介状をもらって、アースレッドの実演を行ないました。ずいぶん苦労はしたんですが、結果的に大塚グループがそれを認めて、僕に仕事をくれるようになった。そもそも大塚製薬は、電通をはじめ、一企、旭通（現アサツーディ・ケイ）、博報堂、廣告社、読広、東急と、かなり入ってしまっているんです。でも、その中に僕も入れてくれて。

そもそもアースレッドは水だから、火を使わない。厨房のゴキブリ退治にはもってこいです。でも、今度は一般にどうやって売り込むのかという話になった。結局、「赤ちゃんや奥さんたちはゴキブリが嫌い」ということで、『たまごクラブ』『ひよこクラブ』などとタイアップして、ご家庭訪問で実演したりしました。

萬年社の偉大さを噛み締めた転職

――その他は、どのような仕事が印象に残っていますか。

おもちゃのエポック社ですね。社長の前田竹虎さんという方がいるんですが、僕の先輩だったんです。萬年社に入って一番最初の頃に、仕事というほどでもないんですが、ご一緒する機会があって。長嶋茂雄がまだ現役の頃、日本シリーズで何度も巨人が優勝していたじゃないですか。その頃「エポックの野球盤」を発売したんですが、日本シリーズの番組スポットをもらったのが初めての仕事でした。

エポックには先輩もいたし、同期の友人も宣伝部にいたので、よく仕事はもらいましたね。その関係で、昭和四七年には「レインボーマン」や「キカイダー」といったアニメーション番組を萬年社でいっぱい制作しました。それにはほとんどエポックが代表で提供をしてくれて。また、エポックはディズニー童話、ディズニーキャラクターの紙芝居の商品も持っていたので、「ディズニーパレード」という番組を提供してもらったりもしました。それは萬年社のドル箱になっていましたね。

僕はその頃に営業部長になったばかりだったんですが、エポック社のことで相当な評価をいただいたんです。そのお土産ということで、前田さんに玩具商法報社が主催する「欧州玩具業界視察団」というヨーロッパ各都市のおもちゃの博覧会を見学するツアーに同行させていただくことになりました。昭和四八年ですから、当時としては画期的な内容だったんですが、ロンドン、ハンブルク、ミラノ、ローマ、パリ、チューリッヒ、ミュンヘンと、七つの主要都市を回るんです。ただ、内容がきついんですよ。毎日夕方六時にホテルに入りますよね。しかし、一二〇人も一緒に回っているので、チェックインに時間がかかって部屋に入れるのが十時か十一時。それで、二日泊まったら翌日出発です。相当ハードなスケジュールでした。

また、私は第一回グンゼワールドテニスにも携わっていました。大阪本社に渡辺常務がおられて、この人がグンゼと交渉して企画して実現したものなんです。その際に「大阪と東京で開催する」ということになりまして。東京の担当者として僕に白羽の矢が立ったんです。

この試合の前夜祭の会場には、たくさんの有名な選手が出席しました。ジョン・ニューカムやクリス・エバート……。クリス・エバートというのはスラッとして、美人のテニスプレイヤーだったんですが、その人が本当に強かった。僕が担当になったんですが、企画が決まったのが十一月。木枯らしの吹く頃だったうえに、青山の屋外テニスコートが会場だったので本当に寒くて。選手たちも鳥肌を立てながらテニスをやっていました。なので、「第二回は屋内でやろう」ということになり、その時期を考えていたのが萬年社での最後の仕事です。

――秋山さんが会社を辞めた七四、五年あたりは、統計の資料上、萬年社の売り上げが一番良い時期だったようです。次の七六年頃からは落ち込んでしまうんですが、なぜこの時期に退社、独立を考えたのでしょうか。

一日に何件もCM撮影や打ち合わせをして、その後にスポンサーの接待をやって……という毎日を繰り返していると、家に帰れるのは毎朝四時、五時なんです。一方で、ちょうど子供たちが幼稚園と小学校に入ったばかりで、全員私立に入れたんです。すると、給料だけでは収まらないんですね。そのため、その頃は会社が忙しい時期だったので、「給料を上げてくれ」と直接掛け合いに行ったんですが、「君だけ上げるわけにはいかない」と言われて。当たり前ですよね。でも、それで辞表を出したんです。

そのときコマーシャル制作会社「葵プロモーション（現AOI Pro.）」の専務だった松本君というのが、僕の後輩で。後に彼は社長になるんだけど、「秋山さん、ぜひうちに来てくれないか」と言ってくれていたんです。それで、毎晩のように飲みに誘って来るんです。ただ飲みに行くだけならいいんですけど、「いつか来るんだ」という具体的な話もしてきていて。何しろ、葵プロモーションがアオイ・アドバタイジング・エージェンシーという新しい広告会社をつくる予定なんだ、と。そういう経緯があって、「じゃあ、行きましょうか」ということで、辞表を出したんです。

そしたら、入社当時からお世話になっていた木村本部長が「こんなもの、受け取れるか」と言って、机の中に辞表を入れたまま三か月くらい時間が経っちゃったんです。その間は針の筵《むしろ》じゃないですか。OKがもらえれば根回しもできるのに、それもできない。どうにかそのあとに了解が出て、辞めることができたんですけど、結局何の根回しもなしにポーンと会社を出ることになってしまった。「会社を辞めちゃったら、萬年社の顔では商売ができないよ」と言われていたんですけど、案の定そうでした。どこに行っても誰も相手にしてくれないんです。

――葵プロモーションに入ってからも問題があった、と。

葵プロモーションはコマーシャルフィルムの制作会社で、萬年社時代のスポンサーにCMをもらいに行こうとするとだいたい代理店が入っているんです。だから、制作会社で広告代理店をつくろうとしても、すでに他の会社が繋がってしまっている。しかも、その頃はまだ葵プロモーションは小さかったので、勝負もできないんです。そうしているうちに、社長が癇癪を起こしまして。「こんなはずじゃなかった」と。

そもそも当時の制作会社はマージンを四〇%も取っていたんです。しかし、代理店の仕事は一五%から二〇%程度。そのうち、社長も「こんなもの、バカらしくてやってられない」と言い出して、辞めることになってしまった。なので、「せっかくだから僕に暖簾分けをしてくれ。そういう名目にしてくれないと、萬年社を辞めて、お宅へ行った意味がない」という話をしまして。というのも、先輩のエポック社前田社長から「そんな小さい会社を設立するのなら、共同で仕事をするというお墨付きをもらった方がよい」と言われていたんですよね。それで、当時の原社長から了解を得て、SSD（株式会社スペース・アンド・セリング・

ディレクション）をつくって、紹介状を書いてもらうことにしたんです。それからというもの、足を運んだ営業先から「そうか、独り立ちか」と言われるようになり、仕事をくれるようになったんです。

労働組合の成長と萬年社の衰退

――その後、独立されてからはどのような仕事をされたのでしょうか。

主なお得意は中学時代からの友人が社長の基礎化粧品会社のヒノキ新薬。それから大塚製薬、アース製薬、ヤマハ発動機ですね。ヤマハ発動機はスクーターの販売から携わって、将来的にはＹＳＰ（ヤマハスポーツプラザ）の店までやりました。そのときは七店舗までやりましたね。それも全部そのときの店長に譲って、今でも彼らが経営をしています。そのあとに、ヤマハの関係で三井住友海上火災保険。オートバイというのは保険に入る必要がありますから、それが三井住友だったんです。それがきっかけで三井住友の仕事にも携わるようになりました。また、厚生年金基金の仕事もやりました。中学からの友達がそこの理事長をやっていて、販促関係や社史、記念史を企画したり、制作しているんです。

大塚食品では「二本箸作戦」といって、高級日本料理の灘萬や軽井沢のレストランと提携して仕事をやりました。扱った商品は「ＪＡＶＡＴＥＡ《ジャワティ》」だったんですが、そのタイアップ広告ですね。当時はどんな高級なレストランに行っても、置いてあるのはウーロン茶だけだったんです。しかし、ＪＡＶＡＴＥＡは一味違うと。そこで売り方を「二本箸作戦」と銘打って、「二本箸＝箸、だから和食だ」というところをコンセプトにしたんです。これは当時評価されまして、今はノンアルコール全盛期ですが、いってみればその草分け的な存在になれたんじゃないかと思います。

――独立後の仕事の成功は、やはり萬年社で培ったことが大きかったと思いますか。

そうだと思いますね。それは僕だけに限ったことではありません。萬年社の人たちはその後に地方局の局長クラスで引っ張られて行くほどの力がありましたから。僕がいた頃でも、萬年社を辞めて放送局や他の代理店に行った先輩たちは相当いらっしゃいました。萬年社は、そういう意味でも人材がものすごく豊富だったと思います。しかも、大阪と東京では給料の位置づけが違いましたし。

その理由のひとつとして、萬年社は労働組合が非常に強いんです。そのために、他の会社が自由に伸びようとしてるときに、組合活動で仕事をセーブされたり。そのようなことを続けていたために、だんだん組合が強くなっていってしまって……。当然売り上げはダウンしていきますし、担当者も肝心なときに労働組合を隠れ蓑にして逃げちゃうこともありました。会社も悪い部分があるんですが。

その結果、萬年社の倒産ですね。結局、負債は四〇億程度あったようです。しかし、売掛金が何百億もあったというので、そんな計画倒産のようなこと、普通は許されないらしいですね。「よく裁判所が認めたな」と誰かも言っていましたよ。何しろ、負債総額よりも売掛金の方が多いですからね。本当ならば、そんなことで倒産するはずないんです。

――萬年社が倒産したのは独立後なので、当時の様子は間接的に周りから話を聞いたとのことですが。

そうなんです。だから、当時は困ってしまいました。仕事を委託して、媒体に回してもらう先がなくなってしまったんですから。影響は相当あったと思います。実際、仕事も減りましたし。その頃有楽通信という毎日新聞社系のところに萬年社から行った仲間がいたので、その人を追いかけて仕事の委託を行なってもらったりしました。

――残念ながら倒産してしまったわけですが、萬年社という会社に対してどのような想いをお持ちでしょうか。

僕はやっぱり今でも愛着があります。萬年社のロゴを誰かが買い取らないのかと思ったぐらいでした。最初に入った会社ですし、それ以外にはひとつしか行ってないんで、やはり残念ですね。かつての萬年社の社員で、現在でも活躍してる方はたくさんいますからね。かつてのOBが集まって、ボランティアでも何でもいいから、いろいろな会社の販促活動の手伝いをやったら、少しは社会の役に立つと思うんですが。そこにそのうち若い子も入っていったりすれば、また会社として復活する可能性もあると思いますし、面白いと思うんですよ。

――最後の質問なのですが、これまで日本の広告業界の変化をいろいろと見てこられたと思うのですが、それについてどのようにお考えでしょうか。また、今後の広告業界がどうあるべきかなども併せてお聞かせください。

広告業界というよりも、今のテレビ業界について言うと、すべてがお笑いタレントさんにおんぶに抱っこの状態ですよね。夜中にイヤホンをつけてテレビを観ているんですが、どの局を観ていてもお笑い芸人を中心としたトーク番組です。それには、当然昼でも夜でも一流スポンサーが付いてる。NHKの番組がすべて良いとは言いませんが……民放の良い番組もありますが、やはり比率からしてお笑いタレントに依存している部分が大きいと思うんです。

一方で、お笑い芸人さんも億単位のお金を目指さなければいけない。僕は芸人の価値というのは、ギャラで決まると思うんです。お笑いにしても、落語にしても、昔の人は本当に芸だった。でも、今のタレントさんは芸ではないんですよね。何といえばよいのか……僕たちが昔酒を飲みながら「ああだったよね、こうだったよね」と話していたことを、少しだけ面白おかしくして、それをテレビで流しているような気がしてしまうんです。今でも良い番組はあるので、そういうものをもう少し増やしてくれればよいと思うんですが。例えば、今十本あるお笑い番組を半分にして、もうちょっと子供たちがヘラヘラ笑わずに済むような番組作りをしてもらいたい。これはテレビ業界に携わる人への注文ですね。

雑誌にも広告が入っていますが、やはり一番影響があるのはテレビです。それで、地上波がどれくらいCS・BSに食われているのかと思って観ているんですが、実はそこまで影響はないんですね。しかし、もし僕が宣伝部だったら、昔は例えば百ある予算で八〇をテレビ、二〇をラジオに使って相乗効果を上げていくということを考えていたはずです。当時はそういう使い方の研究もしたんですが、時代の流れというか、広告業界が今後どうなるかというのは全然わかりません。もしかしたら発展することはないかもしれない、媒体広告においては。消費者がテレビに影響を受けて購買意欲に駆られるようなことは、今後どんどん少なくなっていくような気がしています。

テレビショッピングに関しましては、インターネット通販の格安セールの影響を大いに受けているでしょう。総広告宣伝費が六兆円強のうちネット広告が一兆円を超えたとニュースがありました。広告戦略のシフト変えが強く希まれます。

8 修羅場のような現場にも向かう――。広報には、そういう仕事もあるんです

博報堂　飯田《いいだ》尚武《なおたけ》　一九三七年生まれ

ＰＲの黎明期から活躍し、日本航空１２３便墜落事故や、昭和天皇崩御の際の広告行為のマニュアル作りも担当

一九三七年東京生まれ。戦時中、疎開先の滋賀県大津で過ごす。東京都立戸山高等学校を卒業後、早稲田大学第一文学部仏文科に進学。その後、毎日新聞社への就職が決まったが、高校時代に患った肺病の傷を理由に断られ、知り合いの紹介で出版社に入社。山口瞳氏の直木賞受賞作『江分利満氏の優雅な生活』などを担当。六三年に勤務先で知り合った博報堂の広告人に誘われて博報堂への入社を決意。入社後はＰＲ部門に勤務し、黎明期から活躍。クライアントが持っている良いイメージをメディアの報道や記事の中に反映していくことを通じ、さまざまなスポンサー企業の広報を手伝った。八五年には「日本航空１２３便墜落事故」での広報や、八九年の昭和天皇崩御の際に広告会社がどのように広告行為を自粛するべきかというマニュアル作りも担当。ＰＲ部門一筋で働き、六〇年代半ば頃までは認識が低かった企業側の広報に対する意識が、公害問題などを契機に注目されていく過程を間近で目にした。九一年には広報室長となり、二〇〇一年に退社。

出版社勤務から、未知だった広告店勤務へ

――飯田さんの高校時代にテレビの本放送が始まっています。そのときの記憶は何かありますか。

電気屋さんの店頭にあった街頭テレビで力道山を観たことがありました。しかし、当時のテレビは値段が高かったですし、母親が教師だったため「テレビは勉強の妨げになる」と言って長い間買わなかったんです。ですから、大学のときもテレビを観ていないと思いますよ。僕は肺病で一年遅れていまして、大学を出たのが昭和三六年、一九六一年だったんですが、それまで家にテレビはなかったですね。

実は博報堂にもストレートで入っているわけではなく、最初はマスコミに就職したんです。しかし、マスコミ志望の学生だったのにも関わらず、家にテレビがなくて、テレビも観ていない（笑）。昔、大学に学生課と称するところがあって、就職の案内がビラみたいにぶら下がっていたんですが、四年の春か夏かに見に行くと、「学部問わず。ただし、文学部を除く」と書いてあるわけですよ（笑）。文学部の学生というのは、そこまで評判が悪かったんですね。受けさせてくれるのはマスコミだけ。学部を本当に問わないのは、新聞社、放送局、出版社、広告会社だけなんです。でも、社会の産業、経済状態というのは時代によって変わっていきますから。いろんな幸、不幸がありますけど、僕らの頃は化学系の仕事が一番月給が良かったように思います。

――先ほど、博報堂にはストレートで入社されていないというお話だったんですが、詳しく聞かせていただいてよろしいでしょうか。

要するに文学部が受けられるのは、マスコミだけですよね。当時のマスコミというのは、テレビでさえもまだバカにされていましたから。今思えば、明らかにバカにする方がいけないんですけど(笑)。と言う僕も「バカにする組」に入っていたらしく、学生のときに毎日新聞社を受けたんです。それで、半分受かっているような状態になったんですが、肺病の傷のことで最後にはねられてしまったんです。「十一月頃に身体検査して、『傷があるから遠慮してくれ』というのはひどすぎるだろう」と重役室まで行って抗議をしたんですが、向こうの偉そうな人が立ち上がって最敬礼して、「君には申し訳ない。そういう病気の傷があるからといって君がすぐつぶれるとは思えないけども、決めてしまったので申し訳ない」と言われてしまったんです。立派な紳士に頭下げられたわけですから、「わかりました」と。結果的には落っこちたわけですね。

ただ、十一月頃ですから、もう就職先で残っているところがない。それで、知り合いの推薦もあって、小さな出版社に就職したんです。そこの会社には、二年か二年半くらいいましたね。その会社で博報堂の人と付き合いができて、「博報堂で働いてみないか」と誘われたんです。また博報堂に行こうと思ったもうひとつの理由として、僕は新聞記者を志望したわけですから、文章を書いたり読んだりするのは嫌いではなかったんです。しかし、自分が今反省するに、自分にはどうもクリエイティビティ、創造性に欠けるところがあるという気がしたんですよね(笑)。

あとは、僕が軍人の倅だからかどうかわからないですが、苦労して作業をしてとにかく効率良く仕上げて、「仕上がった状態が一番うれしい」というところがあるんです。ただ、達成感が良いのであって、どちらかというと途中のプロセスは私にとって苦痛なんです。ところが、モノを作り出す人たちというのは、作業の途中を楽しんでいたりする。いってみれば、一種の優柔不断にものを作って、その過程を楽しんでいるところがあるんです。そういうことをずっと考えていて、話が来たときに思い切って方向転換をしてしまったんです。

出版社でも良い思い出はあります。初めて山口瞳氏に本名で小説を書いてもらったんです。『江分利満氏の優雅な生活』という、直木賞を受賞した作品です。映画にもなりましたし、名作といわれていますが、その担当編集者が僕だったんです。その他にも、瀬戸内晴美さん（現在の瀬戸内寂聴師）の岡本太郎の母親・岡本かの子の伝記の担当もさせていただきました。伊丹一三（後に十三と改名）に原稿を書いてもらったのも僕でしたし、今考えるとわずか二、三年の間に幸せな作品や仕事に恵まれたんです。

――出版から博報堂に入られて、広告業界の印象が変わったことはありますか。

というよりも、僕は広告業界というものを何も知らなかったんですよ。だから、行って初めて驚きました。今でこそ広告会社は注目業態になっていますが、当時は全然そんなことはありませんでした。よその会社の中に入って行ったとき、まず書いてあるのが「押し売りと広告屋、これより先出入り禁止」だった時代ですからね。そのくらいの扱いです。実際にはそんなことはないんですが、たぶん昔は突然入って行って「広告をください」と言う人がいたんでしょう。でも、世間ではそういう認識だったのは確かです。

それから、私の同輩で営業一本でやっていた人が、先輩から引き継いで大企業の広告を担当したんですが、彼は「飛び込み」という商売をしていました。飛び込みというのは、例えば銀座を歩いていて、新しくできたビルを見つけたとしますよね。そこに書いてある会社名が知らない名前なら、中に飛び込んでみる。それで、「広告の扱いはどこでやっているのか」「広告するなら博報堂でやってくれないか」「どういう商品をどういう人間に売ろうとしているのか」ということを聞いていく。そういう商談前の折衝行為をやる飛び込みという営業がありました。つまり、そのくらい広告業界は社会的に注目される業態ではなかったんです。

とにかくスポンサーの言うことは「ごもっとも」。どんなに無理なことを言われても、頭を下げて帰って来る。ですから、社会的地位が低いという言い方は語弊があるけど、低いと言わざるを得ない時代もあったんです。

広告会社にクリエイターが必要になった背景とは？

――新入社員ということなので、研修なども受けられたと思うのですが、いかがでしたでしょうか。

研修はありました。ただし、私は中途採用なので正規の研修は受けなかったんです。正規入社だと「お前はコピーライター」「お前は媒体をやれ」というように、研修で適性を見て配置を決めるわけですが、当時はPR部というのができた頃で、その要員としてマスコミ経験者である僕が採用された意味合いもあったので。

逆をいえば、入社して、すぐに仕事です。PRというのは、そもそもアメリカから入ってきた仕事です。それ以前のことをいえば、例えば昭和三〇年代から五〇年くらいまでは、広告会社の本流の仕事は営業だったんです。乱暴にいえば、スポンサーに広告を売りに行くのが仕事です。それから新聞、雑誌、テレビ、ラジオなどの媒体に広告枠を仕入れる仕事ですね。五〇年代まではそれに加えて制作というものもありました。制作は、広告原稿を制作する部門。どのクライアントも広告原稿をくれるとは限らないので、「お前のところで作ってみろ」となると、コピーライターやデザイナーが必要になってくる。それから、どう考えてもダメな広告に対して、「こうした方が良いんじゃないですか」と提案することで、競争力がつくということもある。そうすると、広告会社がクリエイターというのに力を入れるようになるんです。

――それが広告会社のメインストリームだったんですね。

ところが、そうしていくうちに、「もともとターゲットがこの商品に合っていないんじゃないのか」ということもあって、その対応として「調査してみよう」「テストマーケティングをやってみよう」というように、広告に一種の数学的、科学的、統計的技術が入り込んできます。そうすると、広告会社はクリエイターだけではダメで、マーケティング部門、調査部門が必要になってくる。

話を戻しまして、僕が入ったPR部門の話ですが、誤解を恐れず直訳すれば、これは企業の広報業務の代行。今でこそ、広報というのは、企業の活動の中心に入り込む重要なファクターですが、当時の広報というのは、社長室広報係や宣伝部長が一緒にやっていたりしたんです。つまり、広告行為そのものではなく、企業の良いイメージをメディアの報道や記事の中に反映していく仕事。企業がある行為をしたときに、それがマスコミに良く迎えられるようにプランしたり、それを実施したり、応援したり、マスコミに良く伝えるように手伝いをする。そうすることによって、企業のある行為が全体的に社会に好意的に迎えられるんです。もちろん、反対もあり得るんですが、PR部門というのはそういうさまざまなことをやっていたんです。

ですから、営業、媒体、制作、マーケ、SP、PR、その次にできたのが事業系です。今でいう、イベントですね。最近の例でいえば、Jリーグをあれほど瞬間風速で大人気にしたのは博報堂の力です。スポーツの中にはマニアックなファンがつきものですが、当然博報堂の中にもサッカー少年のままクリエイターになっている人もいる（笑）。そういう人がJリーグのときに社内でチームを作り、立ち上げのキャンペーンをすべてやったんです。Jリーグは今はもう大きな組織になって独り歩きしていますし、そうなったのは川淵三郎さんをはじめとしたJリーグをつくった人たちの最初のコンセプトがきちんとしていたからだと思います。しかし、その全体のコミュニケーション戦略を作り、表現戦略を作って、実施して、川淵三郎さんが涙を流して喜んだオープニングのセレモニーを仕切ったのは博報堂の事業系だったんです。万博やオリンピック、ワールドカップなどのバックヤードは、今は広告会社の仕事です。つまり、全体のコミュニケーション戦略の中に広告、広告表現が位置づいている事業もあれば、パブリック・リレーションズもあるんです。

少し話が飛びますが、ニクソン大統領のジグラーという広報報道官は、当時アメリカの最も大きい広告会社のトンプソンから行った人でした。大統領の広報担当官が広告会社から行くというのは、アメリカの広告会社は随分地位が高いということですよね。それに比べて日本は、「押し売りと広告屋は入るべからず」です（笑）。「そんな扱いは、ひどいじゃないか」と、私たちはよく酒飲み話にしていました。そのあと、ウォーターゲート事件でPRという言葉のイメージが悪くなってしまって、パブリック・アフェアーズという言葉が生まれていきました。今はコーポレート・コミュニケーションと言っているかもしれませんね。日本でもコーポレート・コミュニケーションといいます。

――PRという言葉はあまり使わなくなった、と。

ネーミングは流行り廃りがありますから、どうでもいいようなことではあるんですが、要は企業や団体のある行為、行動の全体的なコミュニケーション・プランを作り、その中にアドがあり、事業があり、看板があり、広報があり、それを裏打ちする予測の調査があり、それから効果測定の調査があり、世論のフィードバックをもう一回還元してきて、「どうもこうだったらしい」とコーポレートに戻していく作業がある。その全体の作業を今広告会社がやっているわけですよね。もちろん一人ではできなくて、営業マン、媒体マン、クリエイターがいて、チーム単位で行なうわけですよ。だから、車の案件でも「せめて色だけは黒の車はやめましょう」というように、コミュニケーション戦略上どうしても商品パッケージが逸脱してしまうということを、広告会社が企業に提言することがあるんです。若い私は、そこを誤解していたんですが、実際は創造性のある仕事なんですよね（笑）。

企業の広報の存在価値を決定づけた、公害問題

──企業の全体の良いイメージを作るのがＰＲのメインワークということでしたが、一九六〇年代になると公害問題なども起こっていきました。そういう意味では、企業全体への世間のイメージがダウンする時代でもあったと思うのですが、ＰＲ部門としての仕事に変化や影響はあったのでしょうか。

ありましたね。六〇年代の半ば頃は、広報に対する企業側の認識が足りなかったと思います。ところが、公害問題も契機のひとつではあるけど、「企業の社会的責任」が言われ始めてきて、社会的な責任を果たすためには、自分たちのやっていることの正当性や存在理由を説明しなくてはいけなくなった。それは広告だけでは不十分。社長が一生懸命に前に出てきて、記者会見したり、喋ったり……あまり演説が下手な社長には代わってもらったりしますが（笑）。お上手な常務に広報担当になってもらうとか、広告会社が工夫しなくちゃならないわけです。

それから、今はニュースリリースやプレスキット、パブリシティという言葉が使われていますが、その六〇年代半ば頃に初めて言われ出したんです。プレスキットを日本語に訳せば、報道用資料ですね。記者会見の会場のセットやアジェンダもＰＲ部門が決めます。それから、そのときの意味合いがきちんと簡単に記事になるようなプレスキットを作って配布もする。

――そのひとつのきっかけとして、公害問題があった、と。

プレスキットやプレスリリースという言い方は以前からありましたが、公害問題が起こったとき、企業広報、コーポレート・コミュニケーションの必要性というのが、企業側に強く感じられてきたんじゃないでしょうか。

それから、どこの会社でもそうですけど、中には女性のお尻を触ってしまったり、犯罪を犯す人も出てきたりするわけです。これは個人的な考えですけど、昔は組織の団結力や忠誠心が強くて、問題が起こっても外に出なかったんです。今は大蔵省の高官が痴漢したとか、警視庁の幹部が酒を飲んで暴れたとか、そういう話が簡単に出てきますよね。あれは、テクノロジーがさせていると思うんです。要するに情報が隠し切れない。内部告発もあれば、リークもあれば、衛星を使ったコンピューターもあれば、匿名性が出てくる。そうすると、昔は出なかった情報が今は出てきてしまう。公害というのは、歴史的なターニングポイントではあるけれども、企業が社会を困らせるようなことをしている場合に、「それはなぜ起こったのか」をちゃんと説明しなくちゃいけなくなったわけですね。

それから、企業としては今まで絶対謝らなかったのに、これはどうも原因は自分の方にある、と。補償もするし、製品も回収すると言って謝った方が、その後の回復が早いっていうことが企業側もわかってきた。

主にそういうときにやるのは、社長や担当役員の記者会見とその事後対策の説明。それに説得性があるかでしょう。そういう事故対応も広報の仕事なんですよね。

一方、ＰＲ部門というのは、スポンサー企業の広報のお手伝い。新聞記者に嗅ぎつけられているけど、今新聞に出てしまうと問題が起こるというときのために、あらかじめ信頼関係をつくっておいて、書きたくてうずうずしているのを待ってもらう。ただし、明日出てしまうというときは、資料を先に渡して、「その日の夕刊の最終の版に書いていい」と話をつける。他の記者は朝刊に書くわけですから、その記者としても他を抜いたことになるんです。だから、広報専門家というのは、いないとまずい。公害の話は、そういう意味では、広報が企業にとってシリアスで難しい仕事だということが、国内でわかり始めたきっかけだったかもしれません。

――その後、七三年にオイルショックがあって、トイレットペーパーの買い占め問題などが起こりました。そのときの消費者問題では、ＰＲの仕事で変化はありましたか。

あまり変化はなかったですね。ただ博報堂の場合は、その後、生活をウォッチする生活総合研究所というシンクタンクのようなものをつくりました。一種の定点観測で予測する仕事なんですが、ものを売ったり、コミュニケーションのプランを作ったりするときに重要なファクターになるんです。それを研究する機関をつくった。

それから、当時は映画の制作、配給もやり始めましたね。制作のための金を出す。配給の契約を結ぶ。それからビデオ化やキャラクターの権利をどこの商品と組み合わせるかを決める。最近の例でいうと、流行語大賞。あれは元をただせば、自由国民社という出版社が考えたんです。『現代用語の基礎知識』という本が出ていますけど、実はあれが老舗の大本なんですよ。ところが類似の競合メディアができてしまった。出版の意味合いを感じられる面白い企画はないかということで、博報堂のメンバーが知恵を出し合って流行語大賞を作ったと聞いています。

――企業が広報の重要性をだんだん認識して、八〇年代になると文化や芸術活動といったイベントを企業発信で行なおうという姿勢が出てきます。そのとき、ＰＲ部門のお仕事の変化は何かあったのでしょうか。

ありましたね。古くは、「俺たちは広告行為をするために電通や博報堂を雇っているんだ」という企業側の気持ちがあったんですが、だんだんと会社のイメージを売ることに理解が高まっていったように思います。例えば、あるオーディオ会社が新製品を売り出したいと思ったとき、コンサートをスポンサードして、そこに新製品を展示する。自分たちがいかに音楽に対して本気で向き合って、応援しているのかということを知ってもらうのが先だろう、と。それをプランして全国を回っていくのが広報の仕事です。

時代の流れを予測して、柔軟に対応をしていく

――ＰＲの仕事の中で、「この企業のイメージを上げるのは大変だった」ということはありましたか。

僕の場合、悪いことをしている企業を担当したということはなかったんですが、例えば、ＪＡＬ（日本航空）が御巣鷹山の尾根に落ちましたよね。僕はそのとき、夏休みのレジャー帰りで車を運転して、目白通りを走っていたんです。そこに、思いがけないニュースがラジオから飛び込んできた。そのまま会社に急いだんですが、その時点でも機体はまだ見つかっていなかった。ＪＡＬは博報堂にとっても、電通にとっても重

要なクライアントでした。乱暴な言い方をすると、日本の大企業で広告に何十億も使っている企業で、電通と博報堂に付き合いのないところはありません。ＪＡＬも当然何十億と使っています。当然社内のＪＡＬ担当は先方の広報部門のところに飛んでいっていましたから、われわれとしても後方部隊として手伝いに行くことになりました。

最終的に僕も熊谷の会館の二階で臨時電話を仮設して、問い合わせの対応をしていました。黒い腕章に白文字で「ＪＡＬ広報」と入っているものをつけて。寝る場所もないから、地べたに寝て。それで、とうとう飛行機が見つかると、建物の中にご遺体がたくさん入ってくる。現時点で何人遺体が見つかったのかを刻々と出すんです。電通と博報堂がほとんどだったけど、一種の忠義合戦ですね。日常的に儲けさせてもらっているＪＡＬに対して、です。電通の人は体が大きくて強そうでしたね。とても暑い中で皆汗だくになりながら黒い上着を着ていました。そういう修羅場みたいなものも広報の仕事にあるんです。

また、歴史的なものでいえば、昭和天皇の崩御です。昭和天皇は昭和六四年に崩御されましたが、そんな中、広告はいつも通りのことをそのままやっていいのかというのが問題になったんです。賑やかなロックンロールのセールスイベントをやっていていいのか。車のディーラーは万国旗をぶら下げてセールスをしていいのか。コミカルなＣＭを流していいのか。差し障る言葉はないのか。それが誰もわからないんです。私はそのために社内プロジェクトのリーダーとして一年前から準備をしていました。

何をやるのかというと、大正天皇が崩御されたときの古新聞を引っくり返して、調べものをするんです。クリエイターには雑誌や新聞の表現で引っかかるものを探してもらいました。例えば『そうだ。君の時代は終わった』という広告があったんです。あとは、お墓の広告ですね。サンプルをたくさん引っ張り出してきて調べました。戦後初めての経験ですから、予測しなくてはいけない。そうやって広告行為はどのように自粛すべきなのかというマニュアルを作りました。ただし、広告会社がそのような準備をしているということを、世間に知られると危険なこともあるので、すべてマル秘でしたね。

あのとき、新車が売り出されたところだったんですけど、そのCMというのが有名歌手が車の窓を開けてのどかな調子で「お元気ですかぁ」と言うものでした。だけど、その音は消しました。亡くなった直後からです。それから銀座のネオンが消えました。天皇が亡くなる前に　NHKのアナウンサーが黒っぽいネクタイをしていたら、右翼から「まだご存命なのに失礼だ」と抗議の電話が来たという話を聞きました。あとは半旗を売り歩く怖い人もいましたね。つまり、そのとき世論がどうなるのかを予測する。マスコミがどう動くかを予測する。企業のコミュニケーションが適切かどうかを予測する。そういう仕事もありました。一時は世論が沈静化というか、喪に服するムードがものすごくオーバーになったんです。これでは景気も悪くなってしまう。そこで、少しずつ賑やかになっていった。そういう世の中の情勢に合わせて柔軟に対応していく、ということでした。今ではもっとそういうことが求められているでしょうね。

――今の話と重複してしまうかもしれませんが、八九年からは広報室に勤務され、その二年後には室長になられています。そこでのお仕事はどのようなものでしたか。

まず会社の広報ですから、博報堂自身の良いイメージをメディアに反映させたり、悪いイメージを少なくする仕事をしました。スポンサーとうまくコミュニケーションをとって、博報堂だけの手柄にするのではなく、企業と一緒に歩んでいるという姿勢をつくることです。Jリーグはまさにそのような案件でした。ただ、あの仕事がうまくいったときに、「すべて博報堂のおかげだ」という風潮になったんです。すると、Jリーグの広報が困ってしまって、「外に話をするなら全部うちを通せ」と言ってきたんです。つまり、成功した仕事はクライアント側の成果であると同時に、われわれはそれをサポートしたんだということをアピールするわけです。

それから、自動車のように同業界で複数の会社を請け負っている場合には、うまくいった秘訣などは絶対に話しませんし、比較の話もできません。アメリカの広告会社は一業種一社ですから、こんなことは起きませんが。私がやってきた広報という仕事は、今では注目されるものですけど、当時は主流な部門ではありませんでした。そのため、企業全体のコミュニケーションのことを考えて、喋らなくちゃいけない。今までは何も言わずに製品を作って、営業マンが売っていればよかったのが、それを積極的に知らせていかなくてはいけないという時代です。質のいいモノを安く安定的に供給するだけでは不十分で、社会的責任を果たさなければならない。それは結局、「宣伝をして商品が売れればよい」というだけでは不十分になったということです。もっと企業全体の活動を知ってもらう必要がある。そうすると広報の領域は広がってくるんですね。

時代によって変化していく広報の難しさとは？

――さて、広告業界全体のお話をお聞かせいただきたいんですが、まず電通をはじめとする他の代理店について特別な意識はありましたか。

電通に対してはライバル意識がありました。当時の売り上げは、電通が博報堂の二倍もありました。それをわれわれの時代にたまたまマーケティングやクリエイターが先行して、少しずつ追いつくことができました。電通は馬力がありました。僕は比較的電通と仲良しでしたから、お互いに話をしていましたけど。なかなか男性的な会社で、乱暴ともいえました。

例えば、成り立ちが違いますよね。電通は共同通信から分かれた会社なんです。共同通信はもともと同盟通信といって国策会社でした。僕らの時代に「満州浪人」という言葉があったんですが、その人たちを電通はずいぶん雇っているんです。それは一見変わった人に月給を与えて、飯を食わせて、いざというときに備える余裕があったということ。

ところが博報堂のもともとは出版広告です。昭和三〇年代に入って自動車や化粧品などを始めた程度。それが変わってきたのは先人の努力もありますが、世の中が変わってきているんです。そういう仕事が必要になってきたんですね。

――逆にいえば、電通の存在があったからこそ、博報堂も一緒に成長できた、と。

もちろんそうです。よく企業の合併がありますが、僕が博報堂を辞めたあと、博報堂は読売広告と大広と共に持ち株会社をつくって、グループにしたんです。ただ、業態やものの考え方が似ているのはむしろ電通なので、「合併するなら電通との方がいいんじゃないか」と辞めた仲間たちと笑い話をしていたほどです。

というのも、電通となら同じ言葉で通じるんです。ところが、その他の会社とは、広告会社内で使っている言葉でも通じなかったりする。やり方や用法が違ったんでしょうね。今は一般人でもタレントさんでも、テレビなどで「プレゼン、プレゼン」と言っていますが、僕らは昭和三〇年頃からそういう言葉を使っていました。「シズル」もですね。「このシズル感が……」と言っても通じない広告マンが当時はいましたから。でも、電通だったら一発で通じる。やっぱり二大広告会社といわれるくらいですから、そういうのがあるんでしょうね。

——広告業界にとっては、電通、博報堂がトップ2ということになりますが、それによる弊害はなかったのでしょうか。

まずはひとつは、一業種一社ではないということ。国際的には理解しにくいですから。例えば、僕が広報をしているとき、外国メディアは「博報堂のメインクライアントを二十社挙げてください」と平気な顔で言ってきます。でも、その二十社をどう選ぶのか。二十一社目には怒られてしまいますから。その点、アメリカは簡単です。「我が社のビッグクライアントはコカコーラです」と言えばいいんですから。でも、日本は同じ広告会社がコカコーラもペプシもやっている。だから言えないんです。広告の世界はアメリカ主導で大きくなってビジネス化していった業界ですから、日本固有のやり方は説明しにくいんです。

それから独禁法。僕は法律にはあまり詳しくないんですが、一時期キリンビールが業界のシェアで独禁法スレスレと言われたことがありました。それ以上売ると違反になってしまうので、排除命令が出たり、分割命令が出たりしたんです。バカな話ではあるんですけど、シェアを高めてはいけないという時代があったと聞いています。

広告も、例えばの話ですが、TBSのゴールデンタイムのスポンサーシェアはおそらく電通が圧倒的で、そこだけ見れば独禁法違反でしょう。五兆円規模のうち電通のシェアは二兆円。そうすると独禁法にはひっかからない。でも、東京キー局だけ見れば、高い比率で電通ですから。逆にいえば、それだけの力を持っているのが電通の強みであり、良いところにもなるんです。テレビ局側としても電通であれば、多少値段が高くても枠をすべて売り切ってくれるという安心感がありますしね。だから、オリンピックだって、ゴールデンスポンサーは全部電通が持っている。博報堂は入れないんです。

広告会社の成り立ちというのは媒体の代理店です。新聞を例にとると、新聞の広告面を新聞社の代わりにスポンサーに売り、そのお金を新聞社に運ぶ。そこで、手数料をもらう。これが成り立ちです。ところが今は違うんです。企業のコミュニケーション戦略の代理店。お金は企業からもらう。お金の流れと作業の流れが変わったんです。

――今、広告代理店の全体に対してのお考えを聞かせていただいたのですが、もう一度広報の時代のお話を伺いたいと思います。ＰＲで博報堂自体の広報を担当されて、代理店において広報の役割についてはどのようにお考えになっていましたか。

単一企業に対する広報の仕事というのは、広告代理店の広報と比べたらはるかに単純ですね。一社のためだけにやればよいわけですから。ただ、広告会社は競合会社を扱っていますから、何かの発言がクライアントに影響してしまうかもしれない。クライアントのスキャンダルを防衛することが、別のクライアントに悪影響を与えてしまうかもしれない。博報堂の仕事というのは、基本的には、全部スポンサー仕事ですから。

これは古い話ですが、大阪万博のときに「ウォーターライド」というジェットコースターが落っこちてしまったんです。それでけが人が出てしまった。博報堂が受けたクライアントの遊戯施設でけが人が出るような事故が起きたので、当然大阪支社にはバンバン新聞やテレビの記者が来ます。でも、原因と結果がよくわかってないので、下手に話すわけにはいかない。発言によってはクライアントに影響を与える。万博協会に影響を与える。他のチームや博報堂自体の名誉についても考えなければならない。いろいろ関わってくるので、やっぱりややこしい。

今はもっと大変だと思います。関係会社が増えてしまいましたから。同業のグループ企業の名誉についても考えなければならない。ホールディング会社の難しいところですね。綱渡りみたいなもんですよ。僕には務まりそうもない。博報堂だけで話を進めるわけにはいかないんです。作業のやり方からオペレーションまでを説明しなければいけない。今の企業はそういうグループが多くなりました。そうすると広報業務というのは広告会社に限らず、非常に複雑なサーカス仕事になっていますね。ひとつの問題が全体の問題になるかもしれないという難しさ——今はそういう時代になってきているように思います。

9 アメリカの情報を基礎に、電通がいち早く広告・マーケティングの近代化を図ったんです

電通　北野邦彦《きたのくにひこ》　一九三七年生まれ

「世界コミュニケーション年」や能力開発センター立ち上げ。電通自体の広報活動の積極的展開を図る。

一九三七年、東京都三鷹生まれ。戦後、街頭テレビの魅力に惹きつけられ、当時は珍しい広告の講座があった早稲田大学へ進学。一九六三年に電通入社。新人教育の後、調査局へ配属されラジオの調査に携わる。七一年には海外研修でアメリカの経営大学院へ。オイルショックの影響で帰国するが、再び渡米して電通アメリカで勤務。主にアメリカに進出した日系企業をクライアントに仕事をする。ニューヨーク現地での情報でさまざまなビジネスチャンスを獲得した。帰国後は営業企画局で国連年の「世界コミュニケーション年」などのキャンペーンに従事し、バブル期には東京プロジェクト室でさまざまな企画を作る。八九年からは人材育成に携わり、アメリカの広告会社にならって能力開発センターを立ち上げる。その後、秘書室長、広報室長を歴任。九七年には新構想研究会に出向し、多くの人と交流するとともに、ロシアやインドを訪れる経験を得る。二〇〇〇年からは帝京大学で「広告」「マーケティング」の講座を開講し、人気となる。

社長通知が来なかった、電通の入社試験

――高校生の時にテレビ放送が始まり、街頭テレビを観るために頻繁に三鷹駅前に通ったという北野さん。大学を選んだのも、テレビの影響が強かったのだとか。

テレビコマーシャルの世界に興味があったんです。そこで広告はどこで勉強ができるんだろうと探したら、その頃日本の大学で広告の講座があるのは、早稲田、明治、横浜市立大学、神戸大学の四つしかなかった。その中で、マーケティングの講座も他大学に先駆けて開講していた早稲田の商学部を選んだんです。

――大学卒業後は電通に入社されますが、当初の様子を教えてください。

昭和三八年（一九六三年）に入社することになりました。しかし、その三か月前の一月二十七日には社長の吉田秀雄さんが亡くなった。一番最後に社長面接があるはずだったんです。ところが、吉田さんが癌で入院されていて、いつまで経っても社長面接の通知が来ない。そのため、ずいぶんとヒヤヒヤしました。結局、役員面接を通過して十月の末にようやく採用通知が電報で送られてきたんですが、あのときは本当にホッとしましたね。広告専門誌『ブレーン』の広告論文の懸賞募集で、学生の部で一位になったことがあったんです。その話を面接のときにしたので、それが良かったのかもしれないですね。

――そして、入社後はマーケティング局に配属になった、と。

当時の調査局ですね。翌年の四月にマーケティング局という名前に変わったんですが、最初に入ったのは

調査局の調査二部媒体課。メディア調査の部署の所属になったんです。調査一部は市場調査。調査二部が媒体調査や心理測定調査、いわゆるモチベーションリサーチ。私の所属した媒体課は、メディアの調査を企画、実施、管理する部署でした。今でこそわが国には調査会社はたくさんありますけれども、当時は市場調査会社が極めて少なかった。そのため、市場調査や媒体調査をやるには電通の調査部やＴＢＳの調査部に依頼が来て、調査を実施していたんです。

電通が力を入れていたのはメディアを健全に育てること。特にラジオ媒体は、吉田秀雄さんが力を込めて創り上げたわけですから、媒体価値を判定する基準であるラジオ調査はしっかりとやらなければいけない。そういうことで、ラジオ調査は毎年、二回実施しました。日本全国でラジオの聴取率の調査をやるんですが、その際のフィールドワークは各地の大学生に頼むんです。番組表を各局から集めて、どの番組を調査するかを決め、調査票を作って、学生を集めてインストラクションをして、それを回収し、集計し、数表を作るわけですね。ところが、入社当時はコンピューターなんてありませんでしたから。手回しのタイガー計算機をガチャガチャ回して計算をするんです。これがもうよく壊れて大変だったんですけれども（笑）。

——ちなみに、当時の新入社員に対する教育はどのようなものだったのでしょうか。

私が入ったとき、全社の新入社員は学卒で一七六名。あと高卒が二〇名くらい。学卒で女子は縁故関係で二人くらいいましたが、ほとんどが男性でしたね。そのようなメンバーで、最初の二週間は座学の集中講義を東京で受ける。役員、局長、部長クラスが講師として次々に壇上に上がって、広告やメディアについて教えてくれるんです。今でも印象的に覚えているのは、最初に人事担当専務の市川敏さんが壇に上がって、「お前たちの過去は問わない」と言ったことです。「ヤクザの世界じゃあるまいし、すごいところに入っちゃったな」と思いました（笑）。当時は毛色の変わった人が何人も入社していましたから。そのことが強く印象に残っていますね。

午前中は、どういう広告メディアがあって、そこの特性や、どういう人間が働いているかなどを教えてもらいました。それから、営業はどういうものか、ですね。午後はだいたい見学に行くんです。あのときは、日テレ、『朝日新聞』などの媒体社や広告主のところに行ったと思います。これを二週間やった後は調査局配属になったので、調査局で調査の技術的側面の講義を二か月くらい毎日受けました。マーケティング局のベテランの部長、副部長クラスが統計調査法などをいろいろ教えてくれるんです。内容が理解できない新入社員も多く、私もかなり苦労しました。でも、とにかくそれを徹底的に仕込まれましたね。他の局に行った新入社員も同じように現場のＯＪＴと座学が組み合わさった教育を受けたはずです。

ＯＪＴは徹底的にやらされました。一番問題だったのは、「クロス集計」という、どれとどれをクロスしたらうまく集計できるのかというものです。その集計は本当に苦労しました。でも、おかげで物事を多角的に捉える訓練になり、後々の仕事ですごく役に立ちました。

世界を学ぶ契機になった電通の海外研修制度

――北野さんの入社の翌年には東京オリンピックが開催されていますよね。

当時の私はオリンピックの案件に関わっていませんでした。このときの思い出といえば、電通が初めてオリンピック関連の広報をやったということです。日本で初めてのオリンピックをやることになり、世界各国から記者たちがやって来る。彼らにどのように対処すればよいのかなんて、誰もわからなかったんです。でも、「電通なら多分大丈夫だろう」ということで、オリンピック委員会からいきなり電通に「人を出せ」と連絡が来た。それで、確か十五、六人をオリンピック委員会のプレス対応として派遣したんです。

――その後は社屋を移転することになり、それがきっかけで電通リサーチができました。

実はその前の六二年に、「ビデオリサーチ」ができているんです。私は大学時代に「広告管理論」の小林太三郎先生のゼミに入っていたんですが、小林先生から「ビデオリサーチという会社が新しくできたので、そこに就職してみては」と言われたことがありました。というのも、私の卒論のテーマが「アルコール飲料のコマーシャルの広告効果」だったので、調査に興味があると小林先生に思われていたようなんです。でも、「実は電通の内定をもらいました」と伝えて、お断りをして……。

電通リサーチの設立はそのもっと後のことです。調査実施部門を電通社内に置くのではなく、外部に専門家を集中的に集めるべきだという話の流れから六七年に生まれたんです。電通リサーチはマーケティング局からの出向社員が主力で、役員も社長も、電通のマーケティング局からの出向ですね。私は入社後六、七年ほどマーケティング局にいることになりました。

――そして、北野さんはその後アメリカの経営大学院へ行かれます。これはどういう経緯だったのでしょうか。

電通には海外研修制度があったんですが、私が海外研修に行く前の年に制度が大きく変わって「学校にも行かせる」ということになったんです。制度が変わった最初の年は、あまりに忙しくて「とてもとても……」と思っていたんですが、いずれはアメリカで広告の勉強をしたいと思っていましたから、「これはちょうど良い機会なのかもしれない」と考え直して受けることにしたんです。しかし、試験内容がけっこう厳しい内容で、志望理由書の提出をはじめ、口頭面接試験や英会話のテスト、それからペーパーテストなども受けることになりました。それでも、前年は四人だったのが、私の年は七人に増えていましたね。

そのあとにどこに行こうか悩んでいたんですが、当時電通の海外研修生で海外の学校に行った社員は誰もいなかったんです。そこで、アメリカで生まれ育った二世の吉岡七之助国際局長からアドバイスを頂いて。吉岡さんはその前に電通のニューヨーク支局長もやられていましたから、心強い相談役ですよね。すると、知り合いのアメリカの広告代理店の社長がリタイアをして、アリゾナのサンダーバード国際経営大学院で広告を教えることになったということで、「推薦状を書いてあげるからそこに行きなさい」と言ってくださったんです。

この大学は、アリゾナ州のフェニックス市郊外にある小さな大学院だったんですが、授業の内容が非常に面白かったですね。ただ、私が行ったのは七一年のオイルショックのとき。突如、会社の研修費が半分に減らされて、しまいには「一年以内に帰国せよ」という連絡が来て、卒業ができなくなってしまった。それでも当時の電通はかなり太っ腹で、出発時には世界一周の航空券をくれまして。自分でルートを決めながら、世界一周無銭旅行のようなことをしたんですが、これは見聞を広めるのに大いに役に立ちました。

――一方で、七三年は電通アメリカに入社されていますよね。

留学を一年で切り上げて戻ってきたら、マーケティング局に海外マーケティング部を新設することになり、その所属になったんです。当時、ニューヨークには二つ電通の組織があって、ひとつは支局、いわゆる駐在員事務所。もうひとつは現地法人のＤＣＡ（Dentsu Corporation of America）だったんです。私は支局とＤ

CAの仕事を両方掛け持ちでやることになったんですが、この仕事が本当に面白かった。DCAの仕事は、雑誌広告が主体。雑誌広告は日本のスタッフでもアメリカで十分通用する。コピーライターはアメリカ人を雇えばよい。また、広告制作の技術的な面から見ても、ニューヨークには日本人の版下屋さんの会社もあるし、日本人の印刷屋さんもある。電通本社からは、クリエイティブディレクター一人を送り込めばいい。

当時、ニューヨークに進出していた日系広告会社は博報堂と第一企画。電通含めて三社しかなかったんです。一方、日本の主要メディアは『朝日』『毎日』『読売』『日経』『産経』『東京』『中日』『山陽』各新聞、TBS、NTV、フジ、テレ朝、テレ東、NHK各テレビ局、講談社など、一通り出ていたんですが、どこも記者が中心で、広告駐在は日経とTBSくらいでした。広告主もほとんど出ていなかった頃なので、何かあると「ニューヨークの電通さんに手伝ってもらえ」と連絡が来るんです。しかし、七年の駐在期間中、毎日が面白かった。一瞬として退屈なときはなかったですね。

アメリカのネタを使えば、さまざまなチャンスが生まれる

――日本に帰国したのは、七九年の秋のことでした。

ニューヨークにいた時、電通内で新しい業務領域を開発しようというプランが、本社とニューヨークとの間で進められたんです。アメリカ、特にニューヨークには、マーケティングやメディア、それから広告主に関連する情報が集めても集めきれないくらいたくさんあるわけです。その情報を日本に送れば、いろいろなビジネス機会を拡大できる。

一例を挙げると、日本でサッカーブームをつくるひとつのきっかけとなったのも、ニューヨーク電通発の情報でした。IMG（インターナショナル・マネジメント・グループ）という有名なスポーツマーケティング会社があるんですが、そこからある日、突然私に電話がかかってきたんです。「日本にサッカーチームを連れて行きたいのだが、たまたま調べていたら電通という会社がいろいろイベントをやっているということだったので、話をしたい」と。それで、パワーランチを取りながら、話を聞いた。IMGは「アメリカでサッカービジネスを盛んにさせたい」という目論みがあって、「ニューヨーク・コスモス」というプロチームをマネージする。そこには、ペレやベッケンバウアーなど、当時の超有名選手を引き抜いてきていて、IMGがマネージしていたんです。しかし、大金をかけて結成した割に、ビジネスチャンスが生まれない。そこで、日本でニューヨーク・コスモスの試合を行ないたいという話が持ちこまれた。

そういうネタがニューヨークはいっぱい転がっている。そこで、そういうネタを効率良く使えるシステムを作ろうということになりまして、東京に「営業開発委員会」というセクションをつくることになりました。この営業開発委員会は社内の各セクションを担務する役員が集まり、さまざまなネタを掘り起こして、それを組織横断的に拡大していくんです。いわゆる、組織横断型のインターディスプリナリーな業務展開を図った。当時の電通内はけっこう縦割りだから、共通にテーマを検討する場として営業開発委員会をつくって、それを担当する事務局も併せてつくりました。その事務局とニューヨーク、それからもうひとつパリをモデルにしようということで、ネットワーク化を図りました。

この事務局に先ほどのIMGの件を早速連絡をしたわけです。すると、営業開発委員会事務局の長谷昭参事（後に電通国際情報サービス副社長）がこのネタを社内に広げて、「この指止まれ」とやったところ、ラジオテレビ局服部庸一次長と富士ゼロックス担当営業の田中達也部長が「これは面白そうだ」と言って富士ゼロックスに繋げ、それで生まれたのが「ゼロックス・スーパーサッカー」だったんです。

これが日本で大成功して、日本サッカー協会も「国内のプロ化は面白そうだ」と興味を持ち始めました。ただ、その後スポンサーがトヨタに代わり、博報堂に先手を打たれてしまったのですが。

とにかく、東京に戻ってきたら、そこのセクションに入れられたんです（笑）。ネタの送り出しをやっていたんだから、やり方はわかっているだろうということで、今度は受け皿になって。そこで、その組織を拡大して、東京本社営業企画室をつくったわけです。その後営業企画室を営業企画局に拡大して「海外デスク」をつくることになり、私はその担当にもなりました。その頃、PR局が新しく組織替えになってスタートしたので、私はそちらも掛け持ちすることになりました。

――PR局ではどのようなお仕事をされたのですか。

当時のPR局は、PR企画部、PR一部、PR二部の三部体制でした。PR局のPR一部とPR二部というのは担当するお得意さんで分けられていて、その総まとめをするのが私の担当するPR企画部。要するに基本的な企画を考え出して、それをどうやって営業に流していくかという部門です。

――その頃、北野さんは営業企画局の企画部長になられています。

当時、一番印象に残っていて、営業企画局が力を入れてやっていたことは二つあります。ひとつは「国連年」。当時のわが国の外交政策のひとつに、国連重視の流れがありました。その国連中心の流れの一環で国連年を重要視していた時代があったんです。当時は、「国際婦人年」「国際児童年」と、「国際〇〇年」というのがたくさんありましたね。

私が営業企画室（その後、営業企画局に変更）に移った後、一九八三年には国連年として「世界コミュニケーション年」がありました。これはWorld Communications Year（WCY）というもので、スイスのジュネーブにある国連の下部組織、International Telecommunication Union（ITU）と共同で、世界のコミュニケーションを活性化するための年にしようと制定されたんです。コミュニケーションを業とする電通としても、これは本当に重要な案件だったので、全社的に支援体制をつくり、この作業を推進することになりました。

日本では郵政省が主管官庁になったんですが、この「コミュニケーション」という英単語を当初郵政は「通信」と訳し、「ワールド・コミュニケーションズ・イヤー」を「世界通信年」と名づけました。当時の郵政省の考えは、「通信＝コミュニケーション」だったんですね。しかし、「通信年」とするとハードに寄りすぎて、国連年としての広がりがなくなる。ハードもソフトも包含したカタカナ書きの「コミュニケーション」で行くべきだということで、世界コミュニケーション年という名前になったんです。

そこで思い出深かったのは、イエロー・マジック・オーケストラ（YMO）の散開コンサートです。世界コミュニケーション年の掉尾を飾る年の暮れに、WYC記念コンサートをやろうと考えていたところ、たまたまYMOが散開コンサートをするという話が出てきました。結果的に、武道館を満員にしたコンサートは大成功。そして、このコンサートを国連大学への協力チャリティーコンサートにしようと考え、出版社の祥伝社が『2001』という新しい雑誌を出す企画を進めていたので、同社とタイアップすることにしました。しかも、祥伝社は国連大学にチャリティー寄金も行なってくれました。コンサート会場には、永井道雄国連大学学長特別顧問・元文部大臣やスジャトモコ国連大学長も出席して、本当に大成功しましたね。

秘書室から広報室へとギャップのある移動

――それで八七年に「東京プロジェクト室」が東京本社に新設され、北野さんは東京プロジェクト室企画部長になられます。

ちょうど営業企画局にいたとき、「東京都が大きな博覧会を企画している」という情報が入ってきたんです。当時はバブルの時代で東京都に法人税がどんどん入ってきましたから、東京都には潤沢な予算があったんです。日本の主要企業の本社はほとんど東京ですしね。このお金を博覧会の開催のために使おうという話だったんです。結局この計画は、博覧会の廃止をスローガンに掲げた青島幸男さんが都知事に当選したため、なくなってしまいました。潰される前の段階では、この博覧会は「世界都市博覧会」(その後、「東京フロンティア」に変更)という名称だったんですが。その博覧会をサポートするセクションを社内に立ち上げようということで、その企画を私が作っていたんです。

さらには、「東京でさまざまなイベントを盛り上げるようなセクションを電通でつくって、東京都の受け皿にしていこう」ということで、「東京プロジェクト室」も立ち上げました。私はその企画案を作ったのでいろいろな仕掛けづくりも行ないました。

そして一九八九年に電通内で「全社的に社員教育に力を入れる」ということになり、私はその基本計画を作るために総合計画室に異動になりました。総合計画室長は、電通の智慧袋といわれ、当時の電通でたったひとりの博士号所有者の塚本芳和常務取締役。総合計画室では、全社の経営計画を作って、役員会に提出する部署。私はその計画一部長になったんですが、その中でも特に大きな課題だったのが、新入社員教育を含めた全社員の社員教育体系を全面的に作り直すことでした。電通はどこにも負けない人材を擁さない限り、クライアントやメディアの期待、要望に応えられません。そのため、人材育成の体系作りが当面の経営課題になったんです。

九〇年にはその計画作りのために塚本常務に随行しアメリカに行きました。その頃、アメリカの広告会社の中で人材育成の最も進んでいたのは、電通が提携していたヤング・アンド・ルビカム（Y&R）。Y&Rのニューヨーク本社内には、リソースセンターという人材育成部門があって、世界中のY&Rネットワーク傘下の各社から研修生が集められていたんです。その教育方針、教育体系を教えてもらいにニューヨークに行き、すばらしい資料を得て帰国し、それを電通のプランに加味して、全社機構として能力開発センターの案を作りました。ところが、「このプランを作ったのだから」ということで、今度はその責任者として異動させられました（笑）。

能力開発センターでは、新入社員教育の徹底的実施を考えました。その際、集合教育期間をそれまでの二か月から三か月に大幅延長したんですが、本支社の現場からは早く新入社員をよこせと大反対。でも、担当常務の塚本芳和さんが力を込めて推進し、この計画は結果的に大成功になりました。

――そして、九二年からは秘書室に移られます。

ある日突然「今度は秘書室長をやれ」と言われたんです。これには驚きました。それに、秘書室はほとんどの社員が行きたくないと思っていた部署です。やっぱり、みんな現場にいたいですからね。しかし宮仕えの身としてはしょうがないですね。それで移動して、多少秘書室の改革も行ないました。

ちなみに、秘書の仕事は口が固くないと務まらないんです。だから、私も喋れないことがいっぱいある

（笑）。そうして二年間秘書室長をやっていたら、また突然「今度は広報室長になれ」と（笑）。ひどい会社ですよ。それまでは「業務上で知ったことは絶対喋っちゃいけない」と部下に言い続けていたのに、ある日突然「電通のことを社の内外に喋りまくれ」となるんですから（笑）。

バブルが弾けるちょうどギリギリのときで、電通にもまだ余裕がありましたから、「私が広報室を預かる以上は、ある程度の予算を頂きたい」と担当役員の堀内侃取締役に申し出てかなりの予算を付けてくれたんです。そんなことがあって、電通としては初めて北京や上海、韓国のソウルで海外広告のセミナーをやったり、北京の広告博覧会に電通ブースを出展したりしました。そこでは電通賞を受賞した日本のコマーシャルを上映するんですが、中国の人たちは日本のコマーシャルを初めて見るわけだから、来場者が溢れるほどの大賑わいで。なかなか面白かったし、広報の成果も上がりました。

――広報室長を務められた後は、そのままご退職されたんですか。

これもまたある日突然に「新構想研究会という社団法人の責任者になってくれ」という話になったんです。電通から局長職としての出向の身分で、ですね。この団体というのは、「研究政策提言団体」といって政策の研究をして、それを世に提言していくのが目的でした。提言の場はシンポジウム、セミナー、記者発表、出版などですね。この団体は総理府所管の団体、今の内閣府の社団法人という位置づけでした。総理府所管の社団は数も少なく、政策提言団体はその新構想研究会だけ。いわゆる五十五年体制が崩壊して、「社会党も自民党も党の垣根を越えてみんなで知恵を出し合って、これからの新しい流れをつくるための政策を考え、世の中に提言していこう」ということで発足したんです。

会長は官庁エコノミストのトップで元経済企画庁長官の宮崎勇さん。副会長は東海大学総長の松前達郎さんに元官房副長官の石原信雄さん、元郵政次官の森本哲夫さん。理事長は元通産審議官の坂本吉弘さん。顧問は後藤田正晴さん等々、そうそうたる顔ぶれの揃った団体でした。

「主旨に賛同する民間企業も、できるだけの資金援助をしてください」ということになり、百社以上の企業が出損することになりました。

この仕事は、なかなか面白かったですね。この団体で専務理事として務めたおかげで、人の繋がりが本当に広がりました。モスクワ、サンクトペテルブルク、ニューデリー、ムンバイ、サマルカンド、西安をはじめ海外のシンポジウムやセミナーを何回もアレンジしたというのは得難い経験になりました。

戦後の電通が日本の広告業界をつくった

——その後、また電通に戻られたのですか。

いや、新構想研究会は設立時の目的を達したということで、二〇〇二年に閉会になったんです。その一方で、二〇〇〇年に帝京大学から、「帝京大学文学部社会学科にマーケティングと広告の講座を新設したいので、電通から人を出してくれ」と要請がありまして。それで、私に相談があり、以前から大学生を教えることにも関心があったので帝京大学に行くことにしたんです。そのときに電通を退社しました。ただ、新構想研究会の専務理事は続けていたので、二年間ほど二足のわらじを履いている状態でしたね。

私は文学部社会学科教授になりまして、広告の講座として「広告文化論」と「広告産業論」を開講しました。他にも「マーケティング」「広報論」「情報社会論」、ゼミに卒論と、五、六講座を開いたわけです。ところが、開講してみたらけっこう学生の反応が良くて（笑）。他学科の学生も聞きに来ていたこともあったので、翌年から文学部の他学科、経済学部、法学部の学生も受講できるオープン科目にしました。すると、たくさんの学生が登録してくれまして。「マーケティング」は全学で初めての開講だったこともあり、特に経済学部の学生がどっと多数登録してきてくれたんです。八〇〇人の登録がありましたしね（笑）。その後、私は〇八年に帝京大学を辞めます。

――目白大学に務めることになった経緯はどのようなものだったのでしょうか。

帝京大学を辞めるということになったとき、帝京大学客員教授に任命されたんです。昨今は各市に市民講座が設けられ、近くの大学に講師派遣の要請も来るようになる。帝京大学の場合には八王子市と稲城市から要請があって、そこの市民講座を客員教授の身分で担当してくれということだったんです。

そうしているうちに、目白大学社会学部メディア表現学科でも「広報の講座を開きたいので、やってくれませんか」という話がありまして。結局そこでは三年間やりました。

――さて、これから広告についてのお考えを聞かせて頂きたいのですが、その前に戦後の広告史における電通の役割についてどのようにお考えか、お聞かせください。

これはいろいろな意味で決定的に大きかったと思います。私の入社時の一九六〇年代、電通と博報堂の売り上げの差は二対一でした。当時の電通は広告業界のガリバーだったわけです。電通のやることがそのまま日本の広告のひとつのモデルケースになっていく。近代的ビジネスでない非論理的な部分がいっぱいあった。広告活動の基準となる広告料金体系も未整備だった。

そこで「そんな状況は良くない」と、吉田秀雄第四代社長が広告業界の近代化・合理化に乗り出した。吉田秀雄さんは、東京帝国大学の経済学部商業学科の卒業生ですが、最初電通という会社が何を業とするか知らないままに広告営業部門に配属された。すると、これがとんでもない非近代的なところだった。

東京帝国大学卒業というのは当時はものすごいエリートですから、「これではいけない」ということで彼は燃えて猛烈に広告の勉強をしたんです。「とにかく、日本の広告業界を変えないといけない」という想いですよね。その結果、戦争中には広告会社を統合させたり、広告活動の基準である広告料金体系を作ったり、それまでに多くの人ができなかったことをいろいろと手掛けていきました。

特に戦後に力を入れてやったのは、広告業界のレベルを上げること。戦後早くも一九四六年に、電通としての戦後に進むべき重要施策を決めたんです。その一番のトップは民間ラジオ放送の設立でした。それから、二番目にアメリカからのPRの導入と普及。三番目に調査機構の整備と調査技術の高度化。四番目に事業部門。現在のセールス・プロモーション事業局（SP）の充実。五番目に印刷関係部門の充実。吉田さんは数年間にこのすべてを実現させていきます。その後、彼は他のことにも力を入れて、広告電通賞の制定やクリエイティブ部門の研修制度や国際広告部門の拡大などを推進しました。

また、電通自体を強くするためにAccount Executive（AE）制度も導入しました。要するに旧来の広告の取り方ではなく、科学的なバックグラウンドを持った広告営業の部署をつくっていく、と。これはアメリカに先例があったため、電通から何人も研修生が渡米してAE制度をはじめ、アメリカ広告界の現況を学んだわけですが、彼らが日本に持ち帰った情報を基礎に、日本では電通がいち早く広告の近代化を図ったんです。そういうことで、ほとんど今の日本の広告業界の基盤にあるものは、電通がつくったといってもいいでしょう。

――広告業界の変化についての考えについてもお聞かせてください。

やはり、広告、広告業界のいずれもインターネットに乗り遅れないようにするためにはどうするべきかというところでがんばっていますよね。この新しいメディアは、すごい力を持っていますが、逆にいえば本当に厄介なメディアです。

――インターネットなどで時代がどんどん変化していくのに対応していくには、何が必要だとお考えですか。

やはり、基本的にはインターネット・リテラシーをどれだけ強めるかということでしょう。ただインターネット世界の発展の方が速いですからね。私も一生懸命リテラシーに追いつこうと思っていますが、なかなか追いつけません（笑）。これからは予測することが難しくなっていきますね。広告業界は本当に大変な時代になってきましたよ。

10 番組スタート時は叩かれましたが、成功するとPTAからも推薦されるようになりました

萬年社　冨増恵一郎《とみますけいいちろう》　一九三七年生まれ

営業一本の仕事人生で、日清食品を20年間担当。伝説的番組「ヤングOH!OH!」などもプロデュースした

一九三七年、京都市生まれ。高校時代から映画に夢中になり、一浪の末に入学した関西大学でも映画漬けの毎日を送る。関西大学では文学部英文学科から法学部に転じた。その後、六〇年に萬年社に入社。当初はラジオ・テレビ制作部を希望していたが、仕事のリーダーシップを握るのは営業であると思い、以来営業一本の仕事人生を歩む。電波営業に配属され、入社一年後にはふとん袋のメーカーなどを担当。また、サンスター歯磨の担当を経て、日清食品担当を二十年間務める。六二年には「日清オリンピックショウ・地上最大のクイズ」、六五年「日清ちびっこのどじまん」、また七二年からは低迷していた「ヤングOH!OH!」をプロデュース。テレビ史上に残る人気番組を作り上げた。七一年には「カップヌードル」の発売キャンペーンを担当。銀座歩行者天国で「カップヌードル」の試食販売を成功させた。また「出前一丁」や「日清焼そばU.F.O」などの現在も人気が続く商品のパッケージデザインの企画、広告キャンペーンを行なった。八六年に大阪本部第一営業局長、八九年に東京本部媒体局長などを経て、九五年に萬年社を退職。

肝心な一言を口にせず、出禁を食らった新人営業時代

――冨増さんは映画好きで、学生時代は年間に三八〇本もの作品を観るほどだったのだとか。萬年社への入社もそのことが関係しているとのこと。詳しくお話をお聞かせください。

就職活動を始めたのは、一九五九年の秋です。やはり、私は「映画界へ入りたい」という想いがあったんですが、五三年に日本テレビが民間放送としてテレビ放送を開始して以来民放テレビが次々と開局し、映画界は斜陽産業になっていたんです。そのため、「これからはテレビの時代だ」と思い、テレビ局への就職を考えていたんです。しかし、テレビ局はまったく公募をしていない。そこで、広告業界ならテレビの仕事ができるだろうと思い、萬年社を受けることにしたんです。

実は入社後、社長室に呼ばれて、「英文科にいたと言っていたが、英語の成績が特に悪かった。総務部長が君の答案を持ってきて教えてくれたんだが、『彼は採用しなければいけない』と私が答案を破り捨てたんだ」と言われてしまって（笑）。平謝りの状態だったんですが、社長はさらに「入社後がんばって社業に貢献している先輩はたくさんいる。君もそうなってくれ。それと私の目の黒いうちは絶対に会社を辞めないこと」と釘を刺されたのが印象的でした。

――入社後には新人教育があったと思うのですが、その内容はいかがだったのでしょうか。

新人教育期間は二か月ありまして、基礎的教育と現場研修を各職場で一週間ずつ経験しました。その後、研修が終わると、六月一日付で正式配属です。入社直後はラジオ・テレビ制作部を希望していたんですが、

研修中に制作部や市場調査部などのスタッフセクションが営業から指示された範囲でしか仕事をしていないのを目の当たりにして、「仕事のリーダーシップを取るのは営業だ」と思うようになりまして。それで、電波営業部への配属を再申告して、大阪本社第二営業部に配属されることになりました。

私は電波営業に配属された同期三名と一緒に、最初の三か月は大きな扱いをしている先輩のサブに付けられました。その先輩は大阪では大手広告主と位置づけられる広告主を担当していて、ある電鉄会社と松下電器（現・パナソニック）の提供で「ナショナル・ステレオアワー」というラジオ番組を扱っていました。これは大阪の毎日、朝日放送のAM局二局で、金曜日夕方、同時間に左右の音をそれぞれに割り当てて放送し、AMラジオ二台を左右に置いて聞くとステレオとして聴こえるという、当時としては画期的なラジオ番組でした。放送当日は中之島にあった朝日放送の公開ホールにナショナルの大きなスピーカーを左右に十二台ずつ並べて試聴させたのですが、その際、五百名収容できるホールが退社時のOLで満員になっていたのを記憶しています。

三か月のサブ経験が終わると、九月からは一人で新規開拓を行なうことになります。その際、会社から広告主を与えられることはありませんでした。一応、月一〇〇万円のノルマがありましたが、稚拙な知識だけしか持っていない新人に新規開拓して来いと言うのですから、それは大変苦労しました。

――初めて担当スポンサーがついたのはいつ頃のことですか。

入社一年後の四月ですね。当時ロッテと対抗するシェアを持っていた「ハリス」というガムメーカー、「磯じまん」というのり佃煮のメーカー、ふとん袋の大手メーカー、仏壇店、通販の薬メーカーの五社です。また、その後、先輩の努力のおかげで、新聞と雑誌の扱いしかなかったサンスター歯磨がローカルのテレビスポットに出稿してくれるということになったんです。そこで「電波担当が必要だ」ということで、私が行くことになりました。私にとっては、電通、大広という他の代理店と競合する、初めての大手スポンサーでした。

また、思い出深かったといえば、全国に販路を持つ業界最大手のふとん袋のスポンサーです。企業としては道修町にある小さな会社で、広告予算も潤沢に持っているわけではないんです。ふとん袋の他にも災害時に貴重品を持ち出すための「非常袋」という新しい商品も売ったりしていたんですね。そんなこともあって、台風が来たときにテレビやラジオで流す台風情報番組を、その商品のために提供していました。

このセールス物件は台風が発生すると、台風の動きを三〇秒から一分程度で「台風情報」として各放送局が流すのですが、タイミングを見計らって、ラ・テ媒体部に各局の放送回数と料金を調べてもらって、すぐにスポンサーのところへ飛んでいくようにしていました。というのも、同じ提供スポンサーの中には損保会社や缶詰などの保存食品会社といった競合他社もあるので、「売れ違いご免」といって、早く決定を出したスポンサーを優先するのです。携帯電話がなかった時代ですから、買ってもらうとすぐに電話を借りてわが社の媒体部に連絡し、折り返し「確定した」という返事があってようやく取引が成立するのです。従って、セールスするときには、「この物件は、売れ違いご免です」と必ず言うことが重要なのです。

これには苦い思い出があって、「売れ違いご免」の一言を言わずに社長に売り込んでしまい、決定を連絡したら、すでに他社で決定しているという事態が起こりました。「お前は信用できない。出入り禁止」と追い出されました。それから一か月、毎日謝りに通ったんですが、「君は出入り禁止だ」と言われるのみ。それでも毎日通って追い払われ、日曜日は宝塚にあった自宅へ「ゴルフ好きの社長が出かける前に」と思って、早朝七時前に訪問したものです。すると、なぜか「上がれ」と言われて朝食をご馳走になって世間話はしてくれる（笑）。しかし、そこで再び謝ると、「家に仕事を持ち込むな」と話を聞いてくれない。そうして一か月が経った頃、いつも通りに謝りにいくと、そこに社長と一緒に私の上司がいまして、「君はよくがんばった。君の根性はたいしたものだ。明日から出入りを許す」と言われたんです。というのも、社長と上司は同じ大学の先輩と後輩だったようで、上司が社長に頼んで、私の根性試しをしたようだったんです。それ以降は、社長と私の信頼関係は深まり、ほとんど萬年社独占の取引をさせて頂きました。

高視聴率を取る番組をクライアントと共に制作

――その後、日清食品のご担当になったということですが、その頃のことについてお話をお聞かせください。

確か、六二年の四月だと記憶しています。日清食品といえば、五八年（昭和三三年）に日本で最初の即席ラーメン「チキンラーメン」を爆発的にヒットさせた右肩上がりの新興企業でした。萬年社としては、私が第二営業部に配属されたときに先輩の一人が足繁く通って、それまで扱っていた代理店から徐々に扱いを奪い取っている状況です。ちなみに、日清食品は電波スポンサーで、テレビとラジオしかマスメディアは使っていませんでした。そのため、扱い量が増えていくのに伴って、先輩一人では対応できないということになり、私がサブに付くように命じられたんです。

当時の日清食品の商談はすべて創業者の安藤百福社長の仕事。実に頭の回転の早い人で先輩の話に鋭く切り込んでくるので、他のスポンサーにはない緊張感がありました。とはいえ、新興企業ですし、扱っているのが即席ラーメンという新商品でしたから、媒体社からの信用はあまりない。それまでの代理店も小さかったので、媒体社から見れば大きな取引をするには信用不安を持っていたんです。そのことを社長はわかっていたので、萬年社の信用に乗っかるような形になっていったのだと思います。

その後、どんどん扱いが増えるにつれて萬年社のトップも不安を持ち始め、扱い高の制限をしてきましたが、先輩が社内を説得しながら受注を続けていきました。私も次第に忙しくなり、半年くらいで日清食品専任担当になりました。日清食品も二階建ての事務棟ができ、二階に社長室と秘書室兼宣伝課という部屋ができ、課長は秘書課長兼任、係長以下男子二名、女子二名の組織ができました。

――日清食品ではまずクイズ番組を手がけられたのだとか。

テレビで「ヘッケルとジャッケル」という、アメリカのアニメ番組を他の代理店扱いで提供していたんですが、われわれは大人も観られるテレビ番組を一社提供することで、日清食品の企業イメージを植えつけるべきだと提案していたんです。すると社長は「二年後の東京オリンピックにちなんだもので、視聴者層が広くてイメージ的にも合うクイズ番組がよい」と仰ったんです。加えて、「百人の回答者を出し、クイズの賞金も百万円と高額にして、今までにないクイズ番組を提供したい」というヒントも頂きました。それをフジテレビに持ち込んだところ、具体的な案にしてくれたんです。

さらに、フジテレビの力で東京オリンピックの組織委員会の許可を得て、五輪マークを番組セットに使えるようになったり、KLMオランダ航空の協賛で勝者には世界一周の航空券をプレゼントするという賞品も加わりました。そうして生まれたのが「日清オリンピックショウ・地上最大のクイズ」です。百人の参加者が一堂に並んで答える、全く新しいクイズ番組は六二年の十一月にスタートし、すぐに二〇%を超える高視聴率番組になりました。正月や四月の改編期特番のときは、四〇%近い視聴率を取ったこともあります。しかし、東京オリンピックが閉幕した六四年の十月以降に番組タイトルを「日清ジェットショー」に変えると、視聴率も急降下に。結局翌年の五月末をもって終了することになったんです。この番組の成功は、今日、番組改編期などにＴＢＳが放送する番組出演タレントを一堂に集めてやるクイズ番組の形式として残っていると思います。

――もうひとつの伝説的な番組「ちびっこのどじまん」のときのことも教えてください。

日清食品としてはテレビ番組の一社提供のメリットを充分に感じていたので、すぐに当時の常識を外した大胆な音楽番組「日清ちびっこのどじまん」が企画されたんです。これも安藤百福社長に原点がある番組で、「子供は学校で習う唱歌や童謡を歌うものだというイメージがあるが、実際は歌謡曲やＣＭソングばかりを歌っているのが実態。だから、大人の歌を歌う子供ののど自慢大会をやれば面白いのではないか」というところから始まったんです。

私は古いモラルに縛られた人間なので内心懐疑的でしたが、話はとんとん拍子に進み、六五年の七月に第一回の「日清ちびっこのどじまん」がフジテレビ系列でスタートしました。公開録画番組で、司会は「地上最大のクイズ」の司会者だった桂小金治師匠。ただスタート当初は視聴率的に低迷したので、当時子供に人気のあった大村崑さんを起用することになったんです。大村さんからも快諾を頂き、三か月を過ぎた節目に交代してもらいました。すると、その途端に視聴率は上昇して、一か月後には、二七、八％もの数字を取るようになり、

「ちびっこのどじまん」はレコード化された

六六年八月には三九・七%もの最高視聴率を出す番組になりました。

審査員には阿部進さん、淡谷のり子さん、水の江滝子さん、高島忠夫さん、宮城まり子さんなどがいらっしゃいました。毎回出場する「ちびっこ」は原則、小学六年生以下だったんですが、時々中学一年生が出てくるときもあり、皆歌が上手でしたね。放送期間の後半には、飛び入りコーナーも設け、観客から舞台に上がって歌ってもらうこともありました。強く印象に残っているのは、後にグループサウンズの「ずうとるび」のヴォーカルとなり、今は「笑点」の座布団の運び役をしている山田隆夫さんです。確か江東公会堂だったと思いますが、最前列にいた彼がリハーサルのときから大村さんと掛け合いをしていたんです。なので、大村さんも彼を舞台に上げたかったのでしょう。飛び入りを募ると、すぐに彼が舞台に駆け上がり、何を歌ったのか思い出せませんが、大村さんとの掛け合いが面白くて会場は爆笑の渦になったんです。今の時代なら人気芸人になっていたことでしょう。

グランドチャンピオンの多くの人たちが歌謡界にデビューして行きましたね。野口五郎さん、西川峰子さん、中原理恵さん、天童よしみさんなどは代表的な人たちです。また、ロック歌手の大友康平さん、俳優の片岡鶴太郎さん、女優の戸田恵子さんなども出場しています。番組のスタート時は、マスコミや日本PTA協議会などから叩かれましたが、番組が成功を収めるようになると逆にPTA協議会からも推薦を受けるようになっていきました。

一日で二万食も売れたカップヌードルの銀座歩行者天国での販売

――冨増さんは東京へと転勤されていますが、当時の様子もお聞かせいただけますか。

六七年の十二月のことですね。日清食品の広告費というのは各支店、営業所に振り分けられていました。そのため、本社営業は一番大きな負担となっていたんです。それに次ぐ比率で東京支店の負担が大きかったため、日清食品の東京の支店長や営業部長が大きな発言権を持っていました。萬年社は一社独占で仕事をやらせてもらっていたので、そのような日清食品の社内事情もわれわれに跳ね返ってきます。萬年社も東京支社に担当者を置いていましたが、新入社員が担当していたこともあり、不満を持たれていたという背景もあります。そのような状況の中、安藤百福社長より萬年社社長に対して「十分な対応をしてくれないと、東京エリアの扱いは他の代理店に移さざるを得ない。東京支店対応をしっかりやってくれ」との申し入れがありました。そこで急きょ私が東京支店対応要員として転勤することになったんです。課長として転勤したのでもう一人担当をつけて、事実上二名体制を敷きました。

マスメディアの作業は宣伝課がある大阪で行なわれますが、そのバイイングやCM制作の決定については、東京支店長の承認を取って作業を進めるようになりました。テレビスポットの時間取りなどについて要望が出た場合は、できる限りの対応ができましたが、CM制作については本社で社長決裁を得ているものに異論が出ると作業の進行に影響するので、日清食品の宣伝課も私が承認を取るのを見守っていました。異論が出ると宣伝課として社長との調整が必要になるし、萬年社は制作進行の時間的な問題もあるので、私が原案通り承認を取ることが大事なのです。

私がまず日清食品の支店長や営業部長の信頼を得ることだと思い、営業部のキャンペーン企画会議に参加させてもらい、実施するキャンペーンのツールの制作について担当者と共にきめ細かい対応をしました。その積み重ねのおかげで信頼も得られて、承認を取る作業がスムースになり、宣伝課や萬年本社からは頼りにされるようになりました。

一方、私にとってこの時期で一番大きな収穫は、安藤百福社長が上京されたときに直接話ができるということでした。本社在勤中は社長と面会しても先輩がイニシアチブを取って話をするので、私が前に出ることはありません。しかし、東京では先輩も宣伝課もいないので、直接安藤社長と話せるんです。ものづくり人間の安藤社長はいつも自社製品のこと、広告のことを考えられている人でした。この時期、袋物の新製品を考えられていて、東京へ来られてもネーミングやパッケージデザインについてよく話をされ、私もいろいろと進言したことが印象に強く残っています。そして発売されたのが、今も市場にある「出前一丁」です。

「ちびっこのどじまん」も、その頃には視聴率的にやや低下が見え始め、六九年の四月から土曜日の十九時からに時間帯が変わりました。しかし、今度は裏番組に数字を食われて、さらに変更することに。結局、視聴率的には一五％前後まで落ちました。今ならそれだけの数字を取れたら御の字ですが、これまで三〇％近くを取ってきた常勝番組だったこともあ

銀座歩行者天国での試食販売のキャンペーン

り、同年の六月一杯をもって、提供を止めました。しかし、これもテレビ史上に残る番組だったと思います。

――そして、一九七一年にはカップ麺の第一号商品「カップヌードル」が発売されます。

アメリカには七〇年から日清食品の現地法人があって、それ以前から安藤百福社長はチキンラーメンを売り込むために渡米されていたそうです。頻繁に渡米されて、市場に合う商品、特に白人たちが食べてくれる商品を考えておられるようでした。容器に湯を注げばそのまま食べられる商品の開発構想は六六年頃から持たれていて、研究所が中心になって開発をしていました。そして誕生したのがカップヌードルです。この商品にも萬年社は大きく関わっていて、パッケージデザインは大阪万博のシンボルマークを制作した大高猛さんに作っていただきました。またチキンラーメン、出前一丁などは子供と主婦をターゲットにしてきましたが、カップヌードルのターゲットは新しいものをいち早く取り入れてくれる若者にしました。

また安藤社長は試食を経験させることが必要だと考えていらしたので、私は当時、日曜と祝日に実施されていた銀座歩行者天国で試食販売するアイデアを出しました。提案すると早急にやろうということになり、松屋、三越、松坂屋の店頭を借りる交渉をして、十月の第一日曜日に実施しました。店頭で給湯して売るという超アナログ的なやり方でしたが、人だかりができて、一〇〇円のカップヌードルは飛ぶように売れました。結果的に五、六〇〇〇食ほど売れたと思います。給湯体制がまったく追いつかなかったですね（笑）。

こうして結果が出てくると、交渉段階ではあまり乗り気ではなかったデパート側から今度は「続けて売ってほしい」と頼み込まれました、そこで、給湯体制を強化するためアルバイトも増員し、二週目には三店合わせて二万食を売り上げてデパート側を驚かせました。二週目のときには現場へ安藤社長が視察に来られ、若者がカップヌードルを食べながら談笑したり、歩いている姿を見て、「あれをCMにしたら」とヒントを出されました。私たちはすぐにカメラを入れて、ドキュメンタリー風のCF制作をしてテレビスポットで流しました。十一月以降も続けるようデパート側からは要請はありましたが、三店同時販売は終了しました。それ以降は日清の営業部員が中心になって各店毎に単独でやっていましたが、それはすごい売れ行きだったといいます。

苦戦を強いられた、博報堂との競合時代

——日清グループでは他にどんな仕事をされたのですか。

七一年の十一月には、大阪本部の通称「日清グループ」といわれた第一アカウントグループ副部長として転勤し、カップヌードル専任担当になりました。広告の中心はテレビスポット。当時は「桂三枝（現・文枝）のヤングタウン」のテレビ版として七〇年の四月からスタートした毎日放送の「ヤングOH！OH！」という番組があり、大阪では若者を中心に人気がありました。しかし、大阪では二〇％を超える常勝番組なのに、東京は五、六％程度しか取れない西高東低番組だったんです。そんな最中、二年間提供していた永大産業が降りるという情報が毎日放送からもたらされ、この情報が他の代理店に流れる前にトップセールスしようということになり日清食品のカップヌードル用番組として安藤百福社長にプロモートしました。社長は即決で提供を決められました。

この番組は、今日全盛のバラエティ番組の草分け的番組でした。コントあり、漫才あり、歌あり、クイズありの娯楽番組のすべてのエッセンスが盛り込まれた最初の番組でした。司会は、桂三枝さんと笑福亭仁鶴

さん、総合司会には斎藤努さん（MBSアナウンサー）。西川きよしさん、横山やすしさん、オール阪神・巨人さん、明石家さんまさん、島田紳介さんもこの番組から巣立っていきました。歌手についても、松田聖子さん、アグネス・チャンさん、ピンク・レディー。サザンオールスターズはランニングシャツ姿で「勝手にシンドバッド」を歌って登場しました。演歌、ポップスを問わず、ほとんどの歌手やグループが「ヤングOH！OH！」に出演したはずです。北島三郎さん、村田英雄さんなど大御所も登場しましたね。

番組は公開録画だったので、大阪・中之島のSABホールで毎週録画をしていました。その後、東京放送系列に毎日放送が入ったことにより、東京のネット局もNET（テレビ朝日）から東京放送に代わり、視聴率もだんだん上がってきました。一挙に番組は全国ネットになりました。その結果、これまでネット局が少なかった地区をカバーすることで、北海道から沖縄までネットを張る大黒柱的番組に育っていったんです。公録の入場券が若者の間ではプラチナチケットになったほどですからね。

バラエティ番組の草分け「ヤングOH！OH！」
『萬年社広告100年史』より転載

また、提供開始時はCM枠をカップヌードル一色にしていました。流していたのは、銀座歩行者天国で撮ったような若者のカップヌードルを食べるCMです。それを全国各地に拡げて撮った素材が中心でした。その後もその路線は発展していき、アメリカやヨーロッパの各地で若者が食べる風景を撮った「Oh! My Brother シリーズ」のCFに繋がっていきました。

その後、私が東京から大阪へ転勤した翌年に日清食品の宣伝課が東京へ移転するのですが、ちょうど一年で大阪に戻ってきました。それに伴い、わが社の日清グループも大阪に戻り、七五年には私が第一アカウントグループ部長となり、日清グループを統括する立場になりました。

――その頃になると、長い間萬年社だけの扱いだった状況が崩れ、博報堂が参画するようになっていったのだとか。その辺りのことについてもお話をお聞かせください。

七六年に日清食品本社にマーケティング部が誕生し、部長にアメリカ留学から米国日清食品におられた安藤宏基さん（現・日清食品HD社長）が就任されました。宣伝課はその傘下に入ることになり、決裁も安藤社長から安藤部長に移りました。博報堂がプレテのオリエンテーションに呼ばれるようになったのは、この頃です。既存品の広告表現やプレミアムキャンペーンの提案、新製品のネーミング、パッケージデザインの提案まで、すべてがプレゼンテーションの形を取ることになり、萬年社は攻められる立場になりました。

そのときのわれわれに一番不利な状況だったのは、「萬年社一社には任せられない。他社の導入が必要だ」という日清食品の意思があったということです。別に明言された訳ではありませんが、私はそう感じていました。萬年社としては特別の組織を編成し、最優先広告主として配慮もしているつもりなので、これ以上扱いが後退することは認められません。私は営業担当者と各スタッフ部門の幹部に「守りに入るな。攻めに徹しろ。当たって砕けろ」と檄を飛ばしましたが、私自身が必死で、がんばらねばという思いを新たにしました。

そんなとき、博報堂で新しいカップ焼そばのネーミング、パッケージ案の作業が進んでいるという報告をグラフィックのスタッフから受けました。私はグラフィックの責任者と共に安藤部長の自宅へ伺い、「競合プレゼンをさせてほしい」と申し入れに行きました。最初は断られましたが、一週間後にプレテすることを条件に許しをもらいました。しかし、たった一週間しかありません。スタッフを連日会議室に缶詰めにしてアイデア会議をしました。しかし、結局良案が生まれず、プレテ前日まで追い込まれました。そんなとき、私は容器を伏せて見ていて、「ソーサー型のUFOにそっくりだな」と思ったんです。そして、おもむろに飛ばしてみたところ、見事飛んで行った（笑）。そこで思いついたことを提案したら、しばらくの沈黙の後、アートディレクターが立ち上がって「これで行きましょう」と。ネーミングに絡めた商品の特徴を表現したキャッチフレーズ、CFまでもがスラスラと出てきて、皆も衆議一決です。徹夜で企画書やパッケージデザインからCF案のコンテまでを作って、翌日プレテしたら、見事逆転勝利してその商品の扱いを獲得することができました。それが「日清焼そばU．F．O」です。

その後、博報堂はカップうどん「日清のどん兵衛きつね」を獲得することに成功し、一定の扱いも確保しました。萬年社としては、それ以降も苦戦は続きました。プレテには費用がかかります。当時、少なくても一〇〇万、ちょっと大がかりになると三〇〇万円程度も使いました。会社の金を使うのですから、事前に稟議を取って作業するのですが、負けるとスタッフの愚痴などが社内に広まって、社内的には本当につらい時期でした。そんなとき、私は病気をして一か月休むことになるのですが、その間に徐々に状況が好転し、プレテにも勝てるようになってきました。競合時代になってからは、既存商品のCFも毎年新しいプレテを求められ、そこに勝つことが扱いの増に繋がっていくんです。負ければ勝ち取った代理店にテレビスポットの扱いが移るというシステムでしたね。

大阪の主要スポンサーを担当し、視聴率を三か月で復活

――萬年社は日清食品の創立三十周年のCIの仕事も担当されていますが、そのことについてお話をお聞かせください。

七八年の四月、その年の九月に創立三十周年を迎える日清食品から、創立キャンペーンのプレテを求められたんです。そこで、他代理店との差別化のため、当時の著名な知識人や消費者が日清食品をどう見ているかということを考え、著名人を十五名程度リストアップして、部員二名体制で三班の取材班を著名人の元へ派遣しました。そこには、ロケット工学の父といわれた糸川英雄さん、大阪万博の太陽の塔をデザインした画家の岡本太郎さんなどが入っていました。

取材に行く部員は、コネもアポもなし。飛び込みで取材に行くことに驚いていました。しかし、ダメ元で行ったらほとんどの人たちが取材に応じてくれたのです。学者、評論家、芸術家などは全員会って話をしてくれたと思います。結果的に十五名の内、十二名には意見をいただくことができ、これには私自身もびっくりしました。

日清食品に対する見方は予想以上に良いものでした。プレテの冒頭、安藤社長以下幹部役員もおられる前で取材テープを聞いてもらいました。「よくこんな人々の意見を聞いてきたな」と言われ、日清食品に対する見方が良いことにも満足されました。そして、われわれはこれを機にCIを行なう提案をしました。そのとき制作されたマークやロゴは今も使用されています。

そして、その年の秋、翌年にマーケティング部が東京に移転、それに伴い宣伝課も東京へ再び移転すると

いう通告を受けることになります。再び大阪のローカル局の大阪支社が大阪でバイイングをするようわれわれ代理店に申し入れてきました。その媒体社の意向を博報堂とも協議し、共同で日清食品へ申し入れました。安藤部長は大阪バイイングを認めてくださり、「ヤングOH！OH！」もマンネリに入ったのと裏番組に視聴率を奪われたこともあって、七九年三月をもって提供を降りました。

――その後、萬年社の日清グループも東京に移転することになりました。

「博報堂より早く移転を」ということで、私は四月一日から東京に転勤しました。そして、徐々に部下を転勤させて、五月上旬にはグループ全員で、東京の日清食品へ揃って伺い、安藤部長以下マーケティング部の幹部に挨拶しました。博報堂や他の代理店が揃うまで半年ほどかかりましたから、即応した効果は十分にあり、一時的にわが社の扱いが増えました。私は営業局次長に昇格し、東京の社員を部長や部員に起用し、スタッフ部門も企画制作局に所属させて日清グループとして分離しました。

一方、日清食品では一九七六年にマーケティング部ができ、プロダクトマネージャー制が敷かれました。するとと、途端にわれわれの仕事環境も変わりました。日清食品の事業は順調に拡大し、海外ではアメリカだけでなく、ドイツ、ブラジルにも現地法人ができ、生産、販売をするようになりました。となると、もはや萬年社一社で対応できるスポンサーではありません。ブランドマネージャー自身が成果を競わされているわけですから、仕方のないことですが、既存商品のテコ入れから新製品発売キャンペーンなどのプレゼンテーションを求められる機会が一層多くなったと思います。

――八四年には、東京のメディアの仕入れ部門である媒体営業局長となり、新聞社、テレビ局、ラジオ局、雑誌社四大媒体からスペースや時間を仕入れる責任者になられています。

日本雑誌広告協会理事も務めていたので、月一回の理事会に顔を出すことで雑誌社幹部との人的関係を築くよう努力しました。ここでは日清食品の仕事を通じて顔見知りになっていた人も多く、日清食品の恩恵を被りました。

そして、八六年二月の人事異動で古巣の大阪本部へ戻りました。大阪本部第一営業局長が私のポストでした。やはり大阪本部の主要スポンサーを担当する営業局で、ロート製薬をはじめ大阪ガス、関西電力、京阪電車、シャープ、グンゼ、松下電工などを担当していました。特にロート製薬からは、前年の十月からスタートしていた毎日放送の「ひらめきパスワード」というクイズ番組の視聴率低迷が原因で、「三月一杯で提供を降りる」と言われている状況でした。ロート製薬としてはスタート以来、視聴率が浮上せずに低迷している番組に嫌気が差し始めていたところだったんです。

そこで私は名番組を担当していたという経験から「視聴率を上げるようにしてくれ」と広告部長に言われたんです。それからは、番組の収録日は欠かさずスタジオに出かけました。そして、番組収録後、制作局のプロデューサーやディレクターと広告部長を交えて、改良点などを話し合ったものです。努力した結果どうにか成果が出て、二か月後には視聴率が二ケタとなり、三か月目には一五％が出るようになりました。その頃になると、私の営業局は大阪本部の三営業局の中で一番扱い高が多く、大阪本部の二分の一以上の売上比率を上げていました。

――八九年には萬年社の社長も交代し、東京本部長も交代。その際、東京本部長の希望で東京本部媒体営業局長に戻られたとか。

役員待遇という肩書はついていましたが、同じポストに戻るのはいささか面白くはなかったです。しかし、二か月後、東京本部の第一営業局長に転出しました。そして九五年五月末に希望退職に応募して、退社することにしました。結局、ヘッドハンティングの多い業界なのにも関わらず、一生を一社で過ごしたわけです。

――最後にこれからの代理店はどんな戦略を描いていくべきなのか、ご意見をお伺いできればと思います。

広告費の減少は景気との関係がありますので、今後減り続けるとは思いません。ただ、われわれのライフスタイルの変化、特に若い消費者のライフスタイルの変化はメディアの価値の変化を起こすでしょう。例えば今の若者は「車を買わない」「本を読まない」「新聞も読まない」など、私が広告業界にいたときとがらっと変化しています。彼らにとって生活の中心は、スマートフォンです。その陰で新聞媒体の価値が下がり、交通広告の価値が下がり、テレビの視聴率は落ちるという媒体価値の変化が起こっています。今はスピードが違う。そんな消費者の変化を素早く捉えて、変わりゆく効果的な媒体を確保することが生き残れる代理店の宿命なのではないでしょうか。

11 広告マンは、いつも時代の黒子のような存在なんです

博報堂　木倉資展《きくらもとのぶ》　一九三八年生まれ

企業PRの先駆者。クリエイティブ・パブリシティを普及

一九三八年、広島県生まれ。五八年、立教大学社会学部に入学。大学時代はマスコミの記者を目指すが、先輩からのアドバイスで広告業界に興味を持ち、六二年コピーライターの枠で博報堂へ入社。三か月の研修を経て、PR部へ配属。報道用資料の作成や取材のアレンジなど、主にパブリシティを担当する。七〇年、ニューヨークへ転勤し、現地のPR会社に入って、アメリカ流広報を学ぶ。七二年、ワシントンで博報堂オフィスを開設。そこで集めたワシントン情報をクライアントに戦略的に提供した。博報堂の造語である「クリエィティブ・パブリシティ」もそのときの経験から生まれた。また、七九年には、ソニー「ウォークマン」の発売キャンペーンにも参加。その後、PR部長を経て、営業部長に異動となり、PR、広告ともに二十年以上の経験を得る。企画局長、営業局長、国際局長を経て、一九九八年に博報堂を退社。現在は企業、自治体で広報アドバイザーを務める傍ら、「伝わる広報術」のテーマで、講演や研修会の講師を務めている。

マスコミ志望から広告代理店の道へ

――木倉さんは立教大学の社会学部に第一期生として入学されていますね。

実は、一番の目標は一橋大学だったんです。そこで社会学をやろうと思っていた。でも、見事に落っこちちゃったんです（笑）。すると、親が「東京で浪人して、もう一回受けろ」と言ってくれて。でも、予備校へお金は払って東京へは出てきたけれど、その一年間、受験勉強を全然しなかったんです。遊びまくってしまって。どうしようかなと考えていたら、そのときに立教大学に社会学部という学部が初めてできるという話を聞いたんです。それで、「学部の一期生だと、親にも友達にも格好がつきそうだな」と思って、それで立教大学社会学部に入ることになりました（笑）。

立教に入って何やってたかっていうと、当時『立教大学新聞』というのがあって、それを一生懸命作っていたんです。最後は僕が編集長にもなったんですけど、仲間も多いし、とにかく面白かった。就職に関しても、四年間新聞を作っていたわけだから、新聞記者を目指していて。あるいはテレビ、最低でも週刊誌。つまり、マスコミの記者になりたかったんです。でも、新聞記者の知り合いがいて、就職の相談をしたら「新聞記者はやめろ」と。「あんな古い世界はないし、記者仕事も決して面白くはない」と言われたんです。その際に「マスコミに興味があるならば、これからは広告だよ」ということを言われて、博報堂を受けることにしました。でも、なぜ博報堂だったかというと、僕は生まれつき一番より二番が好きだったんです。それで、二番の博報堂を受けようと思ったら……実は、受験資格がなかった。学生部に就職の求人案内の張り紙があったので、学生部の担当のところへ行って、「ここ受けたいんですけど」と言ったら、「お前ダメだよ」と。「成績が悪くて受けられない」と言われたんです。仕方ないから電通でも受けようと思って就職の掲示板を見直していたら、もうひとつ博報堂の枠があったんです。コピーライターの枠ですね。それで引き返して、担当に話をしたら「それなら大丈夫だ」と(笑)。そういう形で博報堂に入ることになったんです。

博報堂に入って、早速コピーを書くんだろうなと思っていたら、当時は新人研修が三か月ありました。ただ、コピーの試験の成績が良くなかったんです。その一方で「新聞記事が書ける」ということがあって、PR部へ配属が決まって。PR局ではコピーに似たようなことはやりました。新商品の名前をつける、というようなことですね。それと、当時はパブリシティが全盛だったんです。記事化作戦、記事掲載というんです。要するに、企業の新商品や企業のいろいろな良い面をマスコミに載せる仕事ですね。例えば、新聞のある面に「ソニーの新商品が出た」という記事があるじゃないですか。それから、味の素ではこういう新しい商品が出る。花王ではどうだ、といろいろあるわけです。そういう新商品情報を記事にすることをやっていました。あるいは、テレビに情報を載せたり、週刊誌に載せたりする形ですね。そんなパブリシティの仕事が全盛の時代だったので、プレスリリース、報道用資料を書いていました。

ただ、記者に渡す素材を書かなければいけないので、これがけっこうテクニックが必要でした。当時の新聞記者というのはプライドが高くて、らしい原稿を渡すと「素人のくせして、なぜ新聞記事みたいなものを書いているんだ!」と嫌われてしまうんです。だから、ですます調にして、それでいて中身には興味が出るように心がけて書く。そのときのキーポイントは見出し。つまり、これがコピーと同じなんですよね。

この仕事が、けっこう面白い。それはパブリシティの面白さなんだけど、マスコミに納得させていかに掲載させるかというところに、技術があるわけです。プレスリリースの書き方、プレスキットというプレス用の資料のまとめ方というのはもちろんですが、例えばこの媒体は誰が担当してるのかというのも大きな要素になってくる。洗剤の商品ならば、むやみに当たっても意味がないから、手応えがありそうな婦人家庭部の誰かにアタックする。そういうことも知っておかなければいけないんです。

――ちなみに、当時のＰＲ部内の雰囲気はどうだったのでしょうか。

面白い仲間もたくさん揃っていました。それも仕事の楽しさという面では大きかったですね。直木賞を取っている推理作家の逢坂剛も同僚でしたし、それから溝口敦というノンフィクション作家もそうでした。また、俳句の大家である黒田杏子さんも同じＰＲ部に所属していました。当時ＰＲ部には五、六〇人が所属していたんですが、ほとんどが途中入社だったんです。元『朝日新聞』の記者や、ＮＨＫ、映画屋さんの出身もいたりして、本当に面白い部隊でした。

「ＰＲマン」という専門職的な存在

――木倉さんが入社した一九六〇年代は日本の広告が大きく変動した時期だったと思いますが、当時の広告の世界はどんな様子だったのでしょうか？

例えば、日本語で「ＰＲする」というと、広告もＰＲの中にカテゴライズされますよね。あるいは広報ですよね。政府や自治体の場合「広報する」という表現を使うんですが、やはりそれも同じようにＰＲの中に一緒くたにして使うようになっています。このようなＰＲという職業は、まさに一九六〇年頃から日本に入ってきたんですが、厳密にいうと広告はAdvertisingなので違うものなんですよね。当時、よくいわれてたのが“BUY ME”（私を買ってちょうだい）というのが広告で、“LOVE ME”（私を愛して）というのがPRだと。今はちょっと違うんですが。

当時の広告会社はスペース（新聞の何面の広告を取るなど）やタイム（テレビ番組のゴールデンタイムのスポットを取るなど）の仲介が主な仕事でした。例えば、企業が「『日曜劇場』の前後にCMを入れたい」と言ったとします。でも、ゴールデンタイムはなかなか取ることができない。当然、企業から直接TBSに交渉しても取ることができません。なので、電通なり博報堂なりが間に入って、交渉をするようにする。広告のスペースやタイムは売り手市場、つまり新聞社やテレビ局の方が優位に立っていたんです。ただ、紙面はいくらでもあるわけじゃない。ゴールデンタイムも同様です。だから、広告会社が仲介業をやったんですね。マージンが一五％ほどありましたから、単純に計算しても一億やると一五〇〇万のプラスになるので、電通や博報堂は本当に儲かりました。テレビのスポットはもっとすごくて、局にもよりますけど、当時のテレ東の場合は三〇％くらい。TBSが一五％くらい。つまり一〇億のスポットを出すと、三億くらいの上がりが出たんです。一九六〇年代の広告会社は、それくらい存在価値があったんです。

一方、PRについては、当時はマスメディアの記事掲載活動が主な仕事でした。というのも、現在ではほとんどの会社に広報部がありますが、当時の企業や会社には広告部はあったものの、広報部はまだ存在していなかったんです。仮にあったとしても、総務部の中に広報担当や広報係がいる程度です。そんな状況だったので、パブリシティの仕事は私たちの仕事だったんです。

その際のPR手法というのは、先ほどもお話をした報道用資料の作成です。報道用資料やプレスキット、プレスリリースを書いて、その制作物を記者クラブなどへ行って、配布したり説明をしたりする。また、簡単なケースだと各社のポストが設けられているところに行って、制作物を投げ込むこともありました。

ちょっと面倒なケースでは、記者クラブの担当幹事に話を通して、記者会見をセッティングする。「こういう状況なので、記者発表をさせてほしい」と。そうすると「どういう話なのか」ということになるので、それを説明して。問題なければそのままセッティングに移るんですが、ダメな場合は資料だけを配布するようにします。記者会見は記者クラブでやることも、ホテルの一室を借りてやることもありましたね。

また、取材アレンジをすることもありました。それは何かというと、リークなんです。ネタによっては全社に記者発表をするんですが、それだと小さい記事になってしまう。なので、一社だけにリークするように仕向けると、「面白いから、今度うちの六時のニュースで三分ばかり放送しよう」ということになるんです。もちろん、一社だけですと特ダネクラスの内容ですね。そういったアレンジも行なうんです。PRの仕事ではそういうことも行なうんです。

PRマンというのは、社内においても専門職的な存在です。CM制作、ポスター制作、あるいは営業、SP、そういう専門セクションがいくつかあるんですが、その中でもPRという存在が専門職としてあったんです。なので、たぶんほとんどの人がPR職になると定年まで生涯PR職なんです。僕の場合は、少し異例なんですが。

一方、PR専門の会社というのもすでに数社ほどありました。例えば、電通PRセンター。これが一番大きかったんですが、電通本体とは別会社なんですね。それから国際PRやオズマPR。あといくつかありましたが、要するにやっていることはパブリシティです。

僕が博報堂へ入ったのは一九六二年でしたが、これがだいたい六〇年代の広告とPRの世界ですね。

――では、七〇年代はどうだったのでしょうか。

変化が生まれたのはむしろ七〇年代からですよね。それまでスペースやタイムのブローカーだった広告会社が、企業のマーケティング戦略に深く関わるようになっていきましたから。マーケティング戦略というのは、例えばある自動車会社が「車が売れない」と言うとしますよね。そこで「どんな車が若者に受けるのか」ということをはじめ、さまざまな課題を一緒になって考えるんです。つまり、新商品開発からマーケティング戦略というのは始まるんですね。

当時のキューブという車は、まさに日産と博報堂のチームで生まれたもの。どういうターゲットに売るのか。そのターゲットに向けてどういうネーミングにするか。どういうコマーシャルを作るか。どういうプロモーションをするか。そういうことを広告会社が考えて提案するのがメインになってきた。それは今も同じだと思います。

また、当時はメディアミックス計画というのが生まれました。これは、テレビ、新聞、雑誌といったメディアをどうやって使っていくかを考える計画ですね。メディア企画といってもいいんですが。それから、クリエイティブについては、そもそも雑誌原稿をどうするのか、ポスターをどうするのか、テレビのコマーシャルをどうするとかを考えるわけですが、一九七〇年代に入ってこの点において競争が生まれたんです。糸井重里さんが登場したのは、まさにこのあたりですね。

それから七〇年代の特徴としては、スペース、タイムが売り手市場だった六〇年代と違って、今度は買い手市場になってきたということ。というのも、例えば一ページ八〇〇万円の高い広告費を出したところで、費用対効果的に全国で効果が生まれない、と。だから「もう新聞はやめよう」という流れになってくる。それはテレビの枠にしても同じ。先ほど「日曜劇場」の話をしましたが、以前は日曜の二十時というゴールデンタイムの枠を東芝一社でやっていたんです。しかし、だんだん一社だけで買うには高くて持ちきれないようになっていったんです。

そういうわけで、スペース、タイムは買い手市場なので、電通や博報堂に必ずしもお世話にならなくてもいいという状況が生まれていきました。それは七〇年代以降、現在まで続いています。最近については、ネットなどでメディアの多様化が進んでいますから、マスメディア広告の費用対効果がますます低下してきている。だから、あまりスペースやタイムに殺到しないようになってきているんです。買おうと思えば買える時代になってきたということですね。

みかん農家を救った「クリエイティブ・パブリシティ」

——企業内に広報部などが新設され始めたのも七〇年代からですよね。

それだけ企業が痛い目にいっぱい遭っていたんですよね。例えば、何か事件を起こしてしまって、その際に新聞記者が取材に来たとき、社長が「俺は眠いんだ」と言ってしまったり（笑）。そんなことがあって、専門の取材に慣れた人間を置かなければいけないという空気が生まれ始めて、企業の中に広報部という部署ができ始めた。

したがって、ＰＲのビジネスも単なる資料作りや、それを送りつける作業だけでなく、「クリエィティブ・パブリシティ」という考え方が求められるようになっていった。これは、博報堂の造語なんですが、パブリシティするために、ニュースに取り上げられるようなイベントなどを行なわないといけないということです。そうでもしなければ、「新商品でこんなものが出ました」という情報の告知は企業の広報部でもできるわけですから。

例えば、当時アメリカが「オレンジを輸入しろ」ということをしきりに言っていたんです。いわば、今のＴＰＰと似たような状況ですね。しかも、当時は関税がものすごく高くて、アメリカは日本にオレンジを輸出したくてしょうがないんですが、それを止めている状態だったんです。ところが、アメリカの外圧で「輸出させろ」ということになった。そもそも、アメリカのオレンジ産業はすごいじゃないですか。だから、一九七〇年代の半ばあたりから、静岡や愛媛のみかん農家さんはその外圧に抵抗しなくてはいけないくなった。「アメリカから安いオレンジが来たら、私たちは潰されてしまう」と思ったんですね。そこで、愛媛青果連から僕にたまたま相談がありまして、「今アメリカに来られると、うちの愛媛のみかん業者の半分以上が潰れてしまう。用意が整うまで時間を稼ぎたい。何か良い方法はないか」と。これは時効だから言える話なんですが、「時間稼ぎをする」ということだったんで、アメリカの『ワシントン・ポスト』『カリフォルニア・タイムス』に“Listen to us”（聞いてください）という全ページの意見広告を出したんです。中身に関しては「日本のみかん業者は小規模で先祖代々こうやってるんだ」と。「貴国のオレンジの農園に比べて非常に小さくて、大変なんだ」と。その最後に、「この意見広告は、私たちみかん業者が一〇ドルずつ出し合って費用を出しました。ぜひ聞いてほしい」と締めくくったんです。

――でも、一度広告を出したところで、反響はあったんでしょうか。

もちろんそうなんですけど、実は目的は別にあったんです。要するに、その内容を日本の主要新聞に記事掲載すること。これはプロがやる仕事なんですけど、出しただけでは新聞記者だって日本語に翻訳するのは面倒じゃないですか。だから、あらかじめ僕はある新聞に「実は来週の火曜日に『ワシントン・ポスト』と『カリフォルニア・タイムス』に意見広告を出すんです」と伝えて、ゲラと日本語の翻訳を渡しておいたんです。そうすると、その新聞社は、ワシントンの特派員とロサンゼルスの特派員に、「何日にこういう新聞が出るから、現地の反響を取れ」という指示が出せるわけです。

その結果、そのときの朝刊に「昨日の『ワシントン・ポスト』に愛媛青果連の意見広告が出た」と記事が掲載される。つまり日本の世論に影響を与えるわけです。そして、何よりも力を得るのが、国会の中にいるみかん族議員たちなんです。「カリフォルニアの現地の農家たちも非常に好意的に『なるほど、日本はわれわれと違うのか』と言った」という内容が記事になるので、結局国会で輸入反対議員の環境を好転させることができたんです。当然、農家の要望である時間稼ぎも可能になった。輸入オープンになったのですが、日本のみかんは負けなかったんです。これが、クリエィティブ・パブリシティのひとつですね。

もうひとつの例は、新聞記者だけを呼んでファッションショーを頻繁にやったんです。商品は、男のネクタイ。当時日本にはネクタイ連合会というのがあって、毎年ネクタイの幅が狭くなったり広くなったりしていたんです（笑）。毎年同じ幅だと売れませんから。そこで、ファッションショーを開催して「来年は幅が何センチになります」ということを告知する。今のファッションショーの先駆けのようなことですよね。これもクリエィティブ・パブリシティでした。

三つ目の例は新製品に関してです。三菱樹脂というプラスチック樹脂を取り扱う大きな会社があったんですが、一九七〇年の前後に水に浮く軽い建材用プラスチックができたんです。そこで、三菱から「何かPRができないか」という話が来ました。ただ、まともに「軽い水に浮くプラスチックができました」だけでは、記事になりません。そこで僕が考えたのは、皇居にお堀があるじゃないですか。あそこを通りかかるといつも白鳥が見られるんですが、夏場になると水が少なくなって、巣に上れなくなっちゃってかわいそうなんですよね。それで「水に浮くのなら、新素材で水に浮く巣箱を作ればいいはずだ」と思ったんです。でも、皇居保存委員会という役所に問い合わせてみると「ダメ」と言うんです。もし白鳥が病気になったりしたらどうするんだ」と。「絶対に白鳥に害がないという証明書を持ってきなさい」と言うんです。それで、僕は上野動物園へ通って半年ぐらい時間を使って「白鳥には害はない」という証明をもらってきたんです。

その結果、トラック二台くらいで二か所の巣を作りました。もちろん、事前に新聞社とテレビ局に「何月何日の何時にお堀の白鳥の新しい巣を作ります」と告知も行ないました。皇居関係のものは大体記事になるので、それも狙いでしたね。それで、当日は新聞記者やらテレビのカメラがいっぱい並んだんですが……肝心の白鳥が全然近づいてくれない（笑）。馴染みのないものには近づかないので、うまく写真が撮れないです。結局、合成写真で夕刊には載ることにはなったんですが。そういうこともやっていましたね。

世界から最先端の情報を仕入れる

――一九七〇年代といえば、消費者問題や公害問題が出始めてきた時代ですね。そちらのプロジェクトでも、お仕事をされたのでしょうか。

消費者問題については、当時はまだ初期の段階でした。すぐ反対の声が上がり、味の素についても「ガンになる」という理由で全部ダメになってしまうんです。「マクドナルドのポテトは太る」「コカコーラは虫歯になる」という声も上がりましたね。

そもそも日本のマスコミがこれらの消費者問題や公害問題を取り上げるネタ元というのは、当時はもっぱらワシントン発の「アメリカではこういうことが問題になっている」という流れからだったんです。例えば、女性の口紅。英語で言うと“Red Number 2”というんですが、その赤色二号というのが健康に悪い、と。あとフロリダの湖では「洗剤が湖を汚している」という声も上がりました。また、マスキー法というのがありまして、いわゆる自動車の排気ガス規制法ですね。そういうネタ元のほとんどがワシントンからだったんです。当時の新聞記者で優秀なスタッフが集まっていたのが、ワシントン支局だったのが大きな理由でしょう。だから、ほとんどワシントンから日本の新聞へ、特派員を通して情報を流していました。

僕はワシントンにもいたのでわかったんですが、その手の記事の大半はアメリカの『ニューヨーク・タイムズ』や『ワシントン・ポスト』『ウォール・ストリート・ジャーナル』の消費者問題を日本文にしただけの内容だったんです。しかし、それでも日本で火が付くわけです。そこで考えたのは、「新聞より早く、新聞より詳しい情報をワシントンで集めて、東京の博報堂本社に送れ」ということだったんです。そのため、博報堂はワシントンに事務所を持つことになった。

――木倉さんは、そのワシントンの事務所にも行かれていますね。

事務所は僕がつくったものでした。ただ、実際にオフィスにいるのは僕一人だったんですが、もちろんSecretary、つまり秘書と称する通訳は置いていました。というのも、僕は英語が下手くそで、ヒアリングも適当だったので、取材に行っても詳しい話はよくわからなかったんです（笑）。それで、外国人を置いて、その人に取材をさせて、ゆっくりと話してもらい、メモを書いてもらう。そうすると内容が理解できるんです。もちろん、辞書を片手に、ですが。

それから、ワシントンには情報屋がいるんです。その他にもPRマン、議員さんにコネ持ってるロビイスト、あとは資料を集める専門業者もいました。そういう人たちを使って、情報を集めるようにする。そうすると、午前中に数十枚程度の情報が届くんです。もちろん自動車の問題、化粧品の問題、食品の問題とテーマは決めてあるんですが、そこからが大変なんです。発表文を見て、これはいる、これはいらない……と判断をしないといけない。マクロな経済の問題や政治の問題が主なんですが、とにかくそうやって情報を集めるんです。

あと、ここぞというネタについては、FDA（Food and Drug Administration）という食品、医薬品、化粧品を管轄する外郭団体のところに行って資料をもらう。または、国会議員のところへ行って資料をもらったり、あるいは直接取材に行かせたりして、集まった情報を東京に送るんです。ただ、当時はFAXもなければメールもありません。なので、テレックスを使って速報を流しました。さらに詳しいものは後送で飛行機便を使って送る。あるいは、「興味があったら、東京から何時頃に電話しろ」と言う。

誰よりも早い情報ですから、やはり喜ばれましたよね。当時はトヨタも日産もホンダもワシントンには人間がいませんから、「排気ガス規制がこうなりそうだ」という情報だけでも、とても喜んでくれるんです。

洗剤の富栄養化による湖や河川の汚染問題というのもありました。洗剤を水に流すと、藻が繁茂してしまうんです。それが結局水の汚染問題に繋がっていく。当時はそれが大問題になっていたので、これを新聞報道より一足先に企業に知らせたりもしました。

僕たちが知らせるのは、ほとんど企業の広報部。まず関連セクションに伝えて、その対応策を練る時間的余裕をつくるようにしていました。そういう企業には無償でやる会社とお金をもらう会社がありました。それもすべては電通に勝つため。電通にはないサービスでしたからね。「じゃあ、今度のスポットは電通扱いじゃなくて博報堂扱いにしよう」という話に繋がっていくんです。それが僕がワシントンでやっていた仕事です。

例えばタバコの禁煙問題。当時はアメリカでノースモーキング運動が始まったばかりだったんです。僕はそのときにアメリカにいたので内情がよくわかっているんですが、それでも未だにタバコを吸っています。やめられないからではなく、やめる気がないから。それには理由があって、アメリカで禁煙運動が始まったきっかけには反タバコ会社があるということなんです。向こうのタバコ会社はすごく大きいんですが、そこに反感を持っている人たちものすごく大勢いるんですよ。運動は、そういう人たちがきっかけになったんです。つまり、意図的に作られた運動なんですよね。

――ワシントンに行く前、実はニューヨークにも足を運ばれていたとか。

実は僕は一九七〇年にニューヨークへ行って、その後ワシントンへ行くことになったんです。それも「アメリカには七百のPR専門会社があるというけれど、ビジネスは何で儲けているかを見てこい」と。これが僕のニューヨークへ飛ばされた理由です。ニューヨークに行っていたのは、二年弱。行ってみたら、やはり向こうのビジネスもパブリシティがほとんどでした。ただ、日本ではあまりなかったのは、企業トップのマスコミ対応策や発表原稿の作成です。俗にいう、スピーチライターですね。また、当時日本ではあまりなかったんですが、地方紙への原稿を送稿すること。日本でいうと時事通信や共同通信がやっているような仕事を、PR会社がやっていたんです。

ニューヨークにいたとき、僕はどうしていたかというと、当時七百社ある会社の中で五番目に数えられていたゴッドリーブというPR会社に入ったんです。つまり、現場を見たわけですね。広告やPRの世界では、大学に行ってもダメなんです。現場で何をどうしているか、それを捉えないといけませんから。そうして二年間くらいニューヨークでPR会社を回る仕事をして、その次に「今度はワシントンへ行け」ということになったんです。

楽しくやらなければ、仕事の意味がない

――木倉さんにとって、PRマンとはどんな存在なのでしょうか。

PRマンや広告マンというのは、いつの時代も黒子のような存在だと思います。企業、あるいは行政の、という意味ですね。影の黒子なので、基本的に表へ出てはいけない存在。例外は、AKB48の秋元康。あの人は例外だと思います。あの人のPRマンぶりというか、プロデュース能力には頭が下がります。だけど、本来は表舞台に出てはいけないと思うんです。先ほどお話ししたクリエイティブ・パブリシティに関しては、「あんなことをやった」「こんなことをやった」なんて言ってはいけませんから。そんなことをしたら、企業や新聞社に迷惑がかかりますからね。

一方、広告マン、広報マンの仕事には「3C」があるんです。まずCommunication。情報の伝達ではなくて、情報の輸出入のこと。どういう空気なのかを感じて、情報を出す。だから、輸出入なんです。二つ目はConsensus、合意形成をどうやって図るか。あるいは、どのようにして買ってもらうよう好意を持ってもらうか、ですね。さらにControlが三つ目に続いて、常にチェンジしていくようにしないといけない。これが、アドバイザーの仕事の3Cなんです。

そもそも「広報した」ことや「広告した」ことと、「伝わった」ことは違う。お役人に多いんですが、「広報誌を出しました」「ポスターを作りました」「広報が終わりました」ということが多いんですよね。そのうえ、全然肝心なことが伝わってこない。伝わらないものは広報とはいえません。だから、いかに伝わるようにするかが、広報マンだったり広告マンの仕事なんです。

「速く繋がるようにしますよ」というソフトバンクのCMがありますよね。白い犬を登場させ、それに釣られる形で「速く繋がるように一生懸命やってます」というのが伝わってくる。これが「ソフトバンクはただいま、一生懸命に中継機を作っています」だと響きません。そういうことなんです。

——最後に、現在の広告会社の様子を見て、どのようなことを感じていらっしゃるのでしょうか。

僕に今回の取材で期待されているのは、広告ビジネスと、PRビジネスの変遷だと思うんです。そういう意味では、確かに今のPRマンは六〇年代の黎明期のことを知らないと思います。でも、逆にいえば、僕は今のことがよくわからない。ただわかってるのは、今PRは下火になっている、ということ。理由は単純で、企業の中にビルトインされてしまったからです。広報部の仕事は、特に外部へ出さなくてもよくなりましたから。

そういう点で考えると、僕がこれまでやってきたような企業からの相談事は、仕事として引き受けないいんじゃないかと思うんです。というよりも、そのようなことをしようとする力が落ちているのかもしれない。

僕はよく「給料だけじゃない」と会社の連中に言ったんです。仕事のことをjobと言いますよね。僕が言ってたのは、「jobというのは、"joy of business"だ」と。つまり、仕事というのは楽しくやらないといけないという意味ですね。明日も明後日も来月も会社に来るんだから、どうやって楽しむかを考えないと。楽しまないとアイデアは出ないですから。人の通った道をなぞって通るというのはダメ。「未踏の道を切り開くのが仕事の面白さだよ」というのはよく周りに口にしていましたね。広告マンやPRの世界に入る人間は、答えが決まっているものをその通りに答えるだけではダメだ、と。ただ偏差値が高いというだけでは、この業界では通用しないんです。

実はある大学で就職面接の講師をやることになったんです。今まで講師をしてた人がいたようなんですが、どこかで聞いたことがあるようなことしか教えてくれない、と。もちろん、金額は安いんですが、博報堂で二十年近くも採用面接官を務めていたので、三時間でも五時間でも話せますからね（笑）。大体、最近引き受ける講演なんて、二時間か四時間ですよ。喋るのはいいんですが、問題は相手が興味を持って聞いてくれるかなんですよね。だから、講演後はガクッと疲れてしまう。しきりにその人の目の力や態度を見ていますから。「あっ、受けていない」。これが一番まずいんです。芸人と一緒です。仕事でも何でも、笑いを取らないといけないんです。まじめな話を一から百までやるのは学術論文。それに笑いやユーモアを加えるのがクリエイティブというものなのではないかと今でも思いますね。

12

インディペンデントな会社のネットワークをつくる。それが「メガ・インディペンデンス」の思想です

博報堂　神保智一《じんぼともかず》　一九四一年生まれ

サンヨー食品「サッポロ一番」をプロデュース。海外ネットワークの基盤をつくる

一九四一年岐阜県大垣市生まれ。四歳の時に疎開先で終戦を迎える。戦後は母の療養のために、養老（岐阜県）の山奥で仙人のような生活を送った。中高は東京で過ごし、「歴史や文学を学びたい」と考えて早稲田大学教育学部へ入学。当初は新聞記者を志していたが、発展が見込まれる広告業界へ志望を変更。東京オリンピックが開催された一九六四年、博報堂へ入社。営業局へ配属され、サンヨー食品のAEとして成功を収める。その後は味の素を担当したことを機に三十一歳で渡米。ニューヨークの駐在員事務所で勤務する傍ら、大学でマーケティングを勉強し、国際事業の素養を身につけた。七五年に国内営業局に戻ると花王の担当に就き、製品開発や番組制作を行なった。その後は営業部長、営業局長を歴任。A自動車の新製品開発など、未知の仕事にも積極的に取り組んだ。九三年には国際経験を買われて国際業務局長に就任し、「メガ・インディペンデンス」構想の下、博報堂の海外ネットワークづくりに尽力した。二〇〇七年に六六歳で博報堂を退職。桜美林大学（特任教授）他二大学でも教鞭を執り、二〇一四年三月に、後進に道を譲り退職。

新しい挑戦を試みた、入社直後のＡＡ時代

――歴史や文学を学ぶために、早稲田大学の教育学部に入学したという神保さん。広告代理店の道に進むことになった理由は何だったのでしょうか。

最初は新聞記者になろうと思っていまして、『朝日新聞』を受けようとしていたんです。しかし、当時の新聞社というのは、試験が四年生の十二月と遅い時期。だから、落ちると非常に困る事態になってしまう。当時「ジャーナリスト・テスト」というテストがありまして、ジャーナリズム志望の人が、毎月試験を受けていたんです。そこでランキングをつけられまして、「このあたりの会社なら就職できる」というのを評価していたんです。私もテストを受けていて、良い線はいっていたんですが……絶対なんてことはないですからね。そこで、どこか良い会社が他にないか探していたら、たまたま坂本藤良さんという経済学者の方の広告業に関する本を目にしまして。そこに、「これからは広告の時代だ」ということが書いてあったんです。当時、電通や博報堂を象徴する言葉として、「力の電通。知性の博報堂」とキャッチフレーズまでついていた（笑）。それを見て、「僕は知性が良いな」と思って、学校の推薦をもらって受けに行ったんです。

――入社されたのが一九六四年。まさに東京オリンピックが開幕された年ですよね。当時の博報堂や広告業界の雰囲気というものはどういったものだったんでしょうか。

極めて盛んな時期でしたよね。一九六四年はオリンピックだけでなく、新幹線が開通したり、東名（高速道路）も開通したりしていた時期でした。まさに経済の黎明期というか、右肩上がりの時代だったんです。景気が良いわけですから、当然広告業界も活気を帯びていますし、非常に面白い時代でしたね。そういう時

代に偶然入社できたというのは、本当に幸運な巡り合わせだったと思います。

今でも覚えていますけど、テレビが爆発的に売れたタイミングというのが二回あったんです。一度目は正田美智子さん、今の皇后が天皇陛下とご結婚されたとき。そのときにボーンと一度爆発的に普及しまして、その次がこの昭和三九年のオリンピックだったんです。その頃は、まだカラーテレビが少なくて、ほとんどがモノクロでした。だから、コマーシャルフィルムも、圧倒的にモノクロが多かったのを覚えています。

――博報堂に入社されたとき、まず最初に配属されたのが営業局でした。こちらではどのようなお仕事をされたのでしょうか。

ＡＥ、つまりAccount Executiveですね。これは日本語に訳すと「得意先担当責任者」という言葉になるわけですが、いわゆる現場の責任者のことですね。その上の役職にはＡＣＤというのがあって、これはAccount Directorといって、ＡＥを何人か束ねている課長職です。また、ＡＥの下にはＡＡ（Assistant Account Executive）というのがいた。このような横文字の役職は、すべて当時アメリカから持ってきたものなんですが、とにかく入社してすぐは自動的にＡＡになるんです。

もちろん、入社後はまず会社で研修をするわけですが、御殿場の研修所に二泊三日で行き、そこでいろいろな勉強をして、それが終わってから現場に入っていきました。

あの頃に、僕は四つくらいの中堅の得意先のＡＡになったと思います。龍角散、津村順天堂、松坂屋デパート。それからもうひとつ、これは僕にとって運命的な関係になるんですが、サンヨー食品というのがありました。今の「サッポロ一番」の会社ですね。

——研修されてから、本格的にアシスタントの仕事が始まった、と。

そのサンヨー食品のＡＡをしているときに、僕と一緒に仕事をやっていたＡＥが目を悪くしてしまって、仕事ができなくなってしまったんです。当時サンヨーさんは地方の小さなラーメン屋さんですし、「だったら、お前がやれ」ということになった。入社してまだ三か月か四か月のときです。それで僕としても、「よっしゃ、やってみるか」ということになって。一方で、その頃この会社は「長崎タンメン」というブランドも出していたんです。しかも、それがヒット作になってしまった。そうしているうちに、同じ名前で十二種類の偽ものができちゃったんです。それはもう、困りますよね。せっかくヒット商品を出したわけですから。でも、打つ手がない。というのも、長崎タンメンという名前は商標にならないんですよ。僕もそのとき初めて知ったんですが、地名＋普通名詞というのは、商標にならないというルールがあるようで。それからパッケージデザインなどの意匠登録というのがありますよね。これがどうしても一年以上時間がかかるわけです。ところが、その前にヒットしてしまったものだから、登録が取れていない。だから、偽ものが出ても、偽ものと言えないんです。

そこで、弁護士のところに行って「何かやり方がないのか」と相談したんです。そうしたら「不正競争防止法」を使うしかない、と。具体的に話を聞くと、「この商品ならこのメーカーだ」と大手のテレビ局や新聞社が認めれば勝てると言うんです。ただ、これが難しかった。当時は田舎のラーメン屋さんですからね。新聞社にしたら「何だ、それは」という感じですよ。だから僕は、「長崎タンメンといえばサンヨー食品であるということを認める」という証明書を取りに行って、その書類を持って歩いたわけです。そうすることで、結局メディアも博報堂を信用してくれて証明書を出してくれた。すると、どうにか裁判に勝つことができた。そしたら、クライアントも「良くやってくれた」ということで、次に出すサッポロ一番を僕に任せると言ってくれたんです。

そこで、「せっかくだから、今回は新しい戦略でやろう」ということになりまして。それが「エリア・マーケティング」です。当時大阪には今でいう吉本興業の重鎮ともいえる曾我廼家明蝶《そがのやめいちょう》さんという方がいた。この人を使うことにしたんです。すると、サンヨー食品からは「なぜ曾我廼家明蝶なんて、面倒臭いやつを使うのか」と言われまして。一方、曾我廼家明蝶さんからも「なぜ俺が田舎のラーメン屋なんかに……」と。それをどうにか調整して、なんとか出演してもらったんですが、ふたを開いてみたら大成功です。だから五十年経った今でもサッポロ一番を食べていられるんです。その仕事が一応社内でも認められて、お小遣いをもらうこともできました。幸い、サンヨーさんも大メーカーの仲間入りを果たしました。

アメリカの現場で、世界レベルの広告を知る

――そして、数年経って次のステップに進んでいくことになりましたね。

サンヨー食品を四年くらいやった後ですね。それから、少しずつ立場が変わっていったんです。というのも、当時食品で取引ナンバーワンだった味の素の担当になりまして。これがまた、僕にとって大きな転機になった。というのも、当時の味の素には「食品部」というのがあって、日本の食品の中で一番マーケティングが進んでいたと思います。外資との繋がりもあって、英語が喋れる担当者もたくさんいました。博報堂の担当はＡＥと称する二人がいて、こちらも優秀で仕事もできる。僕はその三番目だったので、そこまででも

なかったんですが（笑）、一人は慶応を出た後にＵＣＬＡに四年間行っていた人で、もう一人は東大を出た後にマッキャンエリクソンにしばらくいた人。二人とも英語で何でもできる人だったんです。僕も英語は人並みにはできましたが、これは本格的にやらないとまずいと思いまして。それで、英語とマーケティングということがきっかけになって、アメリカへ行くことに繋がっていくんです。

――アメリカに行くことになった背景を詳しく教えてください。

六八年に社内で「第一回英語研修プログラム」というのが始まったんです。そこに応募をしたら、どうにか受かることができまして。でも、仕事の外で勉強をするので、本当に大変でした。朝早く会社に行って、英語の研修をやってから仕事に行く。そういう生活を一年間やりました。その後「上級英語講座」というのも始まって、僕はそこの第一期生にもなりました。

当時は、アメリカの広告の本場に慣れるというのはすごく重要なことでした。それで、僕の上司が「アメリカに行くか？」と声をかけてくれたんです。しかも、「遊びたければ、遊んでいてもかまわない。学校に行きたければ、学校に行ってもいい」と。とにかくアメリカを見てこいというわけです。ということで、一九七二年にアメリカに行きました。それで、二年半ニューヨークに住むことになったんです。

――ニューヨークではどのような組織の下で、どのようなお仕事をされていたんですか。

ニューヨークでは駐在員事務所にいました。そもそも駐在員事務所というのは、お金を儲けてはいけない。そういうビジネスユニットではないんです。だから、駐在員の仕事というのは、会社に役立つ情報を収集することなんですね。あるいは、会社と関係がある人が来たときにテイクケアするようにする。もしくは、ニューヨークの展示会や見本市に日本の得意先が出展する際にサポートをする。そういうことが主な仕事になるんです。

それから、今では考えられないことですが、当時は送金業務というのがあったんです。つまり、アメリカで広告やPRを出す。そうすると、当時ドルで各会社の枠が決められていたんです。その枠外の金をどうやって使うかというと、一度広告会社を経由してアメリカにドルを送る、という。それくらいドルが少なくて、非常に特殊な機能も持っていたんです。ただ、僕自身はドルの送金はやったことないですけどね。

――海外のお仕事で思い出に残っていることは何かありますか。

「これがアメリカなんだな」と思ったのは、先ほどの見本市などのイベントがあったとき。日本の電機メーカーが出展したときのことなんですが、いろんな器具を日本から送ってきたんです。その際、空港や港から会場に荷物を送る業者、会場の門からブースまで運ぶ業者、ブースでそれを組み立てる業者、それぞれ細かく分かれているんですね。「ユニオンというのは、こんなに強いものなのか」と思いました。日本だったらすべて一気通貫でやりますからね。

その他でいうなら、会社のデスクに電話がかかってきた、と。日本なら、担当者がいなくても隣の人が代わりに出て「すみません、いま出払っていまして……」ということを言いますよね。アメリカでも、そういう人がいないわけではないんですけど、基本的には電話に出てはいけない。その人に関係するものだから、関係のない隣の人が出て用件を聞いてはいけないんです。つまり、こういう権利意識や、それに付随する守備範囲が大きく違うんですね。もちろん一長一短なんでしょうけど、とにかく日本的なサービスとは大きな違いがありました。

「ダウ・ジョーンズ」の広告出演（左手前が神保氏）

——アメリカでは広告の勉強もされていたと思うんですが、そのときの思い出は何かありますか？

僕は勉強のために広告講座を半年間ほど受けていたんですが、そこには二五〇名ほどの人が集まっていたんです。電通の社員もその講座に来ていました。そのとき、最後にテストがあるんですが、その結果で優等賞を発表するんです。そのとき、アジアで一人だけ僕も選ばれたんです。

電通は僕たちと同じ駐在員事務所と、DCAという二つの組織があったんです。実はその講座にはその二つそれぞれの所長も来ていたんです。それで、僕の名前が呼ばれたとき、この人たちがとても喜んでくれて。「お前はよくやった！」と言ってくれたんです。しかも、その二人にはお祝いのお酒も飲ませてもらいました。うちの所長ではなく、向こうの所長が、です。当時はそういう時代だったんですよね。

それから、アメリカには「ダウ・ジョーンズ」という出版社があるんですが、その会社があるとき

「広告を作る」と言い出したんです。それで、日本人がビジネスの話をしている風景を写真に撮りたいということで、相談にやって来たんです。僕たちは「タイムライフ」という有名なビルにいたものですから、「ここに日本人のタレントはいないか」という話だったんですね。今はいるかもしれませんが、当時はそんなものいる訳がない。でも、どうしても撮りたいということで、「神保さん、あなたがタレントをやってくれないか」と言い出したんです。そう言われて、僕も遊び心を出してしまって、「やる」と言ってしまったんです。結局掲載されたのが、『ニューヨーク・タイムズ』と『ウォール・ストリート・ジャーナル』。あとは『アド・エージ』という経済でも有名な三誌ですね。

そういうことを引っくるめて、当時は本当にいろんなことをさせてもらいました。アメリカにいた最後の二年間はニューヨーク大学にも通わせてもらって、そこでマーケティングの勉強もさせてもらいました。そういう経験が、後の仕事の大きな伏線になっていったんです。

日本のノウハウは欧米のビジネスに合わない

——神保さんは博報堂のアメリカ支社を始め、マレーシア、タイの第二支社の設立にも携わられたとか。

この頃の海外事業というのは、博報堂だけの試みではないんです。当時はまだ幼稚園児のような時代でしたから、各社でそういうことが一斉に始まった。博報堂の場合は、一番歴史が古いのは、タイの駐在員だったと思います。現地法人としてはマレーシア。それからタイ、シンガポールの現地法人もつくっていった。でも、まだ本当によちよち歩きのような時代です。

中でも、ニューヨークの駐在員事務所がそこそこ長かったですね。そしてあるとき、それは僕が日本に帰ってくるきっかけにもなったんですが、「アメリカを現地法人にしよう」という話が出てきたんですね。僕は実はいろんなことを考えたんですが、今のこの実力では、現法にしてカネを稼ぐのは無理だと。だから、やめた方が良いと言ったんです。しかし、「いや、可能だ」と手を挙げた人がいたんですよね。なら、やればいい、と。ただし「僕は難しいと思うので、帰国します」という話になった。すると、日本のある部署で「仕事があるので、ぜひ帰ってきてくれ」と言われたんです。

――その後、ニューヨークの現地法人はどうなったのでしょうか。

ニューヨークは失敗しました。東南アジアについてはそのあとも続き、今でもちゃんと機能しています。そちらは僕も関わりましたし、「これはできる」という手応えがありました。やはり日本人が広告事業でやっていくうえで、アジアでやるのか、ヨーロッパでやるのか、それともアメリカでやるのかでは、ちょっとやり方が違いますから。

第一に違うのはクライアントソース。欧米では、クライアントソースが少ないんです。一方、アジアの方がそういうのが豊富にある。当時の日本の広告事業のクライアントで一番多いのは自動車と家電なんです。今はもちろん状況が変わってきていますが、あのときはソース自体が限られていた。そういう中でやっていくのは、非常に難しいんです。アジアなら日本のノウハウも引けを取らないんですが、欧米のビジネスパターンには合わないんですよね。

——それで日本に戻られるわけですが、国内で待っていたお仕事はどのようなものだったのでしょうか。

一九八三年の営業部長ですね。アメリカから戻ってきて、それ以降の八年間で僕が何をやっていたかというと、花王の担当だったんですよね。これもまたアメリカに行っていたのが関係あるんですが、当時花王がドイツの会社とコラボしていたんです。今もありますが、「ニベア花王」さんです。「ニベア」というのはクリームですが、実は他にもいろいろ出している。制汗剤の「8×4《エイトフォー》」というのもありますし、「アトリックス」というハンドクリームもあります。このバイヤスドルフという会社は、実はドイツでも一番大きいトイレタリーの会社。一方花王は基礎化粧品のクリームも作りたかったんです。しかし、そんなノウハウは当時持っていない。そこで、どこか良いところがないかと探していたら、バイヤスドルフが良いということになったと思います。

ただ、博報堂のクライアントではあるんですが、半分外資なので担当者がなかなかいないんですね。そんなときに僕が帰ってくるということで、「あいつを呼べ」ということになった。それでACDという、現場の課長クラスになって帰って来たということです。

花王さんは大きい会社なので、博報堂の中で当時も最大級のクライアントでした。それで、大きく分けると「プロダクトAE」という商品を担当する部門と、メディアを担当する部門と両方あったんです。僕は最初にニベアをやって、その後にプロダクトの責任者。その後にメディアの責任者をやりました。ちょうど両方とも四年ずつくらいやりましたね。

――その後、一九八三年には国内営業部長、九一年には営業局長になられます。部長や局長という統括的な立場に立たれたことで、それまでの仕事と大きく変化した点があったかと思うんですが。

本当に変化しましたね。AEやADというのは、極端にいえば自分の守備範囲だけうまくやればいいんです。ところが、部長というのは少なくとも一二、三人の部下がいるわけです。しかも、みんなそれぞれ得意先をいくつか持っている。すると、一つの部で大体十社くらいのクライアントがあるわけです。それに全部目を見張って、収益を上げていかなくてはいけない。ともなると、気の配り方がまったく違うわけです。しかも、「将来どうやって稼ぐか」ということに対しても、着実に手を打たなければいけない。局長はまた部長の五倍から、極端な話では十倍くらい守備範囲が広くなるわけですから。

――部長や局長になっても、クライアントの会社に出向かれたりすることはあったんですか。

僕はよくありましたね。営業が好きでしたし、その場にいると対応できることもあるわけです。ごく簡単にいえば、向こうに役員がいる場合は、挨拶に行って親しく話をすることができる。それはACDでもやれないことはないんですが、それなりの立場を持っていると比較的楽に会うことができるわけです。会社の方でも同じ。何か自分でやりたいときに、横の連携を取ったり話をしたりするのは、ある程度の立場がないとできないんです。

営業が嫌だという人もいますが、僕はもう一回博報堂に入っても営業をやります。営業というのは、言葉を変えると「プロデューサー」なんですね。しかも、博報堂をバックに背負って相手に接することができる。何を使ったら一番よいのかということを考えながら、相手が欲していることを当てていく。これが営業そのものです。昔の電通では、営業を「連絡」と呼んだときがあったんですが、まさしく「連絡」なんですよね。

相手の言うことを聞いてきて、それを会社へ伝える。そういう仕事と、僕がいう「営業」というのは全然違う。僕の営業というのは、自分の会社が持っているものをバックにしながら、どうすればよいか知恵を絞って、アカウントの一番欲しているところに突っ込んでいくことなんです。それが一番面白いんですよ。

新たなネットワークの構築「メガ・インディペンデンス」

――その後一九九六年に、取締役として国際局長に就任されています。このときはどのようなお仕事をされていたのでしょうか。

当時博報堂の中には国内と国際の担当がそれぞれいて、基本的には違う仕事をしていました。ただし、私の場合は営業部長をやっていまして、これには前期と後期があるわけです。前期の時代は十二、三の中小のお得意先につき、後半は博報堂で新しくできた準局に入ったんです。というのも、それまではNECならNECの国際を担当する部門と、国内を担当する部門が別だったところを「それを一緒にしよう」という試みです。

その第一陣が私のところに来て、国内と国際を一緒にした「NECチーム」をつくって、僕はそのチームリーダーとなったんです。僕はそれを引き受ける際に、「自分に契約の権限を与えてくれないとやりません」と言いました。普通、対外的に契約を結ぶのは局長なんですが、「局長権限をくれなきゃやらない」とゴネたわけです。それだけの覚悟があったんですよね。そうしたら、会社が「わかった」と。それで営業局長になったときに、NECがいくつか局を支える柱のうちの一本になったんです。

もうひとつはA自動車。これは日本では多分最初で最後だと思うんだけれども、「自動車の新製品開発をやらないか」と言われたんです。新製品開発というのはいってみれば秘密中の秘密なので、仕事は非常に難しい。でも、僕は面白いと思ったんです。そこで上司に相談したら、「携われば、新製品の扱いは来るんだろうな」と言われて、「それは別だと言っています」と返すと、「そんなバカなことはない。断ってこい」と怒るわけです。でも、それまで博報堂は、ほとんどその会社の扱いがなかった。「それだけやれば新車発売のときにコンペをしても勝てるはずだ」と反論したら、「勝手にしろ」と。実はその上司と仲が良かったせいもあったんですが、「勝手にします」と言って受けてしまったんです。実際、二年半プロジェクトをやって、大変苦労したんですが。後年、この努力が実ってこのメーカーの大きな扱いに結びつきました。

——その後、一九九六年には役員になられました。

INTERNATIONAL

Hakuhodo readies global growth plan

But corporate inertia, tradition may be barriers

By NORMANDY MADDEN

JAPAN'S TOP 10 AD ORGANIZATIONS

HAKUHODO'S INTENDED

"We would like to keep a competitive positioning and we would like to be major global players"

博報堂の国際戦略に関する記事『アド・エージ』誌より

そこから変わったのは、要するに「博報堂はグローバリゼーションをどうするか」ということです。これからは当然クライアントも国際化するので、エージェンシーも国際化しなければいけない。ならば、どうするべきか、と。そこで、「二〇〇〇年の博報堂」という提案書を作ってトップに提案をして。しかし、みんなあまりよくわからないらしくて、良いとも悪いとも言われなかったんです。

しばらくすると、今度は自分が役員になっ

たので、そこから本格的な博報堂のネットワークづくりを行ないました。いろんな会社をつくったんですが、よく覚えていないくらいたくさんつくったように思います。例えば、ニューヨークのエージェンシーの購入。そのときは、西海岸の会社も買いました。また、中国の会社との合併事業、インド、ドバイ、イギリスの会社も購入しました。本当にいろんな地域に向かって、一気に広げていきましたね。その際、われわれは「メガ・インディペンデンス」というコンセプトをつくったんです。ネットワークのつくり方で一番簡単なのは、ひとつの系列を買ってしまうこと。例えば、電通が「イージス」という会社を買うと、イージスのネットワークも持てることになる。でも、僕はその方法はあまり良いと思わなかった。博報堂の体質に合えばいいんですが、そうではないとダメですからね。そこで、それぞれの国の独立系のエージェンシーがあるんですが、その中で話をして、お互いのケミストリーが合うところを選んで買うようにしていったんです。インディペンデントな会社を横串で通してネットワークをつくるから、「メガ・インディペンデンス」。こういう思想ですね。

――国際局長、国際総局長、国際事業統括と、さまざまなお仕事をされていましたが、基本的にはネットワークづくりをされていた、と。

そうですね。僕がやっていたのはネットワークづくりと、そのネットワークの中心になるクライアントをどこにするかということ。二系列をつくったのは実は計算があったんです。日本のエージェンシーと欧米との一番の違いというのは、「マルチクライアント」なんですよ。要するに自動車の例を挙げると、日産、トヨタ、ホンダのような、どの会社も扱っているクライアントのことですね。これは世界では珍しいんです。逆に、クライアントから見ると「マルチエージェンシー」といって、電通も、博報堂も使っていることが多い。つまり、お互いに保険を掛け合っているんですね。これは極めて特異な日本のスタイルなんですが、海外に出たときには同じようにはいかないんです。

海外ではアメリカのルールが中心だから、一業種一社制なんです。そうすると、最低二つくらいはネットワークがないとダメなんです。しかしこの問題は国内の扱いとも関係が出てきますし、クライアントによって国別の強弱もあって大変選択に苦労しました。今でも思い出すと頭が痛くなるような問題ですね。

市場のピークを迎えた広告業界の課題点とは？

——二〇〇七年、六十六歳のときに博報堂を退職され、その後は桜美林大学の特任教授としてご活躍されてきました。大学教授の職に就かれた経緯はどのようなものだったのでしょうか。

これには伏線がありまして、実は前からいろいろ経験していたんですよ。昔部下だった人が、北海道大学に行って教師をしていたり、それから先輩が退職した後に立命館アジア太平洋大学で教えていたりして。彼らから「こういう話をしてくれないか」という相談を受けたのがきっかけですね。僕は当時役員で、経費も使えましたから、手弁当で現地に行くわけです。そうすると、相手は喜ぶわけですよね、無料で来てくれるわけですから。そうして、夜は学生たちと一緒に一杯やったりしていたんです。もちろん、彼らが博報堂へ入社してくれることも頭にありました。

それから僕は、国際広告協会（ＩＡＡ）の日本の常務理事をやっていまして。これも、上を固めているのは電通と博報堂なんですが、その関係でいろんな国からの講演依頼が来るんです。僕がやったのはベトナムで、二時間くらいの講演ですね。みんなとても熱心で、二時間経っても質問が多くて終わらない。「これからキャッチアップしようという国は違うな」と感じました。そういう経験が伏線にあったわけです。

そして退職するとき、昔の部下や先輩が訪ねてきてくれたんですが、みんな「辞めた後どうするんだ」と口々に言うんです。それで、「学校にでも教えに行くかな」と半分冗談で話をしたら、あるときに一斉に三つの話が来てしまって。立命館のアジア太平洋大学、群馬県立女子大学、そして桜美林大学ですね。「断れないな」と思って、最初は三つやっていたんです。しかし、アジア太平洋大学は校舎がある大分に通い続けるのがしんどくなってしまって、一方群馬県立女子大学では親しかった二人の学長がいなくなってしまって、思い切って辞めることにしたんです。最後まで教鞭を執っていたのは桜美林大学です。

――話は変わって、これからの広告会社にどんな変化が起こるべきか。神保さんの考えを教えてください。

本当に難しい時代に来ています。広告のマーケットのサイズからいくと、一九五五年に六〇九億円だった市場が五十年後の二〇〇五年は六兆円になったんです。百倍の伸び率なんていうのは、他の業種ではあまりない。しかし、二〇〇〇年をピークにして、その後は成長が鈍化してきている。

もともとエージェンシーというのは、メディアコミッションで大きな収益を上げていました。しかし、現在は相対的にマスメディアが減ってきて、一方でインターネットが伸びてきた。そういうことを前提にすると、日本のエージェンシーが対処しなくてはならない大きなポイントが二つあると思うんです。ひとつは今言ったみたいに、メディアが変わった状況の中、どのように収益を上げていくのか。その点に関する答えはフィーベースに変えることしかないと私は思うんです。今でもね、二割くらいはフィーでもらうようになっていますが、今以上にメディアコミッションというものにこだわっていたら、おそらく大きな会社は成り立たないと思います。だから、欧米はほとんどフィーベースです。本当にフィーに移行するというときに、それに適応できるノウハウや装置を持ちうるかどうか。本当に得意先がフィーを払ってもよいと考えるかどうか。これがひとつの大きな問題です。もうひとつは、グローバリゼーションです。日本の得意先は、国内では成長を見通しにくい時代なので、やはり海外に目を向けるしかない。それにどう取り組んでいくか。このような問題点の解決は、決して楽なことではありませんが……。

——最後に、博報堂に対する神保さんの想いのようなものがあれば、お話を聞かせてください。

やはり、心のふるさとですね。今でも会社に時々行くんです。博報堂のOBOGで大学の教員をしているのが四〇人くらいいるんですよ。それを束ねて「博学会」という、卒倒するような名前の会を開いていまして（笑）。電通が同じようなことをやっているんですよ、「電通学友会」という名前で。博学会は、僕が代表世話人をやっているんですが、これは博報堂の中で、社会貢献という位置づけになっているんです。

今の社長や会長とも時々話をするんですが、その際に「将来どうしたらいいと思うか」と、軽いような軽くないような話をされるんです。社長は確かに後輩ですし、会長もよく知っている人なので、普通の会話といえば、普通の会話なんですが。たまに「僕たちの頃は良かった」という話にもなったり（笑）。博報堂はとても良い会社です。僕には同期が一一三人いたんですが、僕が役員になったときにお祝いをしてくれたんですよ。それに、最後に役員を降りるときも慰労会をやってくれた。今でも年に一回はみんなで集まっています。良い仲間ですよ。そういう気の良い連中が多かったですね。博報堂に入れて本当に幸運でした。

13 博報堂の優位性は、目に見えない欲望に形を与える「ニーズデザイン力」にある

博報堂　升野龍男《ますのたつお》　一九四四年生まれ

ブリヂストン「タイヤは生命を乗せている」、ＡＧＦ「コーヒーは香りの手紙です」などを仕掛ける。経営戦略、組織デザインも立案

一九四四年東京都生まれ。慶應義塾大学経済学部卒業後、六七年博報堂に入社。義兄のすすめでコピーライターに。「文章を書くのが嫌い」という苦手意識をバネに地道な努力を重ね、六九年には『百科に拾う明治百年　七転び八起きの百年史』（平凡社）で東京コピーライターズクラブ最高新人賞を受賞。その後、三菱電機やＡＧＦ、ブリヂストンなどの広告を担当。ユニ・チャームの「ムーニーちゃん」では、商品開発に携わるなどの経験も積んだ。七九年に経営企画室へ異動。博報堂の強みが生活者ニーズを有形化する「ニーズデザイン力」にあることを発見。それを優位性とする経営戦略を立案し、組織改編を手掛けた。八六年、営業戦略立案推進のため統合管理室に異動、予算編成も担当する。九七年、法務室長に。法律用語の飛び交う環境に驚き、現場を優しい言葉でサポートする「スイート法務」を掲げる。二〇〇四年に博報堂を退社。学校法人・新渡戸文化学園の経営に携わると同時に、慶応、熊本大学、大妻女子大の講師、熊本市のシティブランディング戦略アドバイザーも務めた。

時代を動かすことへ気概が溢れていた制作部門

――升野さんはなぜ広告業界に進もうと思ったのでしょうか。そのきっかけは？

経済学部ですから父は銀行を考えていたようです。でも、博報堂にいた義兄が「広告業界、中でも制作ならネクタイをして行かなくていい」というのと、「昼間にプールで泳げる」「アルバイトもできる」と耳打ちし、これはいいなと（笑）。あの頃の博報堂は中小企業で、発展途上。だから、会社としても「成績がいいから、入ってください」という状況だったんです。当時はオリンピック直後の不況、あの山一證券が潰れそうになるほど景気がダウンしていた頃でしたから。とはいえ、テレビが社会に浸透してきて、メディア環境が一変、社内は活気がありましたよ。入社してみると「やっと自分たちの時代が来た」という人が多かった。博報堂はクリエイティブが強かったこともあって、制作人は、みんな天狗（笑）。どの人も「自分自身が会社を担ってる」という気持ちが強かったと思いますよ。

――入社試験はどのような内容だったんですか？

普通の試験に加えて、コピーライター特性を見るテストがありましたね。最初の言葉と最後の言葉があって、「その間の言葉を埋めて、文章を作れ」というような類推力を見る内容ですね。僕が試験官だったら、そんな問題は出さないと思いますけど（笑）。「なぜお焼香は三回行なうのか」「なぜ握手するのか」「種なしスイカはどうやって作るか」など、どれだけ自分で考えられるかを見る問題を出すと思います。百科事典的な答えを出す人はダメですね。当たらなくて良い。知識をひけらかすのではなく「ひょっとすると、こうではないかな？」という仮説を捻《ひね》りだす。常識を覆すような面白いことを考えつかないとね。

——「現実的でない発想も重要」ということなのでしょうか。

発想力や表現力というのは、まったく関係のないものをくっつけることによって生まれるんです。しかも、そのくっつけ方を乱暴にしないとダメなんです。そのときは、まず“What to say”を考えて、その上で“How to say”を考える。この流れがとても重要なんです。たいていの場合は「良いことを言いたい」と思うんですが、そこを先に考えてしまうと必ず失敗してしまう。だから、先に“What to say”を考えて、“How to say”に切り替えていく。良い例かどうかわからないけど、例えば「あいつはいやらしい男だ」ということを言いたいとしますよね。そこで、「いやらしい」というのを置き換えていくと、「歩く軽犯罪」という表現が思い浮かぶ。そこに、もっとひどい表現を重ねていくと、「あいつは頭の上に恥部を乗っけてる」ということになる（笑）。このように、乱暴に概念をくっつけていくんです。普通に言ってしまうと、途端につまらなくなる。思いもかけぬ言葉の結婚、組み合わせが大事なんですね。僕ならそういうことをまず先に教えると思いますね。「違いのわかる男」の言い換えで「ナイスミドル」という概念を創ったのも、このスキルなんです。

——博報堂の方針として、コピーライターへの教育システムはあったんですか？

ないです。中途半端な徒弟制度でした。うまいトレーナーについた場合は問題ないんですが、教え方が下手な人についた場合は不幸でしたね。時間がかかったり、いじめられたりして……。もっと上の人間が下の人間の才能を引っ張り出してあげたら、チームの仕事としては楽になるわけじゃないですか。スタッフが十

ＴＣＣ最高新人賞を受賞した平凡社シリーズ広告「百科に拾う明治百年　七転び八起きの百年史」

人いたとして、その十人全員が早い段階で活躍できるようになるわけですから。でも、実際はそんなこともなく、先輩たちはずっと威張っていましたからね。

――升野さんは、そのような先輩たちの一方的な物差しが嫌で、『コピー年鑑』を見ながら「ヒットの傾向」を勉強をされたのだとか。

突然「キャッチフレーズを一〇〇個書きなさい」と言われたら、苦しいですよね。だけど、「かつての生活では、こんな無駄がありました」とか、「それを改善する、こんな素晴らしい商品が出ました」「この商品を使うことで、こんな良いことが起こります」というふうに、三つの視点は見つけられるわけです。これに加えて、さっきの“What to say”と“How to say”を使って増やしていく。コピーを作るには方法論があるんですが、それを教えないで「書け！」となってしまうから困ってしまう（笑）。でも、『コピー年鑑』を見ていると、そのコツがわかってくるんですよね。あとは、新聞広告のキャッチフレーズのところを切り刻んだりして、言い換え方を自分で考えたりもしました。

――そのような努力の結果、二十五歳のときには東京コピーライターズクラブ（ＴＣＣ）の最高新人賞を受賞されます。

平凡社の百科事典のシリーズ広告です。毎回のテーマの選び出し、キャッチフレーズ、ボディーコピー、つまりコピーライターの仕事を全部僕が担当しました。そもそも、コピーライターの先輩から「シリーズのタイトルを考えなさい」と言われて、僕の案が拾われたんです。それがこの「百科に拾う明治百年」です。これが採用された後に、「じゃあ、この仕事をあげるから、全部やりなさい」と。そのプロセスの中で、質を落とさないために何を努力すべきかということを意識し始めたと思います。

――当時、コピーライターとして制作室に入った同期の方はどのくらいいらっしゃったんですか。

五人ですね。その五人を制作室の配属担当が見て、各チームに入れていくんです。仕事は、営業と調査と制作が三位一体になってプロジェクトを進行していく。これは博報堂の特徴ですね。その中で、制作のクリエイターがクライアントへのプレゼンターになって、お得意先との接点になるケースが多かったと思います。もちろん、営業に力がある場合は、彼らが接点の役割を担当します。

――基本的にチーム内での仕事は、調査が調べたことを基に、制作がアイデアを作るという流れなのでしょうか。

必ずしもそうではありません。クライアント自身が市場データを持っているケースが多いので、博報堂の調査部は生活者周りの情報を集めます。でも、マーケティングマンが、発想の舞台にまで入って来るのは難しかったような気がします。そのため、僕が調査担当者によく言ってたのは、「コピーライティングの勉強をした方がいい」ということ。コピーライターとしては、まず“What to say”が欲しいので、それ以前のところで、データをいろいろ見せられても、あまり意味がないんです。

例えば、ブリヂストンで「タイヤは生命を乗せている」というコピーを作ったんですが、このときは電通と競合だったんですよ。そのため、当然会社としては「電通に勝ちたい」。そこで、私がキャスティングされたのです。まず僕が調査の担当者に聞いたのは、「電通はどんな捉え方をしているの」でした。すると返ってきた答えは、「電通は『タイヤは部品』という表現を使っています」。直感的に、これはチャンスだと思いましたよ。クライアントは、扱っている商品を「部品」と言われるのはいやでしょうからね。ですからここに的を絞りました。そして、「どうしたらタイヤを主役に持っていけるか」を徹底的にディスカッションしました。そのとき、藤田君という調査マンが「こと安全に関してはタイヤは主役に近い」とつぶやいた。そうだ、クルマが乗せているのはボディじゃない。それをヒントに、僕は「タイヤは生命を乗せている」というコピーを作ったんです。これを思いついた場所や時間は、今でも覚えていますね。プレゼン時、営業は反対しましたがね。

ブリヂストン「タイヤは生命を乗せている」

ロングラン広告を生む コンセプトメイキングとは

——コピーディレクター時代には、ＡＧＦや三菱電機などさまざまな広告をご担当されていますが、詳しく教えてください。

広告にはハードセリング（即売りの広告）とブランド広告の二つがあるんです。まず基本的なメソッドとして重要なスペシャリティーは、ハードセリング。マンション広告は、その典型ですね。マンションというのは、一発で売っていかなければいけないので。しかし、普通のマンション広告というのは、スペック（仕様書）だけの表現になってしまうため、面白い表現ができ難い。制作者はあまりやりたがらなかった。でもここが拾い目。そこで先輩が嫌々やっていた仕事をもらいました。

まず僕が営業担当に提案したのは、「一回で売ってあげるから、ちょっとスペースを大きくしてほしい」。表現ひとつで、売れる売れないが瞬時にわかります。この仕事を通してハードセリングのコツを体得しましたね。その一方

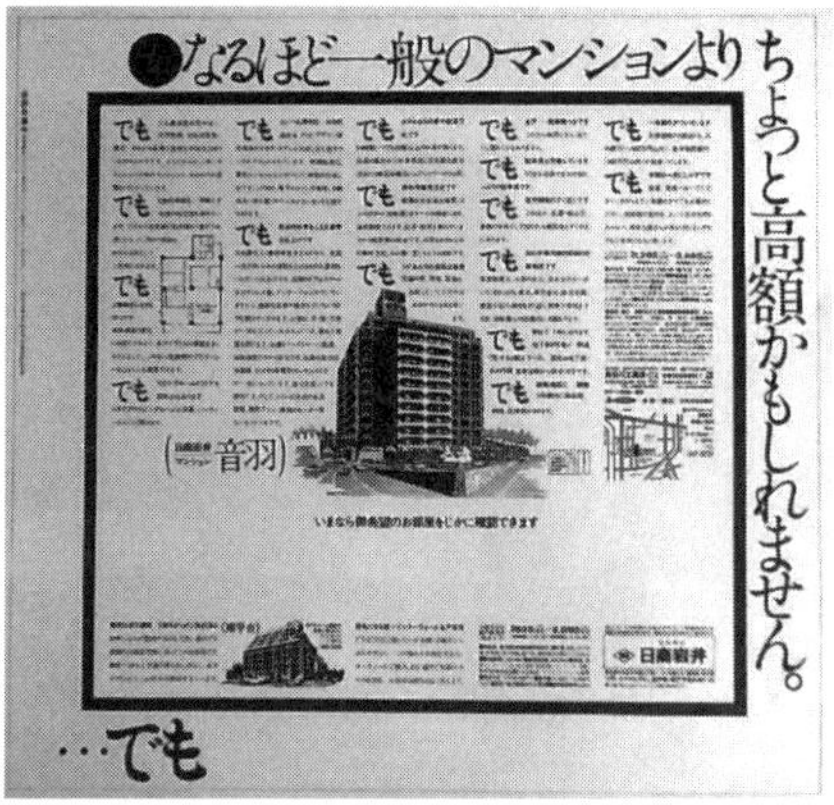

升野氏が手掛けた日商岩井のマンション広告。ハードセリングのコツを体得した

で、「ビッグアイデアがロングラン広告を可能にする」ということがわかり始めていた頃。これが、ブランド広告ですね。これについては、コンセプトメイキング、つまり「新鮮な関連価値を作る概念作り」ということに力を入れ始めました。

――そのブランド広告の典型が、ＡＧＦの「コーヒーは香りの手紙です」ですね。

クライアントの最初の要望は、「インスタントコーヒーをお中元用に売りたい」ということでした。しかし、これだと製品のオンパレード広告しかできない。とはいえ、こっちも一流のクリエイターだと自負していたので（笑）、なんとかしたいと思って打開策を練っていたんです。すると、これまでのお中元お歳暮広告というのは、ほとんどが〝真心の大バーゲン〟であることに気づいた。とすると、真心市場であえて戦うのは意味がないから、「コーヒーを贈る人と贈られる人の間には、どういう関係があるのか」というところから探り直していったんです。それで、あるとき「そうか、喫茶店で会っているはずだ」と思いついたんですよ。そのアイデアから出てきたキャッチフレーズが「青春を思い出させる贈り物」。しかし、このフレーズを持っていったら「青春に限定されてしまって、ちょっとイメージが狭い」と言われてしまって。それでもう一回考え直して、「ギフトというのは贈り物だから、季節ごとの贈り物。つまり、手紙だ！」というふうに乱暴にイメージをくっつけて（笑）。コーヒーギフトが手紙になりっこないですからね。でも、必要なのはこういう乱暴さなんですよ。

――その結果、決定的なコンセプトメイキング（新鮮な関係価値）が誕生したと。

そうですね。その次に、このコンセプトをスローガンにして、お客さんと商品をいろいろくっつけていくんです。しかも、今度はタイムリーにやってくわけです。例えば、シーズンごとに登場するタレントも意外な組み合わせにする。「同窓生から同窓生へ」とか、「先輩から後輩へ」といったように。そうするとシリーズ広告になるんです。「コーヒーは香りの手紙です」をキーワードにして物語を考えていく――これがブランドストーリー、つまりブランディングになるわけです。

あと、もうひとつ重要なのは、マーチャンダイジングに関わるということ。AGFのときは、コーヒーギフトの中に返信ハガキも入れて、贈られた人がメッセージを書いて贈り主に返せるようにしたんです。結局、クライアントが作るものは「プロダクト」であって「グッズ」ではない。だから、必ず「グッズ」にしてあげることが重要なんです。英語にしてあげるとわかりやすいんですけど、つまり“Bads”にしないで、“Goods”にしようとする。ロングラン広告には、こういうことが重要なんです。

AGF シリーズ広告「コーヒーは香りの手紙です」

コーヒーギフトの中に返信ハガキも入れた

――一方、三菱電機の案件はいかがだったのでしょうか。

三菱電機は、博報堂のナンバーワン・クライアントだったんです。それを長く担当できていたことは実はすごいことだったと思うんですけど（笑）、チームではどれくらいやったかな……十数年は担当していたと思います。その中で、三菱電機から『『全天候型エスカレーターを作る』というのを広告してくれ」という案件があったんです。それで、担当者が「錆びない、雨が降っても大丈夫」というようなオリエンテーションを行なったんです。でも、それは当り前じゃないですか。屋外用なんですから（笑）。なので、僕が持っていったのが「お婆さん、歩道橋にエスカレーターが付きました」という表現だったんです。すると、クライアントはみんなポカーンとしてしまって（笑）。そこで、僕が「誰が一番困っているのか」ということを改めて説明して、クライアントにも不承不承納得してもらったんです。でも、結果的にそれが賞を取っちゃうわけですから、最終的には見直してくれて（笑）。一番大事なのは「全天候型」「雨にも負けず、風にも負けず」ではなくメリットをターゲットに明確に伝えること。広告はラブレターだから、主張が尖っていないとまずいんです。内心望んでいることが、思いもかけぬ形で現れる。相手の心に深く刺さる表現じゃないと、ね。

誰もやらない案件にこそ仕事の価値が存在する

――ちなみに、このような案件を抱えるうえで、コピーライターならではの苦労というのはありましたか？

一人前になるまでは苦労したけど、あとはあまりないですよね。仕事が面白かったですからね。それぐらいに当たっていましたから（笑）。本来、嫌な仕事というのは、みんなやらないじゃないですか。でも、僕の場合、それをあえて拾うんです。そこで成功したら、天才ですよね。一方、仮に失敗したとしても、それが当たり前な案件ですから、僕へのデメリットも少ない。中でも、特に目立つ形でうまくいっていない仕事は一番面白いですね。成果も出るし、利益も出るし。そもそも手掛けたら、大体うまくいきますから（笑）。

――その具体的な例をお願いします。

例えば、ブリヂストンの仕事のときは、毎回電通に負けていたんです。そもそも、扱う商品がタイヤでしょ。ストレートに扱ったら、面白くもなんともないわけです（笑）。逆に、みんながやりたがる広告というと、当時でいえばソニーのような一流企業や商品ですよね。当時花形だった日本航空もそうです。どんな人でも旅行に行きたいからコミュニケーションが楽。京都キャンペーンを例に出してみると、誰だって一度は京都に修学旅行で行ったことがある。だから、その暗黙の了解を前提にして、「そうだ 京都、行こう。」だけで成立してしまう。どちらかというと、そういうのは表現しやすいんです。

超薄型テレビの場合でも、ソニーなら次のようなコピーで良いのです。「薄く、軽く、小さく。ソニーの技術が超薄型テレビを可能にしました」。ところが、三菱電機でそれを使うと独りよがりになってしまう。考えた挙句にたどり着いたのが、「記録は縮めるためにある」。「極限に至るまで突き詰める」というアスリートと技術陣の努力の共通点を見出せた瞬間でした。「ベストはひとつとは限らない」ことも覚えましたね。

賞を取る前は、誰もがやりたくなるようなクライアントを担当しようとしていましたが、賞を取ってからは別にこだわらなくなりました。それより、どうしたら受け手と送り手の間に新鮮な関係価値を作ることができるかを中心に考えるようになりましたね。

コピーライターのコアスキルは、「日本語の同時通訳機能」。これを体得できたのは大きいですね。さまざまな仕事に携わりましたが、どの仕事にも使える。幅広い熟練を身につけることができましたからね。

――人があまりやりたがらない広告案件を担当すると、クライアントの売り上げも変わってくるんでしょうか。

まったく違いますね。一番すごかったのは、制作を離れるときに担当した紙おむつの「ムーニーちゃん」。ユニ・チャームは当時生理用品がメインだったんですが、段々市場が狭くなってきていて、もうひとつの柱を欲しがっていたわけです。そのときに営業の担当が僕のところに来て「升野さんの理屈が必要だ」と（笑）。そこでマーケットを改めて見てみたんですが、パンパースが九五％ぐらいのシェアを持っていて大独占の状態だったんです。というのも、パンパースはそれまでの布おむつから紙おむつに替えさせようという動きをしていたんですね。そこでわれわれは、その分野はパンパースに任せてしまって、新しい試みのチャレンジャーかリーダーになる作業をしようと考えたんです。

――どんなことをされたんですか？

ターゲットである奥さんを観察しながら、まず「奥さん」という言葉の意味を改めて考え直したんです。すると、「奥さん」と呼ばれているのに、まったく家にいなかったりする。そこで「だったら、『外さん』じゃないか」と考えるわけです。そこで、「『外さん』に対して、どうやって商品を売るのか」というのを突き詰めて。そのプロセスで「これはおむつじゃなくて、『赤ちゃん用パンツ』なんだ」というイメージが湧いてきたんです。そこで、「外に出ても漏れない」、「何度お漏らし確認をしても直せる」ことをアピールすることにした。それを約束するために、その部分を「漏れないギャザー」「直せるテープ」とネーミングしました。商品開発に入り込んだのです。これを大々的に売り込むために、「おむつが街にやって来た」というコンセプトでプレゼンテーションしたんですけど……クライアントの全員に反対されて（笑）。「なぜ、パンパースと一緒のことをやらないのか」と言われるわけですよ。その際、営業局長もマーケティングのディレクターも、再三再四説明したんですが、まったく納得してもらえない。「これはダメかな」と思っていたんですが、そのとき、後ろでメモを取ってたおじさんが急に「升野さんのアイデアで行く」と言い出したんです。聞いてみたら、当時社長で、現会長の高原慶一朗さんだったんですよ。

――社長自らがGOサインを出したと。

高原さんの眼力は、本当にすごかったですね。会社に戻ると社長秘書からすぐに電話がかかってきて、「明日、高原のところに十一時に来ていただけませんか」と言われたんです。プレゼン資料は全部置いてきているわけだし、どうしたのかなと思いましたよ。当日、社長室のドアを開けたら、十人ぐらいの女性が待機していて。「何かあるのですか？」と尋ねたら、「昨日反対した営業部長の奥さんたちを全員集めました。もう一回プレゼンしてくれませんか」と（笑）。説明し終えると、全員が拍手ですよ。そのコンテ通りの表現で「ムーニーちゃん」をデビューさせたら、パンパースを一気に抜いてしまった。『ハーバード・ビジネスレビュー』からも「なぜ、あのP&Gが負けたのか」と取材がきましたよ。まったく新たに需要を創り出し得たわけですから、驚いたのでしょうね。「直せるテープ」とか「漏れないギャザー」とか、生活者の潜在ニーズを形にしたんだから、それは勝ちますよ。

――商品開発のあり方自体も変えてしまったわけですからね。

ＡＧＦの広告もそうですよね。そもそも、アメリカにはお中元やお歳暮という文化がないじゃないですか。

だから、ネスカフェはAGFの広告について「ミラクル」と言ったんです。確かに、外資にはわからないことってありますよね。そのような流れで、「一気に独占型のコマーシャルやろう」と、「コーヒーギフトはAGF♪」というコマソンを創って流したわけです。実はあれ、「チョコレートは明治♪」の真似だったんですけどね（笑）。でも、それでネスレに勝ってしまったわけです。だから、方法論はあるんですよね。

社内のシステム自体をニーズデザイン業態に相応しいよう仕立て直してゆく

――その後、昭和五四年（一九七九年）にコピーディレクターから経営企画室へと異動されましたが、それはどのような経緯からだったのでしょうか。

それまでは、会社内には「経営企画室」という存在はなく、「社長室」が経営を補佐していたんです。ところが、広告業界が次のステージへ行く際に、会社自体のマーケティングも考えなければならなくなった。でも、本社の管理室マンでは、どうやって生きていけばいいのかがわからないわけですよ。そこで、「現場で誰かそういう人はいないか」という話になって、僕にお呼びがかかったんです。最初は「コピーライターとして独立すれば年収が増すし、辞めようかな」とも思ったんですけどね。でも、「博報堂が得意先になったと考えればいいんだ」と考え直したんです。それに、「こういういい加減な会社は、ちゃんとしなきゃいけない」とも思っていましたし（笑）。しかし本社へ行ったら、「こんなに上下関係で成り立っていた会社だったんだ」と、改めて実感しましたね。そして、なんか嫌だな、と。現場では「さん」や「ちゃん」で呼ぶのが当たり前でしたけど、本社では肩書きで呼び合いますから、まったくの異文化体験ですよね。

――実際のお仕事はどんなことをされていたんですか。

博報堂のサービスに関して徹底的に取材しながら、「自社のマーケティングをどうするのか」「電通に勝つためにどうするべきなのか」を、クライアントの立場になって考えるんです。その際、社内の上から下まで、ほとんど全てのことを訊きまわっていったんですが、うまくいったケース例をまとめていたときに「あっ」と気づいたんです。「欲望に形を与える」という業態に博報堂のヒントがあるんじゃないか、と。それを言葉とアート力で表現する――つまり、博報堂の一番の存在意義というのは、「ニーズデザイン」能力にあるんじゃないかと考えついたんです。

――社内取材の際は、どのようなインタビューをされたんですか。

得意先を担当する営業やクリエイターのキーマンに話を聞いていくんです。そうすることによって、僕のところへ全部情報が集まってくるんですよ。それをメソッド化してゆく。そして最終的に、「営業、マーケ、制作からなるニーズデザイン技術を博報堂のコア技術にしましょう」とまとめたわけです。でも、そのためには、違う機能(ファンクション)も作らないといけない。そもそも、マーケという概念の中には、コンセプトの下地作りの他に調査をやっていた部分もあるわけです。その部分をまとめて「R＆D」、つまり研究開発センターにしてしまいましょう、と提案して。そのうえで「現業マーケティングは現場で戦う機能にしましょう」「その現場に武器を送るチームを作りましょう」というふうに、機能をデザインしていったわけです。

――経営企画室では具体的にアンケートや情報調査なども行なっていたんですか。

そうですね。まず、博報堂のcompetitive edge、つまり競争優位点、それから潜在能力、アイデンティティーを明確にしてゆく。その結果として探し当てたのが「ニーズデザイン」能力です。さらに、そのような機能を組み合わせてサービスしてゆくのが「マーケティング・エンジニアリング技術」。珍しいですよね。「マーケティングをエンジニアリングする企業技術を持ちましょう」ということですから。コアなファンクションは「ニーズデザイン」。それを展開していく技術や、組み合わせる技術を「マーケティング・エンジニアリング」にしましょう、と。また、現業に必要な情報を蓄積し、それを供給する機能として、図書館のネーミングを「情報センター」に変えました。また、クライアントに対して良い情報を提供してゆくためには、クライアントの代理店という立ち位置も必要なんですが、一方でエンドユーザーである生活者の代理店も必要ですよね。そのため、博報堂で他の広告代理店と違うファンクションを持つようにするため、「生活総合研究所」もつくりました。イベント担当セクションを「イベントセンター＝事業本部」にして、研修所も「人材開発センター」にしていく。何をやっているところかを明確にするという意味でも、ネーミングというのはすごく重要ですよね。

――また、昭和六一年（一九八六年）、四十二歳の時に営業統合本部の統合管理室・主査になられたと思いますが、そちらではどのようなお仕事をされていたのでしょうか。

いわゆる、営業担当の部長ですね。営業を全部見ていくところのセクションマネージャーです。基本的には、営業戦略を立案したり、必要な営業利益を算出する予算編成をやるんですが、これはけっこう嫌われる仕事でした（笑）。「博報堂が伸びていくためには、これくらいの営業利益が欲しい」という数字を出して、それを各営業局に配分して「これだけやってください」と言うわけですから。でも、それが重要なんです。その営業局がどういう得意先構成なのか、そこにはどういう開発素地や危険性があるのか、利益管理をどうしているのかを見ていくわけですから。現業の仕事を違う角度から見ていくので、そういう意味では実りのある仕事だったと思います。その分しんどい状態が続いて、ほとんど毎日胃薬を飲んでいましたけど(笑)。

——戦後しばらくまでは、広告業界はどんぶり勘定だったといいますが、八〇年代はどうだったのでしょうか。

広告会社は、その利益の多くをメディアの手数料＝コミッションで儲けるわけです。それがどんぶり勘定になる原因なんです。だから博報堂では、「マスメディア」と「マスメディア以外」という呼び方で種目管理を行なっています。媒体取引は「マスメディア」、それ以外の仕事は、クリエイティブの仕事も含めて「マスメディア以外」。そのため、例えばトヨタの年間広告費を一〇〇〇億円として、そのうちの三〇〇億が博報堂に来ているとしますね。仮にその一五％がコミッションだとすると、営業利益が四五億程度出ればいい。そうなると、メディア以外はトントンかそれ以下でもいいと考えるようになる。それが、どんぶり勘定です。制作は原価だけ回収すれば知恵代はタダでもいいという考えですね。

でも、僕が営業を管理する部長になったときは、そうでない方式を取り入れました。いわゆる単品管理です。「ひとつひとつのコストと利益をきちんと見ていきましょう」ということですから、これは周りからは嫌われましたね。今までどんぶりでやってきたわけですから。しかし、バブルが弾けて金利が上がったわけですし、コスト管理がしっかりしてないとダメになってしまう。それに、マスメディアのコミッション率がこのまま現状を継続できるとも思えないわけですよ。ですから、営業方針の一番最初に「利益は与えられるものではなく、創り出すもの」と書きましたよ。これは、相当な意識改革でしたね。

社内すべてのサービスを可視化した、法務室長時代

――平成九年（一九九七年）には、経営管理本部法務室長にも。マネジメントから法務へ移るのは、さぞかし大変だったと思うのですが。

会社から帰ったとき、妻から「辞めてもいいのよ」と言われました。何も言わなくても、「何かあったな」というのが勘でわかったみたいなんです。そのときは、「あ、バレたな」と思いましたね。でも、冷静に考えると、逆に今までとまったく違う仕事をやるのも面白いんじゃないかと思えるようになって。実際、担当して自分の幅が大きく広がりましたね。この新しい部門に行ったら、スタッフ全員が法律用語で話をしているんですよ。だからコミュニケーションが難しい。そこで僕が考えたのが「スイート法務」（笑）。「スイート」って優しいという概念があるじゃないですか。だから「法律用語ではなく、優しい言葉で喋ろう」というルールを作って。そういうことをきっかけにして、これからどんどん現場の注文を取ってきなさい、と。現に、法務相談は年間で一万件くらいあるんですよ。だから、電話注文が多い人が商売繁盛店としました。そういう評価も取り入れましたね。

――失敗例を全部メソッドとして取り出して、データベース化をする試みもされたとか。

目に見えないとわからないことが多いので、僕は必ず目に見えるものにするんです。広告の法務には、「現業法務」と「会社法務」があるんです。現業法務は作っているコンテンツを担当します。コンテンツがちゃんとしてるか、違法性がないか、社会的モラルを尊重しているか、事故があったらどうするかということを

考える。一方、会社法務というのは上場するのかとか、M&Aをするのかとかですね。この二つの法務機能の両方が、どちらも大事なんです。あとはコンプライアンス（遵法精神）を大事にしようという風潮が出てきたので、コンプライアンス委員会を立ち上げました。僕は事務局長をやることになり、社長には委員長になってもらいました。コンプライアンスはすごく重要で、『博報堂のサービスなら安心です』ということを全面的に約束しましょう」ということですから、どういうところが安心できるポイントなのか、全部チェックしてゆきました。それで、制作だったら制作のコンプライアンスの研修用ルールブックを作って、イエローカード、レッドカードというふうに、具体的にまとめていく。そうしないと無形のサービス業なので、わからないことが多いんです。

――法務室長時代にあった出来事の中で、一番印象的なことは何ですか。

就任してすぐに大阪の花の万博の訴訟対応がありました。これは博報堂が請け負ったウォーターライドという乗り物が事故を起こしたんです。第一審は全面敗訴。その裁判は前の法務室長が担当していたんですが、僕のときには「第二審をどうするか」という段階に入っていました。弁護士チームは、当時日本で一番大きなところにお願いをしていたんですが、彼らは「戦いましょう」と言うわけです。その一方で、「勝てるか勝てないか」を尋ねると、「わからない」という言葉が返ってくる。そうこうしている内、裁判所から和解勧告が出てきたんです。勝てないか勝てるのか、和解を飲んだ方がいいのか、その決断のときが一番印象的でしたね。

結局、和解を飲まなかったら最高裁判所へ行っちゃうわけじゃないですか。そうすると、最高裁判所は形式審査しかしないから負ける可能性が高い。そのため、「和解を飲んだ方がいい」という判断をすることができた。あのときは、自分でもなかなかよくやったと思いましたよ。経営者というのは、どこかで判断しなければならない。その判断がとても重要なんですが、「どっちが得か」というポイントさえわかれば決断はできるんですよ。もちろん、専門家の意見も聞きながらですけどね。"Know how"だけでなく、"Know who"も大事なことも覚えましたよ。同時に、複雑な案件の意思決定の際には、デシジョン・ツリーという絵柄を描いて判断する重要性も体得しました。

——二〇〇四年に博報堂を退社され、現在は「一人広告社」として活動されている升野さんですが、改めて戦後の広告史を振り返ってみたとき、博報堂はどのような会社だったとお考えでしょうか。

博報堂がどういう会社だったかというより、戦後社会において、広告業が消費社会をつくったというのは、きわめて大きな貢献ポイントとして挙げられると思いますね。日本のGDPは五〇〇兆円ぐらいだと思いますが、それに対して百分の一以下くらいの広告費が世の中をつくり出したわけですから、それはとても大きなことだと思うんです。その中で博報堂の優位性をいうなら、初めて「広告主の代理店だ」ということを宣言したことだとでしょうね。典型的なところでは、電通の営業では「連絡」という言葉を使っていました。それは「媒体社へ連絡する」という意味の「連絡」なんです。一方、博報堂では初めから「得意先と媒体社へ営業する」の「営業」。電通がクライアントのための代理店へと切り替わって「連絡」から「営業」へシフトしたのは、実はまだ日が浅いんです。もうひとつの典型例は、媒体社の広告代理店というのがどんどん潰れていったこと。「〇〇広告会社」というのは、新聞社の広告代理店とか、雑誌社の広告代理店というように、媒体社の広告会社なんですよ。そういう業態は次々に姿を消していきます。逆にいえば、博報堂のようなところは、違う営業状態をつくっていける広告会社、クライアントの広告会社であることは大きいと思います。

――電通と比べて博報堂の特色、相違点などはいかがでしょうか。

電通は組織力がすごいですね。それからマネージャーのキャスティング。「キャリアパス」というキャリアを踏んでトップになっていくメソッドは、電通の方が遥かに優れています。あとは、対人間力という点でもかなり優秀ですよ。何回負けても、必ず表に出て来ますしね。いわば、何ラウンドも戦えるヘビー級ボクサーです。そういう意味では、博報堂の方が打たれ弱いと思います。博報堂の弱点は、自分たちだけで固まってしまうモンロー主義（アメリカのある時代の孤立主義）だからなんです。法務室長時代に業界活動をしたときにわかったんですが、博報堂の代表者というのは、あまり喋らない。だから私は、どんどん発言していった。すると業界活動のマネジメントも回ってくる。ACC（全日本CM放送連盟）の著作権委員長、JAAA（日本広告業界）の広告問題委員会委員長、JARO（広告審査機構）の業務委員、経営法友会の幹事などの仕事も担当しました。博報堂は業界活動を、もっともっとしていった方がいいですね。

――最後に、これからの博報堂がすべきことは何だとお考えですか。

今持っている力をもっと先鋭化した方がいいですね。その結果、今までとは違う営業状態が出てきてもかまわないと思うんです。極端な話をいえばニーズデザイン力を活かして「工場なきメーカーになる」という発想を持ってもいい。得意先と一緒になって商品開発してもいいし、オリジナル商品を作ってもいいわけですから。「超広告」というような広告を超えていくような領域を業態化していくことも必要だと思います。これへの対価はコミッションではありません。知恵代です。フィービジネスの確立が必要不可欠です。

もうひとつは、インドおよび東南アジア地域でのクライアント開発でしょう。今後これらの地域が伸びていくときに、どういう文化と生活価値を作っていけるか。それを得意先と一緒にやっていくということはとても重要です。現在、国内市場は飽和状況ですから、外でどうするかが肝心なんです。そういう意味では、グローバルブランドをやっていくマネジメントをどうするのか、新たなメソッドも重要ですね。

最後にもうひとつ。今やテレビに次いで広告媒体化したネット領域への本格的な仕組みづくり。今は、まだまだ従来広告領域対応が主です。しかしホールディングカンパニーがあるのですから、その傘下にネット対応の媒体機能と制作・イベント機能をワンセットで有した企業を創り出すことも必要ではないでしょうか。

解説――平成、二一世紀を動かすあなたへ

ひょっとすると、『昭和を動かした広告人』は、この解説に目を通してから読まれた方が、面白く、理解が深まるかもしれません。

彼らが行なってきたのはプロデュース、つまり昭和という時代の潜在的可能性をプロ＝前に、デュース＝引き出す行為。ここに登場した語り手たちは、あの時代にエンジンをかけ、ダイナミックにアクセルを踏み込んだ広告人の代表選手。得意先の製品やサービス、それにメディアの生活価値を発見し、生活者との間に「新鮮な関係価値」を築いていったのです。仕事を自分だけの手柄にする、いわゆる「やったーマン」ではありませんが、一人ひとりが昭和という時代を動かす原動力であったことは、その実績と語り口から明白です。

●初めて黒子たちが口を開いた

昭和の広告人は、クライアントや商品やサービスが主役であることをわきまえていましたね。それゆえ、自分たちが前面にしゃしゃり出ることはしませんでした。それに、マーケティング活動が終わらないうちに仕事内容を語ることも不可能。自らの存在自体がインサイダーであり、守秘義務も必要ですからね。そして時代が昭和から平成に、二〇世紀から二一世紀に。もう公表してもよい時代環境となったところへ、この『昭和を動かした広告人』企画。タイムリーでしたね。語り手も、営業、媒体、PR、マーケティング、クリエイティブと多士済々です。

●広告によるマス媒体とマーケティングの掛け算効果は、高度成長の原動力のひとつ

朝鮮戦争による特需景気から復興に向かった日本経済は、その後、世界に例のない高度成長期に入ってゆきます。一九五五年から一九七三年まで、日本の実質経済成長率は年平均一〇％を超え、欧米の二〜四倍。こんな好景気は初代の神武天皇以来ということで、「神武景気」と名づけられたのはご存知の通り。国民一人あたりの消費高も一九五三年に戦前の水準を突破。一九五六年度の経済白書では「もはや〝戦後〟ではない」という言葉が使われましたね。

次の一九五八年からの好景気は神武景気を上回ったので、神武より前の名前をということになり、神武天皇の祖先の天照大神が天の岩戸に隠れた話から「岩戸景気」。一九六五年からの好景気は、岩戸景気より長く続いたので、「天の岩戸」の前に遡り、国造り神話に登場する「いざなぎのみこと」の名前から「いざなぎ景気」。文字通りの三段跳びのような高度成長でした。その間のマスメディア（テレビ、新聞、雑誌、ラジオ）の急速な拡大と、マーケティングの目を見張る発展。その真っただ中に、昭和を動かす原動力のひとつとしての「広告」があったのです。

●その時代の鼓動に聴診器を当てていた人々

それぞれのインタビュー記事を読むと、誰しもが社会の動きの半歩先、一歩先を肌で掴み取っていたことがわかると思います。必要なのは、この感性なんですね。それらを捉えて、舞台を創り上げる。そのうえに、広告主、商品、サービスを乗せてゆく。それぞれの登場のさせ方、演技の演出。その時代でしかなし得ないドラマを観るような気分です。そこかしこに、ちっちゃな表現では到底なし得ない凄みを感じ取れます。

●与えられたオモチャでは、豊かで、逞しい想像力は生まれない

執筆者たちの生い立ち（本書では大幅に割愛）を眺めて感じ取ることができたのは、幼い頃の育ち方が今の人たちとまったく違うことですね。どの人にも共通しているのは、与えられたオモチャがないっていう時代背景。何もなかったから、自分が関わらないと遊びをつくることができなかった。宝探しとか木登りをする足場を作ったりとか、トンボを捕ったり。ものを創り出す素地はそこから培われたんじゃないでしょうか。遊び道具は作っていかないと、ないわけです。そのうえ作ったところで、次の日には消えてしまったり、変わっちゃうから、また作る。だから面白い。パソコンもスマホもない、オモチャも、遊び場もすべて手作り。そういう行為から創造力を体得していったんですね。類推力を養うことができるかできないかは、企画作りに決定的な影響を与えます。コンセプト・メイキングはアナロジーに基づいた洞察力。そういう経験は子供時代にあった方がいいと思いますね。

●三社三様。創業の違いが企業ドメイン（存在領域）を形作っている

電通……電通の前身は一九〇一年（明治三四年）光永星郎によって設立された「日本広告」。その後一九〇七年（明治四〇年）、やはり光永によって設立されたニュース通信社「日本電報通信社」と合併。一九三六年（昭和一一年）、国策によりニュース通信部門を同盟通信社に譲渡し、広告代理店専業に。ラジオ・テレビ広告に先んじていったのも、電通という名称から理解できます。そして第四代社長・吉田秀雄の強烈な個性。鬼の十訓に代表されるそのＤＮＡは、すべての電通人に受け継がれていることを本文から垣間見ることができます。

博報堂……博報堂の創業者は瀬木博尚。一八九五年（明治二八年）に東京都日本橋本銀町に開業した教育雑誌の広告取次店「博報堂」がルーツです。雑誌や新聞のグラフィック広告に強かったのも、その辺りに理由があるようです。昭和三〇年代からはラジオ・テレビ広告にも積極的に進出。圧倒的な電通の媒体支配力に対抗するため、一早く広告主の代理店を標榜。得意先サービスとクリエイティブに重きを置いた博報堂のチャレンジャーとしての意気込み。その経緯は、博報堂人のインタビュー内容から把握できるでしょう。

萬年社……萬年社の設立は一八九〇年（明治二三年）。創業者は元新聞記者の高木貞衛。『大阪毎日新聞』（現・毎日新聞大阪本社）、『大阪朝日新聞』（現・朝日新聞大阪本社）の広告取次業として発足。この二紙の全国紙化に大きく貢献し大阪中心に全国的企業に発展しました。しかしメインクライアントの関西企業が相次ぎ東京に本社移転。この東京一極集中化の煽りを受け、徐々に経営悪化。一九九九年、一〇九年にわたる長い歴史に終止符を打ちました。日本最古の広告会社としてのパイオニア精神と老舗の苦闘は各人の言葉から読み取れます。

次に産業としての広告業のユニークさもご紹介しておきましょう。

これらを下敷きにして、文章を読むと各人の活動がより際立って見えてくると思います。

●広告会社は、地場産業である

コミュニケーションはコミュニティがあるから成立します。文化はその土地とそこに住む人が醸し出すもの。広告は文化産業であり、地場産業なんです。電通、博報堂は、首都圏に根差す地場産業、萬年社は大阪から発した地場産業であったことも理解しなくてはなりません。

●巨大な情報拡散装置である東京と関東平野

東京の巨大さは、ニューヨークやパリやロンドンと較べると、よくわかると思いますよ。新宿、銀座、渋谷・原宿、池袋、青山・六本木。それぞれのタウンが世界の大都市並みの繁華街とスケールを有しています。これらを核とする首都圏。そして、それを可能にし、テレビ・ラジオ電波が行き届く広大な関東平野。ここでの情報リフレクション（反射）効果は、他に例を見ませんし、他の追随を許しません。それに加えて、国内外の主要企業・数多くの媒体社が本社を構えて、絶えず情報を受発信し続けています。もし電通や博報堂が東京以外に居を構えていたら、今日の繁栄を享受できなかったでしょう。

●クリエイティブの本質は、大量生産とはかけ離れている

クリエイティブにあこがれてこの産業に入って来る人は多いと思います。確かに面白い行為です。しかし、生産行為からクリエイティブを眺めると、もうひとつの実態が垣間見えてきます。「一品一回生産」であると同時に「廃棄型」産業なんですね。創っては壊し、創っては壊しの連続。大量生産のヒット商品を創り出すのとは、ちょっと違う面倒なプロダクト方式。実は、これが他業種からの参入障壁ともなっているのです。

●広告情報は予期せぬラブレターである

映画監督の伊丹十三は映画の本質をこう語っています。「もしお客様の欲しいものを、お客様の予期せぬ形で提供できたら」。芸術とも違う「映画の持つ商業ビジネス」という表現行為の本質を衝いています。

これに対して、広告情報の本質とは何かと問われたら、次のように説明できるでしょう。「予想だにせぬ

ものが突如に現れ、それが実は心の底から待ち望んでいたものだったら」。つまり、広告は生活価値情報というサービス・商品の送り手からのラブレターなんですよ。これが広告情報の真髄。生活価値情報を考え出し物語化して、そこに商品やサービスを載せてゆく。商品やサービスを売り込むということを考えると押しつけになるんです。

●Advertising の本来の意味は「広告」ではない。

明治五年に Advertising を「広告」と訳した日本人がいたようですが、その本来の意味は「興味を惹き起こす、○○に注意を向けさせ続ける」。その興味深い情報をマス媒体で拡散＝広く告げることによってマーケットを創り上げてゆくんです。ですから、コンテンツ作りが必要条件。「広告＝広く告げる」は、マスメディアの役割で「十分条件」。「Advertise」と「広告」が合体して初めて意味を持つのです。優れた生活価値情報と、マスメディアがなければ「広告」ではないのです。

●広告代理店は、三つの代理業である

ひとつは媒体社のスペースや時間帯を広告主に販売する代理業。次が広告主のマーケティング代理業。しかし、それだけでは揺れ動く世の中の動向や価値観を捉えきれません。もうひとつの代理業であることが必要です。それが生活者のニーズを洞察する代理業という役割。博報堂の生活総研、電通の電通総研は、そのための装置でもあるんです。

●現場第一線の広告人の感覚は、単なるサラリーマンとは少し違う他の職業に例えると、プロ野球選手に近いかもしれませんね。彼らは球団には属していますが、一人ひとりが個人事業主。広告人も、職人的スキルと旺盛なプロ意識の持ち主。野球人がファンを最優先するように、アドマンも、まず広告主、媒体社、読者へ目が向いている。それらの評価で自分自身の力量や成果を測っています。そういう仕事の仕方の方が、属している企業に貢献することを知っていたようです。それを肌で感じ取ってプレーしていたことがわかると思いますよ。

最後に若干ですが、広告業の今後に触れてみましょう。現状のような利益の大半をマス媒体コミッションに頼っていると、広告業は次第に先細りになる可能性があります。「介在理由」の絶えざる発見の営業状態を拡げてゆく必要があるでしょう。

●知恵代を請求できるビジネス環境に

大手建設業が企画設計料を請求できにくいように、大手広告代理業も、企画料を請求できにくいのが現状です。媒体コミッションは知恵の換金装置という側面もあります。しかし、媒体をあまり使用しないビジネスも増えてきています。コミッション率も下がってきています。そのために、知恵代を主張してゆくことが必要です。無形ビジネスの有形化による有償化、つまりフィービジネスの確立が必要です。ヒントは弁護士のビジネス慣行にあるでしょう。コストと知恵代の明確化。作業時間の見積もりとタイムチャージの導入。それには、段階毎＝フェーズ毎のビジネス設計をもとにした取引の拡大。それらを見積もり、提示しながら仕事を進めることも必要です。

●社会的責任広告という新領域の創出を

このジャンルの必要性を発見できたのは、筆者が財務省のたばこ審議会にJAAA（日本広告業協会）広告問題委員会の委員長として呼ばれたときです。その場には、たばこ広告禁止論者が多かったのです。でも、こう反論しました。「たばこ広告を禁止するとデメリット表示できなくなりますよ」。もうひとつ、マナーキャンペーンの必要性も指摘しました。たばこの吸い方、捨て方とか。JTのマナー広告は、あの指摘がきっかけだと思っています。同時に、そのときに社会的責任広告の領域があると思いました。振り込め詐欺対応はNHKだけではなく、金融機関が足並みを揃えてやるべきだと思います。携帯のマナーについても、まとめてやればいい。そういう新しい領域開発が、すごく必要だと思います。そういうのを広告代理店がもっとやっていいと思うし、やるべきだと思います。

●追想と回顧だけでは新たなビジネスをつくり出すことはできない

平成、二一世紀を動かす広告人には次のことを望みたいですね。発想だけに止まらず、業態やシステムづくりにおいても、クリエイティブ＝革新的であり続けることです。その昔、広告会社は「もっと普通の会社になろう」と語った人がいましたが、それは間違いですね。今以上を求めてゆく。それには、常と異なる行為、つまり良い意味で〝異常な企業や業態〟であった方がいいと思うからです。

そのヒントは、昭和を動かした広告人たちの言動や生き様にあるはずです。

升野龍男

年表

	広告・メディア業界	社会・生活	世相・流行
昭和20年 （1945年）	●電通初代社長光永星郎逝去（享年78歳）（2・20） ●42・4・1施行の広告税廃止（8・1） ●広告代理業12社が日本新聞広告同業組合結成（9月） ○GHQ、プレス・放送コードを指令（9月） ○日本新聞連盟（日本新聞公社の改組）発足（10・1）	○天皇が「戦争終結の詔書」を放送（8・15） ○東京湾上のミズーリ号で降伏文書調印（9・2）	【流行語】 ピカドン、一億総ざんげ、バラック 【ヒット商品・事象】 ヤミ市、ジープ 【流行歌】 リンゴの歌
昭和21年 （1946年）	●全国新聞広告同業組合設立（7・23） ○日本新聞連盟解散し、日本新聞協会設立（7・23） ●日本雑誌広告協会設立（11・1）	○天皇「人間宣言」（1・1） ○公職追放令施行（1・4） ○新円生活始まる（3・3） ○極東軍事裁判（5・3） ○新憲法公布（11・3） ○第1回シベリア引揚船、舞鶴に入港（12・8） ○当用漢字発表（1850字）	【流行語】 赤線、ガイロク、DDT 【流行歌】 東京の花売娘、悲しき口笛、星の流れに 【映画】 カサブランカ、キュリー夫人
昭和22年 （1947年）	●全日本広告連盟、日本広告会、東京広告協会、関西広告協会、屋外広告協会、日本宣伝クラブ設立 ●電通4代目社長に吉田秀雄が就任（6・21） ●年間広告費初の推計値（14億6000万円） ○日本新聞協会、新聞倫理要綱を制定 ○ラジオ受信契約数600万突破	○学校給食始まる（1・20） ○GHQ、「2・1ゼネスト」の中止を命令（1・21） ○6・3制発足（4・1） ○労働基準法、独占禁止法、地方自治法公布（4月） ○公取委発足（7・1） ○古橋、400m自由形で世界新記録（8・9） ○キャサリン台風（9・15）	【流行語】 PTA、不逞の輩、ご名答 【流行歌】 鐘の鳴る丘、憧れのハワイ航路、港が見える丘 【文芸・ベストセラー】 肉体の門（田村泰次郎）、ノンちゃん雲に乗る（石井桃子） 【ヒット商品・事象】 集団見合い、カストリ雑誌ブーム
昭和23年 （1948年）	●広告電通賞制定 ●広告の地方税撤廃 ●新聞12社が17段制実施	○帝銀事件（1・26） ○第1次ベビーブーム ○各地で主婦連結成（9月）	【流行語】 斜陽族、鉄のカーテン、老いらくの恋 【流行歌】 東京ブギウギ、湯の街エレジー、異国の丘 【文芸・ベストセラー】 俘虜記（大岡昇平）、人間失格（太宰治） 【映画】 酔いどれ天使、美女と野獣
昭和24年 （1949年）	○新聞紙法、出版法廃止（5・24） ●屋外広告物条例実施（9月） ○全国紙が夕刊を復刊（11・25）	○新制大学誕生（4・1） ○下山、三鷹、松川事件 ○第1次シャウプ税制勧告発表（8・26） ○キティ台風猛威（8・31） ○湯川秀樹博士にノーベル物理学賞（11・3） ○繊維製品の統制撤廃	【流行語】 駅弁大学、竹のカーテン、アジャパー 【流行歌】 青い山脈、銀座カンカン娘 【文芸・ベストセラー】 風と共に去りぬ（M・ミッチェル）、ブロンディ（C・ヤング） 【映画】 青い山脈、野良犬、ハムレット

『大広百年史』『電通広告年鑑』などをもとに作成

昭和25年（1950年）	昭和26年（1951年）	昭和27年（1952年）	昭和28年（1953年）
●日本広告会が広告浄化要綱制定（3・27） ●日本新聞広告業者協会（現・日本広告業協会）設立（5・1） ○新聞・放送関係レッドパージ始まる	○新聞用紙統制の全面的撤廃（4月） ●日本宣伝美術協会設立（6・9） ○日本民間放送連盟結成（7・20） ○民間ラジオ放送開始（9・1） ○民放ラジオ6局（CBC、NJB、ABC、RKB、KBJ、KR）開局	●広告税廃止を含む地方税改正法成立（6・28） ●東京アド・アートディレクターズクラブ（ADC）発足（9月） ●「朝日広告賞」（朝日新聞社）設定 ○ABC懇談会（発行部数公査）設立（10・27）	○NHK東京、テレビ放送開始、放送時間は1日4時間（2・1） ○民放テレビ第1号NTV開局（8・28） ●全日本広告連盟設立（10・20）
○プロ野球2リーグ制始まる（4月） ＊朝鮮戦争始まる（6・25） ○JISマーク登場 ○住宅金融公庫発足	○「羅生門」ベネチア国際映画祭でグランプリ	○日航もく星号、大島に墜落（4・9） ○血のメーデー事件（5・1） ○ストレプトマイシン自由販売	○「金」自由販売 ○中国からの引き揚げ開始 ○ミス・ユニバース・コンテストで伊東絹子3位 ○日本婦人団体連合会結成（30余団体参加 4・5） ＊朝鮮休戦協定調印（7・27）
【流行語】 アプレ・ゲール、オー・ミステーク、貧乏人は麦を食え 【流行歌】 悲しき口笛、買物ブギ、イヨマンテの夜 【文芸・ベストセラー】 きけわだつみの声（東大出版部）、細雪（谷崎潤一郎） 【映画】 羅生門、また逢う日まで、自転車泥棒	【流行語】 逆コース、社用族 【流行歌】 野球小僧、テネシーワルツ 【文芸・ベストセラー】 自由学校（獅子文六）、武蔵野夫人（大岡昇平）、山びこ学校（無着成恭） 【映画】 カルメン故郷に帰る、白昼の決闘 【ヒット商品・事象】 GI刈り	【流行語】 ゴールデン・ウイーク、PR 【流行歌】 上海帰りのリル、リンゴ追分 【文芸・ベストセラー】 千羽鶴（川端康成）、花の生涯（舟橋聖一）、三等重役（源氏鶏太） 【映画】 生きる、真空地帯、西鶴一代女、第三の男、殺人狂時代、誰が為に鐘は鳴る、天井桟敷の人々 【ヒット商品・事象】 スクーター、LP盤	【流行語】 八頭身、サイザンス、オコンバンワ 【流行歌】 雪の降る町を 【文芸・ベストセラー】 君の名は（菊田一夫）、風林火山（井上靖）、アンネの日記（A・フランク） 【映画】 ひめゆりの塔、地獄門、十代の性典シリーズ、禁じられた遊び、雨に唄えば 【ヒット商品・事象】 真知子巻き、ノースリーブ、ディオール旋風

昭和29年（1954年）	昭和30年（1955年）	昭和31年（1956年）	昭和32年（1957年）
○ＮＨＫ、大阪・名古屋でテレビ本放送開始（3・1） ●九州広告協会設立 ●「宣伝会議」創刊（4月） ○ＡＢＣ懇談会、新聞部数公査を開始（5月） ●全広連「広告倫理綱領」を制定（6・18）	●内外通信社博報堂が「博報堂」に（4・1） ●「第1回全日本広告展」開催（全広連・大阪広告協会主催）（6・6～12） ●日本電報通信社が「電通」に社名変更（7・1） ●大阪コピーライターズクラブ発足（12月）	○日本雑誌協会設立（1月） ●民放連、ＣＭ研究会設立 ●万国著作権条約発効 ●「電通広告年鑑」（昭和31年版）創刊（5月） ●「日本宣伝賞」（日本宣伝クラブ）設定（12月） ●日本生産性本部のマーケティング視察団、初渡米	●日本広告主協会、全日本新聞社広告会、全日本放送広告会、日本国際広告協会設立 ●日本マーケティング協会設立（10・7）
○マリリン・モンロー来日（2・1） ○第1回日本国際見本市（大阪）（4・10） ○歌ごえ喫茶登場（東京・新宿）	○日本生産性本部発足（2・14） ○戦後初の日中漁業協定調印（4・15） ○経済企画庁発足（7・20） ○日本住宅公団設立（7・25） ○原水爆禁止世界大会開幕（広島）（8・6） ○森永ドライミルク事件（8・24）	○医療分業実施（4・1） ○日本道路公団発足 ○水俣病発生（4月） ○売春防止法公布（5・24） ○経企庁「国民生活白書」発表（7・17） ○南極観測船「宗谷」出発（11・8） ○日本の国連加盟決定（12・18） ○全国消費者団体連合会設立	○東海村原子炉に原子の火（8・27） ○経企庁、消費者動向調査を開始
【流行語】 死の灰、逆コース、むちゃくちゃでござりまするがな 【流行歌】 岸壁の母、高原列車は行く、愛の賛歌 【文芸・ベストセラー】 潮騒（三島由紀夫）、女声に関する十二章（伊藤整） 【映画】 二十四の瞳、七人の侍、ローマの休日 【ヒット商品・事象】 ヘップバーンカット、サブリナシューズ	【流行語】 ノイローゼ、戦中派、エッチ 【流行歌】 お富さん、おんな船頭唄、田舎のバス 【文芸・ベストセラー】 流れる（幸田文）、二十四の瞳（壺井栄） 【映画】 夫婦善哉、エデンの東、七年目の浮気 【ヒット商品・事象】 ビキニスタイル、トリス・バー繁盛	【流行語】 一億総白痴化、もはや戦後ではない、太陽族、書きますわよ 【流行歌】 別れの一本杉、ここに幸あり、ケ・セラ・セラ 【文芸・ベストセラー】 太陽の季節（石原慎太郎）、金閣寺（三島由紀夫）、楢山節考（深沢七郎）、夜と霧（Ｖ・フランクル） 【映画】 ビルマの竪琴、ピクニック、理由なき反抗、わんわん物語 【ヒット商品・事象】 慎太郎刈り、ポニーテール、ジーパン、ロックンロール	【流行語】 神武以来、よろめき、グラマー 【流行歌】 有楽町で逢いましょう、哀愁列車、俺は待ってるぜ 【文芸・ベストセラー】 挽歌（原田康子）、人間の壁（石川達三）、氷壁（井上靖） 【映画】 喜びも悲しみも幾歳月、戦場にかける橋、昼下りの情事、ＯＫ牧場の決闘 【ヒット商品・事象】 自動電気炊飯器

昭和33年（1958年）	昭和34年（1959年）	昭和35年（1960年）	昭和36年（1961年）
●東京コピーライターズクラブ（TCC）設立 ●58年度広告費1000億円突破 ○民放番組審議会発足 ○テレビ受信契約数100万台突破	●ACC、CMフェスティバル開始 ●テレビ広告費がラジオを抜く（12月）	●民放連・広告業者協会・主協でCM合同研究会（現ACC）発足 ○テレビタレントセンター（TCC）設立（4月） ○民放4局とNHK、カラー本放送開始（9・10） ○ニールセン日本支社、東京・大阪で視聴率調査を開始（10月） ●公取委、誇大広告規制を決める（10・14）	●全国銀行協会、広告自主規制を一部緩和（7・17） ●正路喜社倒産（10月） ●国際広告協会（IAA）日本支部発足（11・29）
○東京タワー完成（12・23）	○新国民健康保険法、メートル法施行（1・1） ○皇太子明仁親王ご成婚（4・10） ○第1回レコード大賞設定（12・31）	○日米新安保条約調印（1・19） ○所得倍増政策発表（9・5）	○日本消費者協会設立（9月）
【流行語】 団地族、ベッドタウン、イヤーな感じ、イカす、シビれる、ハイティーン 【流行歌】 星は何でも知っている、からたち日記、オーイ中村君 【文芸・ベストセラー】 人間の条件（五味川純平）、飼育（大江健三郎）、点と線（松本清張） 【映画】 無法松の一生、80日間世界一周、鉄道員、悲しみよこんにちは、十戒 【ヒット商品・事象】 サックドレス、セシル・カット、リーゼント、トランジスタラジオ、フラフープ、ロカビリー旋風	【流行語】 カミナリ族、マイカー、マダムキラー 【流行歌】 黒い花びら、黄色いさくらんぼ、東京ナイトクラブ 【文芸・ベストセラー】 敦煌（井上靖）、私本太平記（吉川英治） 【映画】 私は貝になりたい、北北西に進路を取れ 【ヒット商品・事象】 ヘアバンド、ミニカー	【流行語】 私はウソは申しません、交通戦争、家つき・カーつき・ババぬき 【流行歌】 誰よりも君を愛す、潮来笠、アカシヤの雨がやむとき 【文芸・ベストセラー】 風流無譚（深沢七郎）、宴のあと（三島由紀夫）、どくとるマンボウ航海記（北杜夫） 【映画】 青春残酷物語、日本の夜と霧、ベン・ハー、太陽がいっぱい、サイコ 【ヒット商品・事象】 ダッコちゃん、貸本屋	【流行語】 無責任時代、レジャー、プライバシー 【流行歌】 君恋し、上を向いて歩こう、スーダラ節、銀座の恋の物語 【文芸・ベストセラー】 砂の器（松本清張）、何でも見てやろう（小田実）、国民百科事典（全7巻・平凡社） 【映画】 用心棒、アパートの鍵貸します、荒野の七人 【ヒット商品・事象】 ムームードレス、チロリアン・スタイル

昭和37年 （1962年）	●全日本広告協議会（全広協）設立（2・20） ●不当景品類および不当表示防止法施行（8月） ○テレビ5秒スポット登場	○睡眠薬でサリドマイド禍発生（5月） ○経企庁、初の「国民生活白書」発表	【流行語】 C調、ハイそれまでよ、どんと行こう、スモッグ、総会屋、当たり屋 【流行歌】 いつでも夢を、王将、可愛いベイビー 【文芸・ベストセラー】 黒の試走車（梶山季之）、野性のエルザ（J・アダムソン） 【映画】 キューポラのある町、キングコング対ゴジラ、ウエスト・サイド物語、101匹わんちゃん大行進 【ヒット商品・事象】 カンカンドレス、ツイスト
昭和38年 （1963年）	●電通社長吉田秀雄逝去（享年59歳）（1・27） ●CM合同研究会解消し、全日本CM協議会（ACC）設立（4・1）	※ケネディ大統領、ダラスで暗殺される（11・22）	【流行語】 バカンス、ガチョン、マンション、お呼びでない、カギっ子、クチコミ、巨人・大鵬・卵焼き 【流行歌】 こんにちは赤ちゃん、高校三年生、見上げてごらん夜空の星を 【文芸・ベストセラー】 徳川家康（山岡荘八）、江分利満氏の優雅な生活（山口瞳） 【映画】 天国と地獄、アラビアのロレンス、大脱走 【ヒット商品・事象】 ボウリングブーム
昭和39年 （1964年）	●「第1回アジア・太平洋地区マーケティング会議」マニラで開催（3月） ○東京12ch（現TX）テレビ開局	○東海道新幹線開業（10・1） ○東京オリンピック開催（10・10～24） ○消費者科学センター設立 ○総理府、消費者世論調査を開始 ○ビール・酒類が自由価格に ○海外旅行の自由化	【流行語】 ウルトラC、根性、東洋の魔女、OL 【流行歌】 あんこ椿は恋の花、東京五輪音頭、君だけを 【文芸・ベストセラー】 愛と死をみつめて（大島みち子）、炎は流れる（大宅壮一） 【映画】 マイ・フェア・レディ、メリー・ポピンズ、シェルブールの雨傘 【ヒット商品・事象】 アイビールック、みゆき族、タートルネック、トップレス水着
昭和40年 （1965年）	●公取委、豪華懸賞付販売に初の排除命令（2月） ○雑誌のABC公査開始	○東京でスモッグ警報・注意報（1月） ＊米、北爆を開始し、ベトナム戦争激化（2・7） ○日韓基本条約調印（6・22） ○名神高速道路全線開通（7・1） ○朝永振一郎博士にノーベル物理学賞（10・21）	【流行語】 エスカレート、エレキ、アイビー族 【流行歌】 柔、愛しちゃったのよ、知床旅情 【文芸・ベストセラー】 白い巨塔（山崎豊子）、氷点（三浦綾子） 【映画】 飢餓海峡、網走番外地、サウンド・オブ・ミュージック、007ゴールドフィンガー 【ヒット商品・事象】 パンティストッキング、スラックス（パンタロン）

昭和41年（1966年）	昭和42年（1967年）	昭和43年（1968年）	昭和44年（1969年）
○NTVが初のカラーCM放送（3月） ●「第2回アジア・太平洋地域マーケティング会議」東京で開催（5月） ●郵政省、郵便法改正に伴う第3種扱いの広告規制を全紙面の50%までと決定（5月） ○NNN、FNNニュースネットワーク発足	●日本ダイレクトメール協会設立 ●日経広告研究所設立 ○東京キー局、カラーテレビ放送開始 ○テレビ受信契約数2000万突破	○NHK、ラジオの単独受信料廃止 ○民放連、「放送広告の日」を制定（4・26） ○NCV（日本初のケーブルテレビ会社）が業務開始（10月） ●旭広告倒産（12・14）	●日本産業広告協会、POP広告協会、日本広告学会設立 ○日本記者クラブ設立 ○NHK、FM放送開始
○ザ・ビートルズ初来日 ＊中国文化大革命と紅衛兵旋風	○日航、世界一周航空路を開設（3・6） ○日米首脳会議で小笠原返還協定（11・15） ○いざなぎ景気（昭和元禄）	○東京・霞ヶ関ビル竣工（4・18） ○十勝沖地震（北日本全域） ○文化庁発足（6・15） ○厚生省、イタイイタイ病と水俣病を公害病と認定 ○郵便番号制実施（7・1） ○カネミオイル事件	○東名高速道路全通（5・26） ○日本のGNP、西側諸国で第2位 ○日本消費者連盟設立 ○全国スモンの会結成
【流行語】 黒い霧、ケロヨン、ガバチョ、ミニ、ビックリしたな～もう 【流行歌】 恍惚のブルース、バラが咲いた、悲しい酒、骨まで愛して、こまっちゃうな、唐獅子牡丹、イエスタデイ 【文芸・ベストセラー】 おはなはん（林謙一）、沈黙（遠藤周作）、五味マージャン教室（五味康祐） 【映画】 男と女、ドクトル・ジバゴ、市民ケーン 【ヒット商品・事象】 ミニスカート、フォークソング、バッティングセンター	【流行語】 昭和元禄、中流意識、ハプニング、サイケ、未来学 【流行歌】 ブルーシャトウ、夜霧よ今夜もありがとう 【文芸・ベストセラー】 華岡青洲の妻（有吉佐和子）、蒼ざめた馬を見よ（五木寛之）、まぼろしの邪馬台国（宮崎康平）、マクルーハンの世界（竹村健一） 【映画】 人間蒸発、座頭市シリーズ、夜の大捜査線、パリは燃えているか、夕陽のガンマン 【ヒット商品・事象】 モッズ・ルック、ツイッギースタイル、ヒッピーモード、フーテン族、アングラ酒場、怪獣ブーム	【流行語】 ズッコケ、失神、ハレンチ 【流行歌】 天使の誘惑、恋の季節、星影のワルツ、帰って来たヨッパライ 【文芸・ベストセラー】 竜馬がゆく（司馬遼太郎） 【映画】 黒部の太陽、俺たちに明日はない、2001年宇宙の旅、卒業 【ヒット商品・事象】 タートルネック、ゴーゴー、劇画・妖怪ブーム	【流行語】 あっと驚くタメゴロー、ガチョン、ニャロメ、エコノミックアニマル、オー!モーレツ 【流行歌】 いいじゃないの幸せならば、長崎は今日も雨だった、黒猫のタンゴ、ブルーライト・ヨコハマ、時には母のない子のように

	昭和45年（1970年）	昭和46年（1971年）	昭和47年（1972年）
	●日本広告業協会（JAA）設立 ○朝日、朝刊24頁建て実施 ○ANNニュースネットワーク発足	●ACCが「CM倫理綱領」をJAAAが「広告倫理綱領」を制定（5月） ●関西公共広告機構（現・公共広告機構）設立（7・7） ○カラーテレビ受信契約数1000万突破 ○全民放テレビ局で第1回「ゆく年くる年」	●広告規制対策委員会、広告団体連合会設立
	○日航よど号ハイジャック事件（3・31）	○多摩ニュータウン入居開始（3・26） ○沖縄返還協定調印（6・17） ○ドルショック、円切り上げ（8・15） ○東京都が「ゴミ戦争」宣言（9・28） ○戦後初の都市銀行合併（第一勧銀発足）（10・1）	○連合赤軍の浅間山荘事件（2・19） ○グアム島で横井庄一発見 ○サッポロ冬季オリンピック ○山陽新幹線開通（新大阪－岡山）（3・15） ○高松塚古墳で彩色壁画 ○田中通産相、日本列島改造政策を発表（6・11） ○日中共同声明に調印、国交回復（9・29） ○中国からパンダ（10・28）
【文芸・ベストセラー】 天と地と（海音寺潮五郎）、論理（羽仁五郎）、赤頭巾ちゃん気をつけて（庄司薫）、断絶の時代（P・F・ドラッカー） 【映画】 心中天網島、橋のない川、寅さんシリーズ（第1作）、真夜中のカウボーイ、ウエスト・サイド物語 【ヒット商品・事象】 トンボめがね、ロングスカーフ、シースルールック	【流行語】 ハイジャック、わるのり、ウーマンリブ、しらけ 【流行歌】 今日でお別れ、圭子の夢は夜ひらく、走れコータロー、ドリフのズンドコ節 【文芸・ベストセラー】 冠婚葬祭入門（塩月弥栄子） 【映画】 イージーライダー、トラ・トラ・トラ!、明日に向って撃て! 【ヒット商品・事象】 ワイドタイ、サファリコート、Tシャツ、ノーブラ、ミディ・マキシ、SLブーム	【流行語】 ヘンシーン、のんびり行こうよ、ガッツ、ピース、ドルショック、ガンバラなくっちゃ 【流行歌】 また逢う日まで、私の城下町、よこはまたそがれ 【文芸・ベストセラー】 春の坂道（山岡荘八）、二十歳の原点（高野悦子） 【映画】 八月の濡れた砂、ある愛の詩、小さな恋のメロディ	【流行語】 総括、恍惚、脱サラ、三角大福 【流行歌】 喝采、瀬戸の花嫁、女のみち、どうにもとまらない、せんせい、旅の宿 【文芸・ベストセラー】 日本列島改造論（田中角栄）、恍惚の人（有吉佐和子）、坂の上の雲（司馬遼太郎） 【映画】 子連れ狼、木枯らし紋次郎、ゴッドファーザー、死刑台のメロディー、時計じかけのオレンジ 【ヒット商品・事象】 パンダのアクセサリー、スマイルバッジ、ベルばらブーム（少女漫画）

	昭和48年（1973年）	昭和49年（1974年）	昭和50年（1975年）	昭和51年（1976年）
広告	●広告取扱高のワールドランキングで電通が1位に『アド・エージ』誌発表 ●年間広告費1兆円突破	●関西公共広告機構が「公共広告機構」と改称 ●日本広告審査機構（JARO）設立（8・28） ●カンヌ国際広告映画祭でサントリーCM「アドリブ」が初のグランプリ	●日本PR業協会設立 ●年間広告費でテレビが新聞を抜く	●たばこのテレビ広告禁止
社会	＊ベトナム和平協定調印（1・27） ○金大中誘拐事件（8・8） ○江崎玲於奈博士にノーベル物理学賞（10・23） ○第1次石油危機と消費者パニック、経済大混乱 ＊ウォーターゲート事件 ○公取委、化粧品等の再販制廃止	○ルバング島で小野田寛郎救出（3・12） ○三菱重工ビル爆破事件（8・30） ○佐藤前首相にノーベル平和賞（10・8） ○金脈問題で田中角栄首相辞任 ○ガソリン、灯油類が標準価格制に ○日本消費者連盟設立	○エリザベス英女王来日（5・7） ○本四連絡橋起工式（12・21）	○植村直己、日本人初の北極圏踏破（5・8） ○ロッキード事件で田中前首相逮捕（7・27） ○戦後生まれが総人口の過半数を占める
世相	【流行語】 オイルショック、買い占め、狂乱物価、粗大ごみ、ちょっとだけよ 【流行歌】 神田川、わたしの彼は左きき 【文芸・ベストセラー】 日本沈没（小松左京）、華麗なる一族（山崎豊子） 【映画】 仁義なき戦い、スティング、ポセイドン・アドベンチャー、ジョニーは戦場へ行った 【ヒット商品・事象】 ペアルック、つちのこ探し	【流行語】 資産公開、負けそう 【流行歌】 襟裳岬、なみだの操、傷だらけのローラ、ひと夏の経験 【文芸・ベストセラー】 青春の門（五木寛之）、ノストラダムスの大予言（五島勉）、かもめのジョナサン（R・バック） 【映画】 日本沈没、サンダカン八番娼館・望郷、エクソシスト、燃えよドラゴン 【ヒット商品・事象】 ギャツビールック、暴走族	【流行語】 バカうけ、オヨヨ、おじゃま虫、あんたあのコの何なのさ、ちかれたびー 【流行歌】 シクラメンのかほり、昭和枯れすゝき 【文芸・ベストセラー】 元禄太平記（南条範夫）、複合汚染（有吉佐和子） 【映画】 祭りの準備、カッコーの巣の上で、エマニエル夫人、タワーリング・インフェルノ 【ヒット商品・事象】 紅茶きのこ	【流行語】 記憶にございません、灰色高官、よーく考えてみよう 【流行歌】 北の宿から、およげ！たいやきくん、岸壁の母、木綿のハンカチーフ、東村山音頭、山口さんちのツトムくん 【文芸・ベストセラー】 限りなく透明に近いブルー（村上龍）、火宅の人（檀一雄）、毎日が日曜日（城山三郎）

	昭和52年 （1977年）	昭和53年 （1978年）	昭和54年 （1979年）
	●第1回「NAAC展」（日本広告技術協議会）開催（9月） ●新幹線に初の車内広告	●日本グラフィックデザイナー協会設立 ○実験用放送衛星「ゆり」打ち上げ成功（4月） ○NTV、開局25周年記念特番「24時間テレビ・愛は地球を救う」を全局ネット放映（8月） ○NHK、民放6局がテレビ音声多重放送を開始（9月）	●日体協、アマチュア選手の写真と五輪マークの企業CM使用を認める ●関西広告審査協会設立（4・1） ●年間広告費2兆円突破
	○初の気象衛星「ひまわり」打ち上げ（7・14） ○王貞治、通算ホームラン世界新記録（9・3） ○平均寿命、男女とも世界一（男72・69歳、女77・95歳）	○新東京国際空港（成田）開港（5・20） ○日中平和友好条約調印（8・12）	○国公立大、初の共通1次試験（1・13） ○第1回「東京国際女子マラソン」開催（11・18） ○ネズミ講禁止法施行
【映画】 不毛地帯、犬神家の一族、愛のコリーダ、ロッキー 【ヒット商品・事象】 スニーカー	【流行語】 よっしゃ、無党派、ニューファミリー、サラ金、たたりじゃー 【流行歌】 勝手にしやがれ、津軽海峡冬景色、ウォンテッド 【文芸・ベストセラー】 八甲田山死の彷徨（新田次郎）、ルーツ（A・ヘイリー） 【映画】 人間の証明、幸せの黄色いハンカチ、八ツ墓村、トラック野郎シリーズ 【ヒット商品・事象】 カラオケブーム、スーパーカーブーム	【流行語】 モラトリアム人間、ナンチャッテ、窓際族、アーウー 【流行歌】 UFO、青葉城恋唄 【文芸・ベストセラー】 野性の証明（森村誠一）、不確実性の時代（K・ガルブレイス） 【映画】 宇宙戦艦ヤマト、スター・ウォーズ、未知との遭遇、サタデー・ナイト・フィーバー 【ヒット商品・事象】 タンクトップ、ディスコ、スケートボード、もぐらたたきゲーム	【流行語】 省エネ、キャリアウーマン、天中殺、激写、ドカベン、夕暮れ族、ハマトラ、ギャル、ウサギ小屋 【流行歌】 魅せられて、ガンダーラ、関白宣言 【文芸・ベストセラー】 算名占星学入門（和泉宗章）、ジャパン・アズ・ナンバーワン（F・ヴォーゲル） 【映画】 復讐するは我にあり、銀河鉄道999、地獄の黙示録、家族の肖像、旅芸人の記録 【ヒット商品・事象】 ループ・タイ、美顔器、インベーダー・ゲーム、戯画・コミック誌、ビニ本、口裂け女の噂

昭和55年 (1980年)	昭和56年 (1981年)	昭和57年 (1982年)	昭和58年 (1983年)
○朝日、紙面編集にコンピューター導入（9月）	●日新協、「新聞広告賞」を新設 ○JFN（民放FMネットワーク）発足	●銀行の広告自主規制が緩和（ラジオ・テレビでの共同広告）	●都銀13行、テレビ初の連合広告実施（6月） ○世界コミュニケーション会議開催（東京9・12） ●サラ金2法施行で、サラ金広告の規制強化（11月） ○TVA、NT21、TUF開局。民放テレビ100局突破 ○NHK、文字多重放送開始 ○郵政省、ニューメディアの実用化を進めるための「テレトピア構想」を発表
○日本の年間乗用車生産台数が世界第1位	○中国残留の日本人孤児、初の来日（3・2） ○ポートピア'81開催（神戸3・20～9・15） ○福井謙一教授にノーベル化学賞（10・19）	○ホテル・ニュージャパン火災（2・8） ○東北新幹線（大宮−盛岡）開通（6・23） ○上越新幹線（大宮−新潟）開通（11・15）	○初の通信衛星さくら2号打ち上げ（2・4） ○中国自動車道全線開通（3・24） ○東京ディズニーランドオープン（4・15） ○金融機関の第2土曜休日制始まる（8・13） *マニラ空港でアキノ暗殺される（8・21） ○食品添加物規制が大幅緩和 *大韓航空機、ソ連に撃墜される（9・1）
【流行語】 それなりに、ピッカピカ、とらばる、赤信号みんなで渡ればこわくない、カラスの買ってでしょ 【流行歌】 雨の慕情、青い珊瑚礁、ダンシング・オールナイト、異邦人 【文芸・ベストセラー】 蒼い時（山口百恵） 【映画】 影武者、野獣死すべし、クレイマー・クレイマー 【ヒット商品・事象】 竹の子ルック、ダウンジャケット、MANZAIブーム	【流行語】 ナウい、なめんなよ、つっ張り、ハチの一刺し 【流行歌】 ルビーの指輪、ギンギラギンにさり気なく 【文芸・ベストセラー】 なんとなくクリスタル（田中康夫）、窓際のトットちゃん（黒柳徹子）、第三の波（A・トフラー） 【映画】 駅／STATION、エレファントマン	【流行語】 ルンルン、ほとんどビョーキ、ひょうきん族、逆噴射、ダサイ 【流行歌】 北酒場、聖母たちのララバイ、さざんかの宿、3年目の浮気 【文芸・ベストセラー】 峠の群像（堺屋太一）、蒲田行進曲（つかこうへい）、悪魔の飽食（森村誠一）、気くばりのすすめ（鈴木健二）、セーラー服と機関銃（赤川次郎） 【映画】 炎のランナー、E．T．、ブッシュマン 【ヒット商品・事象】 ガンダムのプラモデル、チョロQ、エアロビクスダンス	【流行語】 ロン・ヤス、不沈空母、イ～トモ 【流行歌】 矢切の渡し 【文芸・ベストセラー】 おしん（橋田壽賀子）、積木くずし（穂積隆信） 【映画】 戦場のメリークリスマス、時をかける少女、家族ゲーム、フラッシュダンス、トッツィー 【ヒット商品・事象】 無印良品、地酒ブーム、ゲートボール、ワンルームマンション、森林浴、カラス族ルック

昭和59年（1984年）	昭和60年（1985年）	昭和61年（1986年）	昭和62年（1987年）
○NHK、衛星（BS）放送を開始（5・12） ○電電公社、キャプテンシステム（文字図形情報ネットワーク）の実用サービスを首都圏と京阪神で開始（11・30）	●広告業界3兆円産業に ○民放FMラジオ20局突破 ○NHK、高品位テレビの名称を「ハイビジョン」と変更 ○初の民間衛星放送会社「日本衛星放送」設立	●銀行の新聞広告スペース全3段から全5段に ●日本雑誌協会、クーポン広告の導入を認める ○朝日、読売が海外での現地印刷発行開始 ○写真誌のウイークリー化（3FET時代）	●公取委、比較広告のガイドライン提示 ○朝日・毎日の記事データベース、「日経ニューステレコン」を通じて提供 ○読売記事データベース「YOMIDAS」が商用サービス開始
○グリコ・森永（かい人21面相）事件（3・18～） ○オーストラリアからコアラ到着（10・25） ○ニューメディア元年（INS実験、キャプテンシステム開始） ○新紙幣（1万円、5000円、1000円札）発行（11・1）	○東北・上越新幹線の上野－大宮間開通（3・14） ○科学万博つくば'85開催（3・17～9・16） ○日本電信電話、日本たばこ産業発足（4・1） ○本四連絡橋の「大鳴門橋」開通（6・8） ○日航ジャンボ機墜落（8・12） ○ユニバーシアード神戸大会開催（8・24～9・4） ○厚生省、初の日本人エイズ患者を認定	○男女雇用機会均等法スタート（4・1） ＊ソ連チェルノブイリ原子炉事故（4・26） ○社会党、初の女性党首土井たか子誕生（9・8） ○男女とも4年連続で長寿世界一（男75・23歳、女80・93歳）	○NTT株が新規上場 ○南極捕鯨に終止符 ○国鉄民営化、11の新生JR発足（4・1） ○朝日新聞阪神支局襲われる（5・3） ＊世界の人口50億人突破
【流行語】 マル金・マルビ、くれない族、劇場型犯罪 【流行歌】 浪花節だよ人生は、星屑のステージ、ワインレッドの心 【文芸・ベストセラー】 構造と力（浅田彰）、金魂巻（渡辺和博） 【映画】 瀬戸内少年野球団、お葬式、風の谷のナウシカ、愛と追憶の日々、インディ・ジョーンズ／魔宮の伝説 【ヒット商品・事象】 ウエストバッグ、エリマキトカゲ、テレホンカード、21面相、ミュージカル「CATS」	【流行語】 分衆、金妻、金属疲労、やらせ 【流行歌】 ミ・アモーレ、なんたってアイドル 【映画】 乱、アマデウス、ゴーストバスターズ、ネバーエンディング・ストーリー 【ヒット商品・事象】 ファミコン、CDプレーヤー、おニャン子ブーム	【流行語】 激辛、財テク、不倫、ブッツン、新人類、マジ、チンする、亭主元気で留守がいい 【流行歌】 DESIRE 【文芸・ベストセラー】 自分を生かす相性、殺す相性（細木数子）、新・国富論（大前研一）、スーパーマリオブラザーズ完全攻略本（ファミコンマガジン） 【映画】 海と毒薬、極道の妻たち、バック・トゥ・ザ・フューチャー 【ヒット商品・事象】 激辛食品、ボディコンシャス・ブーム	【流行語】 マルサ、JR、レトロ、売上税、ゴクミ、ジャパン・バッシング、酸性雨、ハナモク 【流行歌】 愚か者 【文芸・ベストセラー】 サラダ記念日（俵万智）、塀の中の懲りない面々（安部譲二） 【映画】 マルサの女、塀の中の懲りない面々、プラトーン、薔薇の名前 【ヒット商品・事象】 抗菌防臭メンズ靴下、モーニングシャンプー、ラップトップパソコン、レンタルビデオショップ、マドンナ旋風

昭和63年（1988年）	昭和64／平成元年（1989年）	平成2年（1990年）	平成3年（1991年）
●日本折込広告協議会発足 ●テレビ放送開始35年目でスポットがタイムを抜く	●昭和天皇崩御で民放2日間CM自粛 ●市制100周年記念の地方博、全国15地域で開催 ●総合コンベンション施設（幕張メッセなど）の開設相次ぐ ●広告業界5兆円産業に ○NHK、BS第1・第2の本格放送開始 ○民間通信衛星（CS）2基（JC-SATとスーパーバードA）打ち上げ	●企業メセナ協議会（芸術・文化擁護推進団体）発足 ●たばこ業界、CM禁止時間を1時間延長 ●個別銀行のラジオCM解禁（10・1） ●新聞のクーポン広告解禁 ●17団体加盟による「全国広告業団体連絡会議」発足（10・18）	●個別銀行のテレビCM解禁（1・1）、各行のタレントCMが一斉に放映 ●新聞折込広告のクーポン解禁（4・1） ○WOWOW（JSB）、本放送を開始 ○ハイビジョン放送開始 ＊EC各国のテレビでたばこCM禁止
○青函トンネル開業（3・13） ○少額貯蓄非課税制度（マル優）廃止（4・1） ○本四連絡橋「瀬戸大橋」開通（4・10） ○日米の牛肉・オレンジ交渉、日豪の牛肉交渉妥結	○昭和天皇崩御（1・7）、「平成」に改元（1・8） ○消費税（一律3％）実施（4・1） ○リクルート事件で逮捕者相次ぐ ＊ベルリンの壁崩壊（11・9） ＊ルーマニアのチャウシェスク独裁政権崩壊	○「国際花と緑の博覧会」開催（大阪・鶴見緑地4・1～9・30） ○礼宮、川嶋紀子さまと結婚の儀（6・29） ＊東西ドイツ、41年ぶりに統一（10・3） ○天皇陛下即位の礼（11・12）と大嘗祭（11・22） ○TBS宇宙特派員秋山豊寛記者、日本初の宇宙飛行を体験（12・2～10）	＊湾岸戦争の勃発と終結（1・17～2・27） ○湾岸戦争で90億ドルの追加支援決定（1・24） ○成田エキスプレス運行開始（3・19） ○雲仙普賢岳噴火（5・19） ＊ソ連8月政変、共産党も解体 ＊米ソ相次いで核軍縮発表 ＊南北朝鮮、国連に同時加盟（9・17）
【流行語】 ペレストロイカ、カウチポテト、オバタリアン、5時から男、ハッカー、朝シャン 【流行歌】 パラダイス銀河 【文芸・ベストセラー】 ノルウェイの森（村上春樹）、「アグネス論争」を読む（JICC出版局）、ゲームの達人（S・シェルダン） 【映画】 となりのトトロ、ラストエンペラー 【ヒット商品・事象】 クール宅急便、ドラクエⅢ、コードレス商品、エスニックブーム	【流行語】 セクハラ、オタク族、ケジメ、トレンディー、消費税、山が動いた、時短、フリーター、ツーショット、3K（汚い・きつい・危険） 【流行歌】 淋しい熱帯魚、川の流れのように 【文芸・ベストセラー】 TSUGUMI（吉本ばなな）、一杯のかけそば（栗良平） 【映画】 レインマン	【流行語】 バブル、ファジー、ゆらぎ、アッシー、バラドル、成田離婚、あげまん、オタッキー、○○じゃあ～りませんか、るすでん、バーコード 【流行歌】 おどるポンポコリン 【文芸・ベストセラー】 うたかた（渡辺淳一）、文学部唯野教授（筒井康隆）、「NO」と言える日本（石原慎太郎・盛田昭夫） 【映画】 タスマニア物語、ドライビング・ミス・デイジー、ゴースト／ニューヨークの幻 【ヒット商品・事象】 ティラミス、ミネラルウォーター、ファジー家電品、レーザーディスクプレーヤー、カラオケボックス	【流行語】 多国籍軍、火砕流・土石流、過労死、バツイチ、ゴルビー、渋カジ 【流行歌】 愛は勝つ、SAY YES 【文芸・ベストセラー】 Santa Fe／宮沢りえ（篠山紀信）、もものかんづめ（さくらももこ）

	平成4年 （1992年）	平成5年 （1993年）	平成6年 （1994年）	平成7年 （1995年）
	●92年日本の広告費、27年ぶりのマイナス成長 ○民放FMラジオ局40局突破	●銀行の比較広告解禁、完全自由化 ●日本国際広告協会と国際広告協会日本支部が統合され「IAA日本国際広告協会」設立（4・1） ●厚生省、初の外国人横綱曙を起用した外国向けCMを制作 ●ACC、「㈳全日本シーエム放送連盟」として組織再編 ○都市型CATV加入世帯数100万突破	●ニールセンジャパンが機械式個人視聴率調査開始 ○PL法成立 ○ミニFMによるコミュニティー放送の開局相次ぐ	●電通が中国で「広告講座」を開催し、留学制度を発足させる ○朝日新聞社など大手新聞社がホームページを開設 ○世界都市博覧会の中止を青島幸男都知事が決定 ○天気予報自由化
	○暴力団対策法施行 ○PKO協力法成立、カンボジアへ派遣（10・13） ○天皇、皇后両陛下が初のご訪中（10・23）	○Jリーグ（日本プロサッカーリーグ）開幕（5・15） ○皇太子徳仁親王、小和田雅子さまとご成婚（6・9） ○非自民8党派による連立政権で細川内閣誕生（8・5）	○郵便料金値上げ。封書80円、はがき50円に（1・24） ○松本サリン事件（6・27） ○自社さきがけ連立で村山政権成立（6・30） ○関西国際空港開港（9・4） ○大江健三郎にノーベル文学賞	○GATTに代わり世界貿易機関（WTO）が発足（1・1） ○阪神・淡路大震災（1・17） ○地下鉄サリン事件（3・20） ○為替相場で1ドル79円50銭の戦後最高値。（4・19） ○村山総理大臣談話（8・15）
【映画】 ダンス・ウィズ・ウルブズ、プリティ・ウーマン 【ヒット商品・事象】 BS用パラボラアンテナ、ウォーリーを探せブーム	【流行語】 ほめ殺し、きんさん・ぎんさん、冬彦さん、少子化 【映画】 シコふんじゃった、羊たちの沈黙 【ヒット商品・事象】 ダイエットコーラ、パノラマカメラ、低カロリー商品	【流行語】 リストラ、肉食、写ルンです、規制緩和、Jリーグ、清貧 【文芸・ベストセラー】 マークスの山（高村薫）、磯野家の謎（飛鳥新社）、マディソン郡の橋（R・J・ウォラー） 【映画】 月はどっちに出ている、ジュラシック・パーク 【ヒット商品・事象】 ナタ・デ・ココ、電子辞書、クレヨンしんちゃんグッズ、液晶ビューカム、格安紳士服、屋台村	【流行語】 価格破壊、同情するなら金をくれ、ゴーマンかましてよかですか、すったもんだがありました 【文芸・ベストセラー】 大往生（永六輔） 【映画】 シンドラーのリスト	【流行語】 ポア、活断層、キムタク 【文芸・ベストセラー】 パラサイト・イヴ（瀬名秀明） 【映画】 フォレスト・ガンプ 【ヒット商品・事象】 ウィンドウズ95

平成8年 (1996年)	●景表法改正 ●インターネット広告費が約16億円と初めて電通が発表	○薬害エイズ事件で菅原厚生大臣が謝罪し、和解 ○病原性大腸菌O157による食中毒の流行 ○米の販売自由化始まる ○将棋の羽生善治9段が7冠独占（2月） ○台湾初の総選挙で李登輝が総統就任（3月） ○東京ビッグサイトが開場（4月） ○伊達公子がウィンブルドン選手権で初のベスト4に（7月） ○民主党結成（9・29）	【流行語】チョベリグ、アムラー、援助交際、ストーカー、プリクラ、ロンバケ 【文芸・ベストセラー】脳内革命（春山茂雄） 【映画】ミッション・インポッシブル 【ヒット商品・事象】たまごっち、ルーズソックス、茶髪、デジタルカメラ、PHS、DVD・MIDプレーヤー
平成9年 (1997年)	●テレビスポットCM不正事件 ●日本の総広告費が過去最高の5兆9901億円に ○消費税が3％から5％に引き上げられる ○GDPが23年ぶりにマイナス成長 ○容器包装リサイクル法	○神戸児童連続殺傷事件 ○北海道拓殖銀行、山一証券破綻 ○東京港アクアライン開通（12・7） ○香港返還（7・1） ○アジア通貨危機 ○ダイアナ妃事故死（8月）	【流行語】失楽園 【文芸・ベストセラー】失楽園（渡辺淳一） 【映画】もののけ姫、エヴァンゲリオン 【ヒット商品・事象】ポケモン、小顔、ババシャツ、オーガニック
平成10年 (1998年)	●インターネット広告費が約113億円に達する ●日本PR大賞創設 ○BBCが世界初の地上デジタルテレビ放送開始 ○雑誌リニューアルブーム	○長野オリンピック開催（2月） ○明石海峡大橋開通（4・5） ○サッカー日本代表がFIFAワールドカップフランス大会に初出場（6月） ○和歌山カレー毒物混入事件（7月） ○失業率が4.3％に達し、失業者300万人に迫る	【流行語】だっちゅーの、老人力、「ショムニ」 【流行歌】Automatic（宇多田ヒカル）、夜空ノムコウ（SMAP） 【文芸・ベストセラー】ダディ（郷ひろみ） 【映画】リング 【ヒット商品・事象】バイアグラ
平成11年 (1999年)	●旭通信社と第一企画が合併しASATSU-DKが発足し、イギリスのWPPグループと提携 ●業界20位の萬年社が倒産	○男女共同参画社会基本法（6月） ○日銀ゼロ金利政策採用 ○上信越自動車道全線開通 ○桶川ストーカー殺人事件（10・26）	【流行語】iモード、リベンジ、学級崩壊、カリスマ、だんご3兄弟 【文芸・ベストセラー】五体不満足（乙武洋匡） 【映画】アルマゲドン 【ヒット商品・事象】ガングロ、ジミ婚、百円ショップ、ミレニアムグッズ

た

な

は

索引

あ

か

さ

【編者紹介】
土屋 礼子（つちや・れいこ）

1958年長野県生まれ。
2001年博士（社会学）（一橋大学）。
現在、早稲田大学政治経済学術院教授。
専門はメディア史、歴史社会学。
著書に『大阪の錦絵新聞』（1995年、三元社）、『大衆紙の源流』（2002年、世界思想社）、『対日宣伝ビラが語る太平洋戦争』（2011年、吉川弘文館）、
編著に『近代日本メディア人物誌－創始者・経営者編』（2009年、ミネルヴァ書房）、
共訳書に、スウィーニィ著『米国のメディアと戦時検閲』（2004年、法政大学出版局）
がある。

昭和を動かした広告人

初版 1刷発行●2015年7月31日

編　者
土屋 礼子

発行者
薗部 良徳

発行所
㈱産学社
〒101-0061 東京都千代田区三崎町2-20-7 水道橋西口会館
Tel.03（6272）9313　Fax.03（3515）3660
http://sangakusha.jp/

印刷所
㈱シナノ

ISBN978-4-7825-3416-8 C0020

広告　2016年度版

オフィスN代表
西　正［監修］

定価（本体1300円＋税）

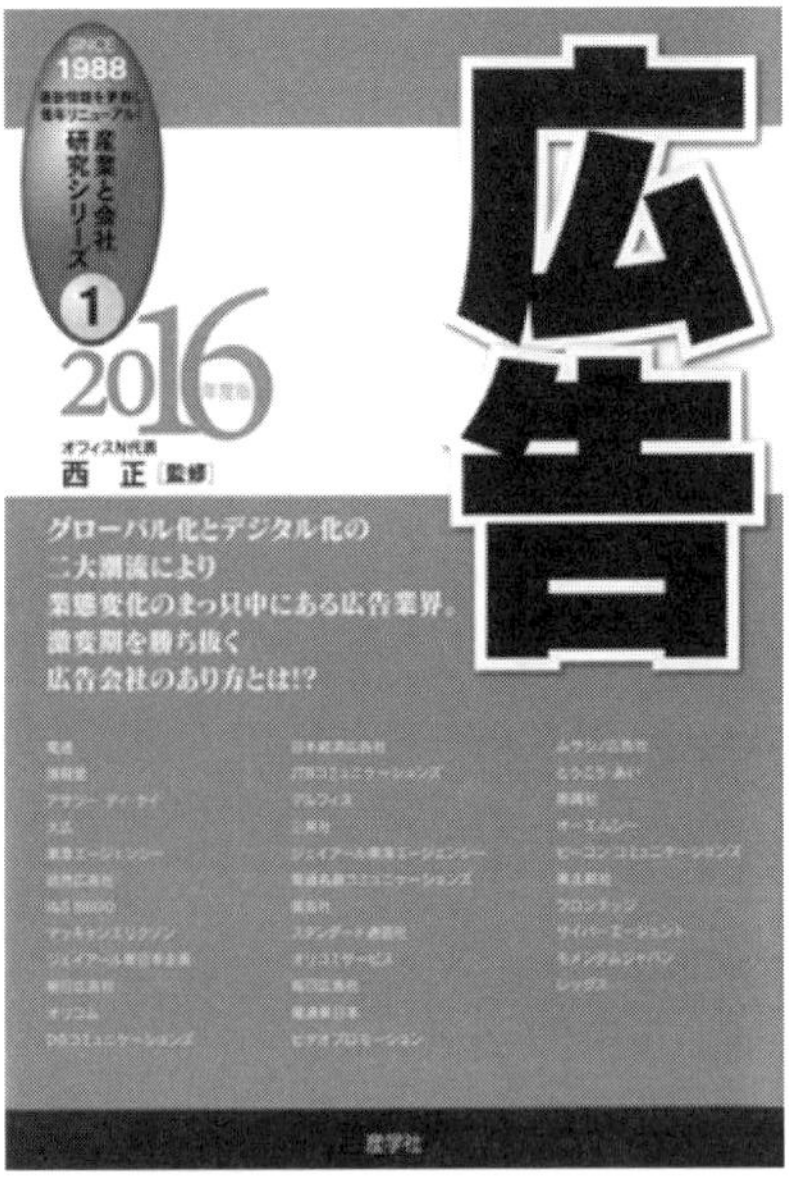

最新データを毎年更新！
グローバル化とデジタル化の二大潮流により
業態変化のまっ只中にある広告業界。
激変期を勝ち抜く広告会社のあり方とは!?